동명왕릉의 연꽃무늬

高麗社會의 여러 歷史像

朴龍雲 著

著者略歷

□ 학력 및 경력

평북 선천군 출생. 서울대학교 사범대학, 고려대학교 대학원 석사·박사 과정을 마치고 동대학원에서 문학박사 학위 취득. 성신여자대학교 조교수 역임. 현 고려대학교 문과대학 한국사학과 교수.

□ 주요 저서

『高麗時代 臺諫制度 硏究』·『高麗時代史』(上·下)·『高麗時代 蔭敍制와 科擧制 硏究』·『고려시대 開京 연구』·『高麗時代 官階·官職 硏究』·『高麗時代史 硏究의 成果와 課題』·『고려시대 中書門下省宰臣 연구』·『高麗時代 尙書省 硏究』·『高麗時代 中樞院 硏究』.

高麗社會의 여러 歷史像

著　者 : 朴龍雲
發行處 : 圖書出版 新書苑
發行人 : 任星烈

초판1쇄 인쇄 2002년 9월 11일
초판1쇄 발행 2002년 9월 21일

주소·서울특별시 종로구 교남동 47-2
(협신빌딩 209호)
등록·제1-1805(1994.11.9)
Tel : (02)739-0222·3
Fax : (02)739-0224
http://www.sinseowon.co.kr

ISBN 89-7940-320-8 93910

신서원은 부모의 서가에서 자식의 책꽂이로 '대물림'할 수 있기를 바라며 책을 만들고 있습니다.
잘못된 책은 연락 주십시오.

고려사회의 여러 역사상

박용운 지음

머 리 글

고려시대의 역사에 흥미를 가지고 공부를 하느라 한 게 어언 30여 년이 되었다. 그간에 주로 관심을 쏟은 것은 政治制度史 분야였는데, 그런 연유로 하여 이 방면에 대해 쓰게 된 얼마의 글들을 주제별로 묶어 몇 권의 책으로 출간하기도 하였다. 그러나 짧지 않은 기간이다 보니 주제의 주변 또는 그와 좀 떨어진 분야도 자의와 관계없이 쓰게 되는 경우가 있었다. 이 곳에 모든 글들은 대부분이 그렇게 하여 쓰여진 것들이다. 그러니 자연적으로 일관성이 적고 두서도 없는데 내 욕심만 부린 것 같아 부끄러운 마음이 앞선다.

제1편은 마침 高麗時代史 전반에 걸친 특성을 살펴볼 기회가 있었는데, 그것을 '總論'이라는 제목으로 맨 앞에 실었다. 제2편은 역시 정치와 관계된 글들로, 그 핵심기구의 하나이던 中書門下省과 관련하여 제기된 2省制·3省制 논쟁과 중앙정치체제의 권력구조 및 崔氏執權期라는 특수한 상황에서 官制가 운영되는 실상을 살핀 것과, 신라의 옛 수도였다가 지방행정조직의 하나가 된 慶州의 위상과 함께 대외관계의 한 중요 과제인 高麗·宋 사이의 交聘에 대한 것으로 꾸며 보았다. 그리고 제3편은 경제에 관한 글들인데, 그 구조의 槪要와, 土地國有制論과 均田制論의 當否 문제 및 고려전기 貴族官僚들의 경제생활을 다룬 것들로 채웠다. 보잘것은 없으나마 고려사회의 한 면모를 알아보는 데 조금이라도 보탬이 되었으면 하는 바람뿐이다.

이렇게 한 권의 서적으로 출간하기에 여러모로 문제가 있는데다가 시장성도 별로 없어 보이는 이 책을 선뜻 맡아 출판하여 주시는 신서원에 깊은 감사를 드린다. 아울러 이 책이 나오기까지 내용의 입력으로부터 교정에 이르는 여러 궂은 일들을 담당하여 준 고려대학교 대학원의 고려시대사 전공자 여러분에게 이 자리를 빌어 고마운 뜻을 전하여 둔다.

2002년 9월
저 자

목 차

머리글 · 5

Ⅰ. 總 論

1. 한국사의 시대적 특성—고려 · 13
　　1) 머리말 13
　　2) 정치적 특성 15
　　3) 경제적 특성 29
　　4) 사회적 특성 42
　　5) 사상적 특성 50
　　6) 맺음말 58

Ⅱ. 政治體制와 그 性格

1. 高麗時代 中書門下省에 대한 諸說 검토 · 67
　　1) 머리말 67
　　2) '2省制'說의 논거와 문제점 69
　　3) '3省制'說의 논거와 문제점 74
　　4) 中書省·門下省·中書門下省의 실체와 그의 운영 79
　　5) 맺음말 86

2. 고려전기 慶州의 위상에 대한 고찰 · 89
　　1) 머리말 89
　　2) 高麗의 新羅 병합과 歷史繼承意識 90

    3) 慶州 出身 貴族들의 정치적 진출 ·· 97
    4) 慶州의 行政組織 개편과 그 기능 ·· 104
    5) 맺음말 ·· 110

3. 李奎報의 사례를 통해 본 崔氏執權期 官制 운영의 실상 · 113
    1) 머리말 ·· 113
    2) 科擧制·薦擧制와 初入仕 ·· 116
    3) 考課와 官職의 陞黜 ·· 127
    4) 散官과 致仕 ·· 137
    5) 맺음말 ·· 142

4. 高麗·宋 交聘의 목적과 使節에 대한 考察 · 145
    1) 序 言 ·· 145
    2) 交聘의 目的 ·· 147
    3) 高麗側 使節에 대한 檢討 ·· 168
    4) 宋側 使節에 대한 檢討 ·· 185
    5) 結 語 ·· 193

5. 고려시대 중앙정치체제의 권력구조와 그 성격 · 197
    1) 중앙정치체제의 권력구조 ·· 197
    2) 중앙정치체제의 성격 ·· 208

Ⅲ. 經濟構造와 그 몇 가지 問題

1. 고려전기 貴族官僚들의 경제생활과 축재 · 217
    1) 머리말 ·· 217
    2) 귀족관료들의 경제적 기반 ·· 218
    3) 崔婁伯·崔沆·梁元俊 등의 淸廉한 생활 ·································· 225
    4) 金景庸·李資謙 등의 축재 ·· 231

    5) 맺음말 236

2. 고려전기의 경제구조 槪要 · 239

3. 고려후기의 정치와 경제 槪要 · 263

4. 고려시대 土地國有制說의 문제 · 279
    1) 토지국유제설의 대두 279
    2) 和田一郞 등의 토지국유제설에 대한 비판 282
    3) 唯物史觀 학자들의 토지국유제설에 대한 비판 287
    4) 王土思想의 실상 293

5. 고려시대 均田制의 시행여부에 관한 문제 · 297
    1) 균전제설의 대두 297
    2) 균전제설에 대한 비판 300

찾아보기 · 307

I.
總 論

1. 한국사의 시대적 특성 — 고려

1.
한국사의 시대적 특성 －고려

1) 머리말

 고려의 太祖 王建은 泰封國의 弓裔를 축출하고 새로이 나라를 개창한 데(918) 이어서 신라를 평화리에 합병하고(935, 태조 18), 이듬해에는 후백제의 항복을 받아냄으로써 마침내 후삼국을 통일하는 데 성공하였다. 이를 전후하여 그는 지방세력인 豪族들을 회유, 규합하는 데 많은 힘을 쏟았거니와, 뒤를 이은 역대 왕들도 그를 위해 노력을 기울인 결과 成宗朝(982~997)에 이르러서는 국가의 기반이 잡히고 지배체제도 정비될 수 있었다. 이처럼 성종조에 와서 국가의 체제가 일단락될 수 있었던 것은 신라의 6頭品 출신인 崔承老의 보필이 컸지마는, 그와 관련지어 생각해 볼 때 국왕에게 올린 바 "유교정치이념에 입각한 중앙집권적 귀족정치"로 요약되는1) 그의 時務 28조는 지니는 의미가 매우 크다.
 이후 발전을 거듭한 고려의 門閥貴族社會는 11대 국왕인 文宗朝(1047~1083)에 접어들어 전성기를 이루게 된다. 하지만 睿宗(1106~1122)

---

1) 李基白,「新羅統一期 및 高麗初期의 儒敎的 政治理念」『大東文化研究』 6·7 합집, 1969·1970 ;『新羅時代의 國家佛敎와 儒敎』, 韓國硏究院, 1978.

과 仁宗(1123~1146) 때에는 벌써 사회가 동요를 면치 못하더니 1170년 (毅宗 24)에는 귀족사회 내부의 모순과 文·武臣간의 대립으로 촉발된 武臣亂으로 인하여 문신 중심의 귀족정권은 무너지고 말았다. 이로써 우리들이 흔히 고려전기로 분류하는 시기가 끝나게 되는 것이다.

무신란이 성공을 거두면서 이제부터는 무신들이 정치권력을 장악하는 武臣政權時代가 되었다. 이후 그것은 꼭 100년간(1171, 明宗 원년~1270, 元宗 11) 지속되거니와, 이 시기에는 정치뿐 아니라 경제·사회·사상 등 각 방면에 일대 변혁이 초래되었다. 그러한 가운데에서 1231년(高宗 18)에는 蒙古族의 침입이 시작되며, 이에 고려 조정은 수도를 開京에서 江華島로 옮기고 30년 가까운 기간 동안 저들과 전쟁을 치르는 시련을 겪기도 하였다.

그런 끝에 몽고와 강화가 성립되어 고려 조정은 1271년에 開京으로 還都하지만, 이 때부터는 저들의 내정간섭을 받아 나라의 자주성이 위축됨을 면치 못하였다. 그 같은 상황하에서 정치질서는 더욱 문란해지고, 사회경제적 모순은 한층 심화되어 갔다. 이런 난국을 타개하고자 恭愍王(1352~1374)은 反元改革政治를 단행하였다. 그러나 그의 개혁운동은 원(몽고)의 내정간섭에서 벗어나는 데 상당한 성과를 거두었음에도 불구하고 사회경제문제를 비롯한 제모순을 근본적으로 타파하는 데는 실패하였다. 그리하여 결국 신흥 무장과 손을 잡은 新進士類勢力에 의하여 고려는 34왕 475년 만에 終焉을 고하고 마는 것이다(1392).

封建制度와 農奴制 생산양식, 기독교 문화 등을 특성으로 하는 서양의 中世社會와 내용을 좀 달리하는 것이긴 하지만 고려도 많은 사람들이 '中世社會'라 일컫고 있다. 아마 단순한 時間의 遠近이나 新羅社會와의 차별성 또는 田主－佃戶制와 地代의 수취 등에 무게를 둔 이해가 아닌가 싶다. 어떻든 이처럼 흔히들 중세사회로 분류하는 고려는 이상에서 설명한 바와 같은 변천과정을 밟았지마는, 생각해 보면 그것 자체가 시대가 지니는 한 특성이 아닐까 한다. 하지만 이 자리에서는 그 속에 드러나고 있는 정치·경제·사회·사상상의 특징적인 면들을 좀더 구체적으로 살펴 고려사회의 역사적 위치를 이해하는 데 한 걸음 더 가까이 접근하여 보고자 한다.

2) 정치적 특성

(1) 중앙의 정치체제와 그 성격

고려는 더 말할 필요도 없이 前近代 王朝國家의 하나였던만큼 국왕권이 절대적이었다고 할 수 있을 것이다. 그러나 실제로 국가를 경영하여 감에 있어서 국왕은 臣僚들과 정치권력을 공유할 수밖에 없었고, 여기에서 정치체제가 중요한 문제의 하나로 대두하게 된다. 그것의 여하에 따라 국왕과 신료 양자간에 지니는 정치권력의 대소·강약이 영향을 받았겠기 때문이다.

이런 점에서 먼저 중앙의 정치기구들에 대해 살펴보면, 그 가장 핵심적인 기구는 泰封 이래의 廣評省·內奉省 등을 이으면서도 한편으로는 唐의 제도에서 모범을 구한 3省(中書門下省·尙書省)과 6部(吏部·兵部·戶部·禮部·刑部·工部)였다. 그 아래에 다시 諸寺·監과 諸署·局 등이 있었지마는, 또 宋制와 계통이 가까운 中樞院(樞密院)과 三司, 그리고 고려 자체의 필요성에서 생긴 都兵馬使·式目都監 등도 중요한 위치를 차지하고 있는 기구들이었다. 고려 때의 중요 정치기구는 크게 말해서 이처럼 세 계통으로 구성되었다고 할 수 있으며, 이들이 서로 조화를 이루며 운용되어 갔다는 데서 우선 한 특성을 엿볼 수 있다.2)

그런데 이들 기구는 조직상으로 2품과 3品을 경계로 하여 상·하 이중으로 편제되었다는 점에 또다른 특징이 있었다. 예컨대 중서문하성의 경우 2품관 이상으로서, 宰臣·宰相·省宰 등으로 불리며 議政機能을 담당했던 宰府와, 3품관 이하로 諫官·省郎 등으로 불리며 諫諍·封駁·署經 등을 담당했던 郎舍로 편성되었던 것이다. 中樞院과 尙書省도 마찬가지여서 전자의 경우 역시 2품관-후대에는 3품관 포함-으로 樞密·宰相 등으로 불리며 議政機能-후대에는 軍政 포함-을 담당했던 樞府와, 3품관으로 承宣이라 불리며 王命의 出納을 맡았던 承宣房, 그리고 후자는 주로 문서수발과 국가적 행사를 주관하던 2품 이상 관원의 조직인 尙書都省과 국정을 분담하여 집행하던 3품 이하 관원의 조직인 尙書6部(6部)로 나뉘어져 있었다. 고려에서 이같이 기능을 달리하는 두 조직을 한 기구 내에 설치한 것은 제도의 未分化性이라는 측면에서 볼 수도 있겠으나 일면 고려 나름으로 정국 운영의 묘를 염두에 둔 조처라는 파악도 있어3) 주목할 필요가 있는 양상의 하나이다.

한데 이들 상·하 조직을 다시 정치권력면에서 보면 한층 비중이 큰 것은 상층조직이었다. 그 가운데에서 특히 宰府와 樞府는 兩府로서 정치의 중심에 위치하였는데, 이 곳의 구성원인 宰臣과 樞密은 앞서 언급했듯이 宰相으로서 국왕과 중요 국정을 논의하는 의정 기능과

---

2) 邊太燮, 「高麗의 政治體制와 權力構造」『韓國學報』 4, 1976.
3) 邊太燮, 위의 논문 : 朴龍雲, 「高麗時代의 臺諫과 宰樞文武兩班」『誠信女大論文集』 12, 1979 ;『高麗時代 臺諫制度 硏究』, 一志社, 1980.

함께 그의 집행을 직접 관장하기도 했다는 데서 그 같은 주장이 나오고 있는 것이다. 이런 측면을 보여주는 하나의 제도적 조처가 6部判事制였다. 判尙書吏部事(判吏部事)·判尙書兵部事(判兵部事) 등이 그런 직위들인데, 고려에서는 6部의 장관인 尙書(정3품) 위에 判事를 더 두고 宰府의 宰臣들로 하여금 겸직하게 하는 제도를 채택하고 있었다. 그리하여 判吏部事를 겸직하는 宰臣이 首相이 되고, 判兵部事를 겸직하는 宰臣이 亞相, 判戶部事 겸직자가 3宰, 이하 차례로 내려가 判工部事가 6宰가 되었던 것이다. 그런데 이들 宰臣判事의 6部에 대한 권한은 매우 강력하면서도 직접적이었던 것으로 알려져 있다.[4] 宰臣들에 의해 6部가 통할되는 면이 많았음을 알 수 있다.

그런가 하면 6部尙書도 宰樞가 重複職으로 지니는 경우가 허다하였다. 즉, 吏部尙書·兵部尙書 등의 각 尙書職을 宰臣의 경우 주로 叅知政事·政堂文學·知門下省事가 일부를 帶有하였으며,[5] 또 中樞院使(樞密院使)·知中樞院事·同知中樞院事 등 樞密들 역시 宰臣들보다 훨씬 많은 수의 상서를 중복직으로 지니고 있는 것이다.[6] 물론 상서들이 독립직·단독직으로 존재하는 사례도 보인다. 하지만 이들보다도 宰臣判事와 宰樞 尙書들은 그와 비교가 되지 않을 정도로 많이 찾아지는 것이다. 이 같은 제도의 운용으로 국무의 집행기관인 尙書6部가

---

4) 邊太燮,「高麗時代 中央政治機構의 行政體系-尙書省 機構를 중심으로-」,『歷史學報』47, 1970 ;『高麗政治制度史硏究』, 一潮閣, 1971 : 朴龍雲,「高麗時代의 6部判事制에 대한 考察」『고려시대연구』Ⅱ, 2000 ;『高麗時代 尙書省 硏究』, 景仁文化社, 2000.
5) 朴龍雲,「고려시대의 叅知政事」·「고려시대의 政堂文學」·「고려시대의 知門下省事」『고려시대 中書門下省宰臣 연구』, 一志社, 2000.
6) 朴龍雲,「高麗時代의 尙書6部에 대한 檢討」『高麗時代 尙書省 硏究』, 景仁文化社, 2000 :「고려시대 樞密에 대한 검토」『高麗時代 中樞院 硏究』, 高麗大 民族文化硏究院, 2001.

宰樞의 통할하에 있었다는 게 필자의 일관된 생각이다.7)『高麗史』卷 76, 百官志 冒頭의 序文에 "宰相이 6部를 統轄하였다"고 서술해 놓고 있는 것도 이런 점을 염두에 둔 설명이라고 짐작된다.

종래 이러한 사실을 감안하면서도 국무를 6부가 직접 국왕에게 아뢰고 처리하였다는 '6部直奏制'說이 제기되었다. 그러므로 고려에서는 6部中心의 행정체계가 이루어지고 있었다는 것이다.8) 이 같은 주장은 업무의 처리 과정상으로 볼 때 수긍이 가지만 권력구조 면에서는 좀 달리 이해해야 할 것이라 판단된다.

아울러 근자에 국왕권을 강조하는 입장에서 비슷한 견해가 제시되었다.9) 고려도 왕조국가의 하나였으므로 왕권이 결코 홀시되거나 낮추 평가될 수 없다는 것은 첫머리에서 지적했듯이 자명하다. 그러나 다만 국정의 운영과정에 宰樞의 영향력이 개입될 여지가 많은 제도의 채택으로 상대적인 의미에서 왕권이 좀 미약했다는 정도의 이해인 것이다.

고려의 정치체제가 이 같은 특성을 지니게 된 것은 그가 貴族社會였다는 사실과 불가분의 관계에 있다. 사회 자체의 성격이 그러하였던만큼 자연이 정치체제에도 귀족적 요소가 많이 가미되게 마련이었던 것이다.

그 하나로 우선 정치의 근간이 된 內史門下省(中書門下省)의 설치가 귀족정치를 지향하는 유신세력이 그 중심기구로 내놓았다는 사실을

---

7) 朴龍雲,「고려시대 중앙 정치체제의 권력구조와 그 성격」『한국사』13, 국사편찬위원회, 1993 :「高麗時代의 宰臣과 樞密과 6部尙書의 관계를 통해 본 權力構造」『震檀學報』91, 2001 ;『高麗時代 中樞院 硏究』, 高麗大 民族文化硏究院, 2001.
8) 邊太燮, 주 4) 논문.
9) 朴宰佑,「高麗前期의 國政運營體系와 宰樞」『歷史學報』154, 1997 :「고려전기 政策提案의 주체와 提案過程」『震檀學報』88, 1999.

지적할 수 있다.10) 그러므로 그것은 행정기관이 아니라 議政機關이었던 것이다. 아울러 그 議政 과정도 內史門下省의 宰臣간에서 뿐 아니라 중추원 樞密들과 광범위하게 이루어졌으며, 의안의 결정은 議合이라 하여 宰樞 전원의 만장일치제를 채택하고 있기도 하였다.

臺諫制度도 유사한 맥락에서 파악할 수 있다. 대간은 諫諍이나 時政의 得失을 논하는 기능 등을 통해 감히 王權을 제약하고 국가의 중대사에 깊이 관여하는 귀족세력의 대표적 존재였기 때문이다.11) 이것 역시 귀족적 성격을 강하게 풍기는 제도의 하나였다.

다음 관직상으로는 淸要職이나 檢校職과 같은 勳職 제도에서 귀족적 요소를 발견할 수 있다.12) 고려시대 중앙의 정치체제에서는 이처럼 여기저기서 귀족적 성격을 찾아볼 수 있으며, 이것이 곧 그의 가장 커다란 특질이었다고 할 것이다.

(2) 지방의 통치조직과 그 성격

고려의 건국(918)을 전후한 때로부터 얼마 동안은 중앙과 함께 지방도 통치조직이 정비되지 못하여 중앙의 행정력이 거의 미치지 못하였다. 이 시기에는 豪族이라 일컬어지는 在地勢力이 번성하여 지방은 이들의 지배에 맡겨져 있다시피 하였던 것이다. 그러한 가운데에서 太祖 23년(940)에는 州·府·郡·縣의 명칭을 개정하는 조처가 취해졌다. 그리고 租賦의 징수·보관과 관계되는 今有·租藏과 그의 운송과

---

10) 李泰鎭,「高麗 宰府의 成立-그 制度史的 考察-」『歷史學報』56, 1972.
11) 朴龍雲,『高麗時代 臺諫制度 研究』, 一志社, 1980.
12) 李基白,「貴族的 政治機構의 成立」『한국사』5, 국사편찬위원회, 1975 ;『高麗貴族社會의 形成』, 一潮閣, 1990.

관계있는 것으로 생각되는 轉運使가 파견되기도 하고, 또 光宗 卽位年 (949)에 州縣의 歲貢額을 정하고 있는 데서 지방에 대한 통제의 일면을 엿볼 수는 있으나 이들이 아직 그렇게 큰 의미를 가지는 것은 못되었던 것이다.

그러다가 고려의 조정이 지방에 본격적으로 통제를 가하기 시작하는 것은 成宗 2년(983)에 들어와 12州에 牧을 설치하면서부터였다. 이는 그 전 해에 있었던 崔承老의 건의에 따른 것이었거니와, 집권화 정책을 수행하면서 우선 중요지역인 楊洲·廣州·忠州 등 12州에 牧을 설치하고 상주하는 外官(地方官)인 牧使를 파견함으로써 중앙의 통제력이 비로소 지방에 본격적으로 침투되기 시작한 것이다. 같은 해에 戶長·副戶長 등의 鄕吏職制가 마련되는 것도 이와 관계가 깊지마는, 뒤이어 몇 가지 조처가 잇달았다. 이제 그런 과정을 거쳐 성종 14년(995)에 당시의 실정을 반영하여 수도인 開州가 開城府로 개정되고, 10道가 신설되며, 또 종래의 12州 牧使制도 12軍 節度使制로 개편되는 한편으로 7都團練使·11團練使·15刺史·5都護府使·21防禦使 등의 편제도 마련된다. 그 후 이는 다시 穆宗 8년(1005)과 顯宗 3년(1012)의 개정을 거쳐서 마침내 동왕 9년(1018)에 이르러 4都護·8牧·56知州郡事·28鎭將·20縣令으로 마무리지어 진다. 물론 이 조직도 그 후 여러 차례 바뀌며, 또 상급기구인 5道按察使制가 윤곽을 드러내는 것은 훨씬 뒤인 睿宗朝(1106~1122)경이지만, 보통 郡縣制로 불리는 고려조 지방통치조직의 골격은 이것으로써 일단 완성되었다고 할 수 있는 것이다.

이들 지방의 통치조직을 구역별로 보면 南道 지역과 兩界 지역 및 京畿 지역으로 다원화되어 있었다. 그리고 단위별로는 道·界와 京·都護府·牧 등의 界首官, 그 아래 州·府·郡·縣·鎭 등의 다층적 구조를 이루고 있었는데, 이들이 郡縣制 지역이다. 그러나 거기에는 이들과 구별되는 鄕・部曲・所・莊・處 등의 특수행정조직이 따로 광범하게 존재하였다. 이른바 部曲制 지역인 것이다.

종래에는 이렇게 군현제 지역과 구별되는 부곡 등의 특성을 신분적인 면에서 파악하여 賤民集團으로 보려는 경향이 많았다.13) 그러나 근자에는 부곡 등에 비록 그 같은 천민적 존재가 더러 있기는 했을지라도 대체적으로 부곡민 역시 良人이었다고 이해하고들 있다. 그리하여 이들을 주로 수취관계와 관련하여서거나14) 越境地와 같은 지리적 조건과 연관지어15) 해석하고도 있는 것이다. 하지만 부곡제 지역 사람들이 일반 군현민에 비하여 사회적으로 여러 면에서 차별대우를 받은 것은 확실하다. 따라서 고려시대에는 이처럼 일반 군현과는 구별되는 특수행정조직인 부곡 등이 광범하게 존재하였다는 사실을 우선 하나의 특징으로 꼽아도 좋은 것이다. 혹자는 부곡제 지역의 광범함에 유의하여 고려의 지방행정조직을 이것과 군현제 지역으로 대별하여 파악하기도 한다.16) 그러나 이 같은 이해는 통치구조 면에서 볼 때 얼마간의 여운이 남는다.

다음 행정체계상의 큰 특징은 중앙과 외관이 파견된 主郡(領郡)・主縣(領縣)과 直牒關係에 있었다는 점일 것 같다. 이어서 설명하듯이 고려에서는 전체 군현에 외관(지방관)을 파견한 것이 아니라 중요한 지

---

13) 旗田巍, 「高麗時代の賤民制度'部曲'について」『和田還曆紀念 東洋史論叢』, 1951 ; 『朝鮮中世社會史の硏究』, 法政大學出版局, 1972.
14) 朴宗基, 「高麗 部曲制의 構造와 性格-收取體系의 運營을 中心으로-」『韓國史論』 10, 1984. ; 『高麗時代 部曲制研究』, 서울大出版部, 1990.
15) 李佑成, 「李朝時代 密陽古買部曲에 대하여-部曲制의 發生 形成에 관한 一推論」『震檀學報』 56, 1983 ; 『韓國中世社會研究』, 一潮閣, 1991.
16) 朴宗基, 『高麗時代 部曲制研究』, 서울大出版部, 1990.

역에 한정시켰는데, 중앙의 官司는 일반 행정사항에 대한 公貼을 중간기구를 거치지 않고 직접 이들에게 발송하였고, 지방의 수령들 역시 해당 중앙관서에 직접 보고하는 체계로 되어 있었던 것이다.

그러므로 國初부터 상급기구의 위치에 있던 京·都護府·牧 등의 界首官들이 담당한 역할도 몇몇 가지 사항에 한정되어 있었다.[17] 그것들은 구체적으로 上表하여 陳賀하는 일과 鄕貢을 選上하는 일 및 外獄囚 推檢 등이었다는 연구가 있거니와,[18] 중간기구로서의 그들 기능이 상당히 제한되어 있었음을 알 수 있다.

이 점에 있어서는 뒤에 성립되는 5道按察使制의 경우도 유사하였다. 안찰사도 전임의 外職이 아닌 使命官으로서 道內의 州縣을 巡按하면서 ① 守令의 賢否를 살펴 黜陟하는 일을 위시하여, ② 民生의 疾苦를 묻는 일 및 ③ 刑獄의 審治, ④ 租賦의 收納, ⑤ 軍事的 機能 등을 담당하는 데[19] 그쳤기 때문이다. 그러므로 이들은 사무기구를 갖고 있지 않았으며 임기는 6개월에 불과하였다. 거기에다가 안찰사에 임명되는 사람이 대부분 5품 내지 6품의 微官이었고, 또 5도의 명칭과 그 소관구역이 시기에 따라 변동되고도 있다. 이런 연유 때문에 안찰사를 도의 장관으로 보지 않으려는 견해까지 있는 것이다.[20] 여기서도 중간기구로서의 道制가 지니는 한계성을 엿볼 수 있다고 하겠다.

界首官이나 按察使制가 지니는 이 같은 제약성과도 관련하여 중앙

---

17) 尹武炳,「高麗時代 州府郡縣의 領屬關係와 界首官」『歷史學報』17·18 합집, 1962.
18) 邊太燮,「高麗前期의 外官制-地方機構의 行政體系-」『韓國史研究』2, 1968 ; 『高麗政治制度史研究』, 一潮閣, 1971.
19) 邊太燮,「高麗按察使考」『歷史學報』40, 1968 ;『高麗政治制度史研究』, 一潮閣, 1971.
20) 河炫綱,「後期道制에의 轉成過程」『高麗地方制度의 研究』, 韓國研究院, 1977 ; 『韓國中世史研究』, 一潮閣, 1988.

과 지방 사이의 행정체계가 위에서 지적했듯이 直牒關係에 있었다고 하였거니와, 그러나 그것도 外官이 파견된 主郡縣에 한정될 수밖에 없었다. 그런데 고려 때는 이러한 主郡縣보다도 특히 南方 5도를 중심으로 外官이 없는 屬郡·屬縣의 숫자가 훨씬 많았다. 그리하여 이들은 主郡縣을 통한 간접지배를 하였던 것이다. 고려에서는 이처럼 일부 지역에만 外官을 파견하고 그들을 중심으로 행정을 펴 나갔으므로 邑格보다는 外官의 설치 여부가 한층 중요하였다. 광범한 屬郡·屬縣의 존재와 더불어 이 같은 外官 중심의 행정체계가 고려 군현제의 또 다른 특질의 하나였던 것이다.21)

그러면 고려의 군현조직에 있어 이러한 主屬關係가 생겨나게 된 연유는 무엇일까? 그것은 아마 羅末麗初에 호족들이 지배하던 세력권과 관련이 깊은 듯 하다. 고려는 건국의 초기에 각 곳의 유력한 在地勢力들에게 土姓을 分定하여 준다든가22) 功臣策定이나 官階를 수여하여23) 그들의 우월한 지위를 인정하여 주었다. 이들은 그것을 바탕으로 세력권을 형성하여 그 안에 들어온 주변세력과 주속관계를 맺었던 것 같으며, 이런 관계가 곧 군현 상호간의 주속관계로 전환되지 않았나 짐작되는 것이다. 고려는 건국 초기뿐 아니라 그 후 줄곧 施惠나 懲罰의 의미에서 邑號를 陞降시키고 있어서24) 이와 좀 다른 차원에서 운용하고 있지만 주속관계의 시원은 대체적으로 그와 같이 파악되고

---

21) 邊太燮, 주 18) 논문.
22) 李樹健,「'土姓' 硏究(其一)」『東洋文化』16, 1975 :「土姓의 形成過程과 內部構造」『韓國中世社會史硏究』, 一潮閣, 1984.
23) 金日宇,「高麗 太祖代 地方支配集團 편제의 제도적 장치」『濟州島史硏究』6, 1997 ;『고려초기 국가의 地方支配體系 연구』, 一志社, 1998.
24) 金甲童,「'高麗初'의 州에 대한 考察」『高麗史의 諸問題』, 三英社, 1986 : 朴恩卿,「高麗時代의 邑號陞降」『高麗時代 鄕村社會硏究』, 一潮閣, 1996.

있는 듯 생각된다.

　많은 屬郡縣의 존재는 중앙의 행정력에 일정한 제약적 요소로 작용하였다. 睿宗朝로부터 심해지는 백성들의 流移 현상이 그 점을 보여주는 한 좋은 사례였다. 고려조는 국초부터 이 부분에 유의하여 本貫制 등을 시행하였지마는,25) 이제는 속군현에 최하급의 외관이긴 하나마 監務를 설치하기 시작하였다. 그로써 백성들의 流移 현상을 막고 변화하는 鄕村秩序에도 대처하려 하였던 것이다.26) 그러나 주요 지역을 중심으로 외관을 배치하는 고려의 지방통제 시책은 麗末에 이르기까지 완전히 시정되지 못하였다.

　지방행정의 말단을 맡아 실무를 본 것은 보통 長吏 또는 外吏로 불린 鄕吏層이었다. 이들은 군현제 지역이나 부곡제 지역을 막론하고 모든 행정구획에 설치된 邑司에 근무하면서27) 백성들과 직접 접촉하는 위치에 있었기 때문에 역할이 매우 컸다. 더구나 이들은 신분적으로 국초의 호족과 연결되어 있었고 科擧 등을 통해 중앙의 官員으로 진출할 수 있는 등 권한과 지위가 상당히 크고 높았던 것이다.28) 고려시대의 향리들은 조선의 그들과 상당히 다른 존재였음을 알 수 있다. 그렇기 때문에 고려의 중앙정부가 其人制度나 事審官制度를 마련해

---

25) 蔡雄錫,「高麗前期 社會構造와 本貫制」『高麗史의 諸問題』, 三英社, 1986 ;『高麗時代의 國家와 地方社會-'本貫制'의 施行과 地方支配秩序』, 서울대출판부, 2000.
26) 元昌愛,「高麗 中·後期 監務增置와 地方制度의 變遷」『淸溪史學』1, 1984 : 金東洙,「고려중·후기의 監務 파견」『全南史學』3, 1989 : 이인재,「고려 중후기 지방제 개혁과 감무」『外大史學』3, 1990.
27) 李樹健,「高麗時代 '邑司' 硏究」『國史館論叢』3, 1989 : 尹京鎭,「高麗時期의 地方文書行政體系」『韓國古代中世古文書硏究(下)』, 서울대출판부, 2000.
28) 朴敬子,「高麗 鄕吏制度의 成立」『歷史學報』63, 1974 : 趙榮濟,「高麗初期 鄕吏職의 由來에 대한 小考」『釜大史學』4, 1980 : 李純根,「高麗初 鄕吏制의 成立과 實施」『金哲埈華甲紀念 史學論叢』, 1983 : 尹京鎭,「高麗前期 鄕吏制의 구조와 戶長의 직제」『韓國文化』20, 1997.

이들에 대한 통제책을 삼았다 함은 잘 알려져 있는 바와 같다.

행정조직의 하부 단위로 백성들이 생활하는 곳은 村落이었다. 고려 때의 촌은 대체적으로 신라 장적문서에 보이는 沙害漸村 등과 유사한 自然村落으로 이해하여 왔는데, 시기와 지역에 따라서는 그 몇 개씩이 합쳐진 '地域村'을 이루기도 했다 한다.29) 한데 근자에는 여기에서 한 걸음 더 전진된 '行政村'說도 나오고 있거니와,30) 고려 때 지방의 촌락이 수도인 開京의 坊·里制와 유사하게 행정적으로 편제되어 있었는지의 여부는 지금의 시점에서 단정하여 말하기가 좀 어렵지 않나 싶다.

매우 소략하게 살피는 데 그치긴 했지만 고려시대의 지방통치조직과 구조 및 그 성격은 이처럼 여러 모로 특성이 드러나는 것이었다.

(3) 대외적 시련과 극복

고려의 역사 전개과정에서는 주변의 여러 나라와 빈번하게 항쟁과 교섭을 벌여 왔다는 성격도 나타나고 있다. 원래 한반도의 역사는 중국대륙의 정치형세와 밀접히 관련되어 있었다. 중국의 역사는 남방의 농경민족인 漢族과 북방 유목민족과의 끊임없는 투쟁사라고 할 수 있거니와, 이러한 중국의 남북간 대립이 한국의 역사에 커다란 영향을 미쳤기 때문이다. 이것은 東亞 국제정세의 三角關係에 기인하는 결과로서, 중국 남북민족간의 대립에 있어 한국민족이 차지하는 위치는 매우 중요했던만큼 북방민족들은—때로는 漢族도 그러했지만—한국이 他方의 與國이 되는 것을 방지하기 위해 우리나라를 침략하곤

---

29) 李佑成,「麗代 百姓考-高麗時代 村落構造의 一斷面-」『歷史學報』14, 1961.
30) 朴宗基,「高麗時代 村落의 機能과 構造」『震檀學報』64, 1987.

했던 것이다. 물론 여기에서 한국이 어떠한 외교정책을 추구하느냐가 더욱 중요한 요소로 작용하였지만, 어떻든 이러한 몇 가지 이유로 인하여 우리의 對外交涉史는 복잡성을 띠지 않을 수 없었다. 거기에다가 日本列島의 세력이 밀려와 그 복잡성을 더해 가는 일이 있었거니와, 고려조에서는 그와 같은 대립·충돌이 유난히도 심하여 대외적인 성격이 강한 역사가 되었던 것이다.

10세기 초엽 고려의 건국이 있은 지 얼마 후 중국대륙에서는 5대 10국의 혼란을 수습하고 宋이 일어났다(960). 여기에서 고려가 수립한 대외정책은 北進·親宋政策이었다.[31] 그런데 당시에는 마침 宋의 북방에서 契丹·女眞·蒙古 등 유목민족이 차례로 발흥하여 宋과 대치하게 되었다. 이와 같은 관계는 고려의 北進·親宋政策과 대립되게 마련이었다.

그리하여 고려는 먼저 契丹族의 遼와 3차례 이상이나 전쟁을 치르지 않으면 안되었다. 요나라의 聖宗은 압록강 하류의 女眞을 치고 이어서 중류 지역에 발해의 유민이 세운 定安國을 공격하여 멸망시킨 뒤 宋마저 敗退시켜 거리낄 것이 없게 되자 고려에 제1차의 침공을 개시하였다(고려 成宗 12년, 993). 그러나 이번에는 국제정세를 잘 살핀 徐熙가 적장과 담판하여 저들이 원하는 宋과의 斷交를 조건으로 물러나게 하고 오히려 江東6州를 확보하는 성과를 거두었다. 하지만 고려는 그 뒤에도 송과 비공식적인 교류를 계속한 데다가 江東6州의 탈환도 노려 요의 성종이 康兆의 정변을 구실삼아 1010년(현종 원년)에 직접 步騎 40만을 이끌고 제2차의 침입을 감행하였다. 그리하여 이번에

---

31) 全海宗,「高麗와 宋과의 관계」『東洋學』7, 1977 : 羅鍾宇,「高麗時代의 對宋關係」『圓光史學』3, 1984 : 朴龍雲,「高麗·宋 交聘의 목적과 使節에 대한 考察(上·下)」『韓國學報』81·82, 1995·1996.

는 수도인 開京이 함락당하고 국왕은 나주로 피신하는 시련을 겪었으나 상하가 단결하여 무사히 난국을 수습하였다. 이후에도 몇 차례 더 소규모의 파상적인 공격을 하던 요는 마침내 1018년에 10만 군을 보내 다시 대공세를 폈으나 姜邯贊 등이 지휘한 고려군의 반격을 받아 참패하고 물러갔다. 이 같은 오랜 전란으로 지친 두 나라는 곧 화약을 맺거니와, 고려는 끈질긴 항쟁으로 대륙 북방의 강자인 요의 침략을 극복할 수 있었던 것이다.32)

女眞族의 金과 충돌하는 것은 그 부족의 하나인 完顔部가 세력을 키워 우리 지역으로까지 뻗어오면서였다. 즉 우리를 부모의 나라로까지 여겨오던 저들은33) 烏雅束 때에 이르러 더욱 세력이 커지자 군대를 파견하여 이미 고려에 복속하고 있던 曷懶甸 일대의 여진부락을 경략하고, 계속하여 고려에 依附코자 來投해오는 여진인을 좇아 定州의 千里長城 부근에까지 이르렀다. 이 때가 바로 肅宗 9년(1104)으로 고려로서는 도저히 이를 좌시할 수가 없었다. 그리하여 양국간에 무력충돌이 일어나는데, 고려는 번번이 패배하였다. 적은 騎兵인데 비해 아군은 주로 步兵인 데다가 그 조직마저 약화되어 있었기 때문이다. 이에 尹瓘은 왕에게 아뢴 후 別武班이라는 새로운 군대를 편성하고, 睿宗 2년(1107)에는 마침내 저들을 내쫓고34) 지금의 함경도와 두만강 일대에 걸쳐 9城을 축조하는 것이다.35) 이로써 우리나라의 영토가 크게 확장되는데, 그러나 근거지를 잃은 여진족이 반격하는 한편으로

---

32) 李龍範,「高麗와 契丹과의 關係」『東洋學』 7, 1977.
33) 金庠基,「금(金)의 시조(始祖)에 대하여」『국사상의 제문제』 5, 1959.
34) 김상기,「여진관계의 시말과 윤관(尹瓘)의 북정」『국사상의 제문제』 4, 1959 ; 『東方史論叢』, 서울大出版部, 1974.
35) 金九鎭,「公嶮鎭과 先春嶺碑」『白山學報』 21, 1976 : 方東仁,「尹瓘九城再考」『白山學報』 21, 1976 ; 『韓國의 國境劃定研究』, 一潮閣, 1997.

還附를 애걸하여 와서 얼마 뒤에 이 지역을 되돌려주고 말았다. 이후 더욱 세력이 강해진 금은 고려에 君臣關係를 강요하여 왔고, 이를 용인함으로써(仁宗 4년, 1126) 두 나라 사이에 더 이상의 무력충돌은 발생하지 아니하였다.

그러나 고려는 武臣執權期인 高宗 18년(1231)부터 몽고족의 침략을 받아 한층 커다란 시련을 겪지 않을 수 없었다. 이 전쟁은 30년 가까운 기간 동안 지속되었는데, 고려조정은 江華島로 천도하여 그 나름으로 항쟁을 이어 갔지마는, 특히 육지에 남은 일반 백성들은 전쟁이 터질 때마다 수많은 어려움을 당하면서도 山城과 海島로 入保하여 줄기차게 저항을 하였다.36) 이 같은 항쟁에 유례없는 세계 대제국을 건설한 몽고도 어찌할 수가 없었지만, 그러나 전쟁이 장기화하면서 고려의 상하가 겪는 고초는 이루 다 말할 수 없었고, 국토도 황폐해질 대로 황폐해져 갔다. 이에 고려조정은 화의를 맺고 開京으로 還都하거니와, 이 때부터는 저들의 내정간섭을 받아 시련은 계속되었다. 몽고의 日本 원정에 동원된 것이나, 雙城摠管府의 설치 등으로 인한 영토의 할양, 立省策動 등이 그 대표적인 예들인데,37) 하지만 이러한 국가의 위기에 처하여서는 역시 고려의 상하가 단결하여 역경을 헤쳐나갔다.

麗末인 恭愍王 때에 고려는 元末의 혼란을 틈타 일어난 漢族의 流

---

36) 姜晋哲,「蒙古의 侵入에 대한 抗爭」『한국사』 7, 국사편찬위원회, 1973 ;『韓國社會의 歷史像』, 一志社, 1992 : 金潤坤,「抗蒙戰에 叅與한 草賊에 對하여」『東洋文化』 19, 1979 : 尹龍爀,「고려의 海島入保策과 몽고의 戰略變化」『歷史敎育』 32, 1982 ;『高麗對蒙抗爭史硏究』, 一志社, 1991.

37) 方東仁,「雙城摠管府考」『關東史學』 1, 1982 ;『韓國의 國境劃定硏究』, 一潮閣, 1997 : 金惠苑,「忠烈王 入元行績의 性格」『高麗史의 諸問題』, 三英社, 1986 : 張東翼,「元의 政治的 干涉과 高麗政府의 對應」『歷史敎育論集』 17, 1992 ;『高麗後期外交史硏究』, 一潮閣, 1994.

賊인 紅巾賊의 침입을 받는 시련을 겪었다. 그리고 이를 전후하여서는 日本의 寇盜集團인 倭寇의 창궐로 인해서도 많은 고통을 당하였다.38) 고려는 이 때에도 무력을 동원하여 저들을 진압하고 있거니와, 이와 같이 고려의 역사는 주변의 여러 나라와 빈번하게 외교교섭을 벌이고, 또 자주 전쟁을 치르면서 발전하여 간 그런 특성을 지닌 것이었다.

3) 경제적 특성

(1) 민전과 공전·사전

고려시대에 있어서 주업은 농업이었다. 농경이 당시의 기본적인 생산형태였던 것이다. 따라서 그 기반이 되는 토지문제는 사회질서와도 관련하여 가장 주목받는 과제가 된다고 할 수 있다.

그런 취지에서 먼저 토지지배관계에 대해서부터 살펴보면 가장 일반적이면서도 커다란 의미를 지닌 것은 民田이었다. 이 민전은 백성들이 조상 대대로 전래하여 오는, 명칭 그대로 人'民'의 '田'으로서 그들의 私有地를 말하는데, 대부분은 白丁으로 알려진 농민들이 소유주이었으나 양반과 서리·향리는 말할 것 없고 노비층까지도 거기에 포함되었다. 그리하여 이들은 여기에서 얻어지는 수확물의 일부를 국

---

38) 李鉉淙,「倭寇와 倭寇政策」『朝鮮前期 對日交涉史硏究』, 韓國硏究院, 1964 : 孫弘烈,「高麗末期의 倭寇」『史學志』9, 1975 : 羅鍾宇,「高麗 末期의 麗·日關係-倭寇를 中心으로-」『全北史學』4, 1980 ;『韓國中世對日交涉史硏究』, 圓光大出版局, 1996 : 金琪燮,「14세기 倭寇의 동향과 고려의 대응」『韓國民族文化』9, 1997.

가에 租稅로써 납부하고 나머지를 수입으로 삼았던 것이다. 따라서 그것은 民産의 근본이 되는 토지였을 뿐더러 국가재정의 측면에서도 매우 중요한 위치에 있었다. 國用과 祿俸의 재원도 거기에서 마련되었기 때문이다.

민전의 경영은 대체적으로 영세 농민에 의한 自家經營의 형태를 취했던 것 같다. 대부분의 농민들은 家族勞動力에 의지하여 자기의 소규모 토지를 경작해 생활을 꾸려갔다고 생각되는 것이다. 그러나 양반과 토호들처럼 많은 민전을 소유하고 있던 사람들의 경우는 그 경영 형태가 이와 좀 달랐으리라 예상된다. 이들의 토지는 노비노동에 의한 경작이나 傭作 등도 의당 있었을 것이다. 아울러 소작을 주어 경작시키는 경우도 있었을 것인데,39) 이럴 때는 규정대로 수확의 50%를 소작료로 받았다고 생각된다.

민전은 사적 소유권이 보장되어 있는 토지였다. 이 점은 물론 수취와 관련이 깊은 것이었겠지마는 民田主가 그 토지의 주인으로서 토지대장인 量案에 명시되고, 그리하여 각자의 소유권이 국가에 의해 보호를 받았던 것이다. 민전은 이와 같이 私的 所有地였으므로 그에 대한 매매나 증여·상속 등 관리처분권도 소유주의 자유 의사에 맡겨져 있었다.40)

지금 민전은 각 개인의 소유지라고 하였다. 따라서 그것은 私田의 범주에 속하는 토지였다고 할 수 있다. 그러나 한편으로 이에 대칭되는 國有地나 官有地도 있었다. 그런 토지들로는 公廨田·屯田·學

---

39) 姜晋哲,「高麗時代의 農業經營形態-田柴科體制下의 公田의 경우-」『韓國史研究』12, 1976;『高麗土地制度史研究』, 高麗大出版部, 1980 : 安秉佑,「高麗時期 民田의 經營」『韓國 古代·中世의 支配體制와 農民』, 지식산업사, 1997.
40) 有井智徳,「高麗朝における民田の所有關係について」『朝鮮史研究會論文集』8, 1971 ;『高麗李朝史の研究』, 國書刊行會, 1985.

田・籍田 등을 들 수 있는데, 이것들은 公田이었다. 이처럼 토지의 공・사전은 所有權에 의하여 구분되는 측면이 있었다.

그런가 하면 토지는 收租權의 귀속에 의해서도 공・사전으로 구분되었다. 위에서 民田租는 국고에 수납되어 국용이나 녹봉에 충당되었다고 하였는데, 그런 측면에서 보면 민전은 公田이었다. 이에 비해 개인에게 수조되는 兩班田 등은 私田이었다. 이것을 다시 내용별로 정리하면 국유지와 국고수조지는 공전인데 대해 사유지와 사인수조지는 사전이었다는 이야기가 되겠다.41) 그런데 민전은 그 기준을 어디에 두느냐에 따라 공전도 되고, 사전도 될 수 있는 그런 성격의 토지였던 것이다.42)

종래 이들 공전・사전의 구분과 관련하여 논의가 되었던 또 하나는 差率收租의 문제였다. 널리 알려진 대로 고려 때의 토지에 대한 收取率로는 1/10租와 1/4租, 그리고 1/2租의 세 종류가 기록에 보이고 있다. 처음의 연구자들은 이들 가운데에서 1/10租는 太祖 당시의 실정을 도외시한 신빙성이 적은 사료라 하여 버리고 대략 공전에서는 1/4租, 그리고 사전에서는 1/2租를 수취하는 제도였다고 설명하였다. 아울러 이 때의 1/4(25%) 공전조는 地稅의 개념에 해당하는 것인데 반하여 1/2(50%) 사전조는 地代의 개념에 해당하는 것이라 하여 공전과 사전 사이에 倍額이나 되는 차율수조가 생겨나게 된 배후를 합리적으로 이해하려는 노력도 있었다.43)

---

41) 李成茂,「公田・私田・民田의 槪念-高麗・朝鮮初期를 中心으로-」『朝鮮初期 兩班硏究』, 一潮閣, 1980;『韓㳓劤停年紀念 史學論叢』, 知識産業社, 1991 : 姜晋哲,「私田支配의 諸類型」『高麗土地制度史硏究』, 高麗大出版部, 1980.

42) 李成茂, 위의 논문 : 尹漢宅,「私田과 田丁」『高麗前期 私田 硏究』, 高麗大 民族文化硏究所, 1995.

43) 姜晋哲,「高麗前期의 公田・私田과 그의 差率收租에 대하여-高麗 稅役制度의

한데 그 뒤에 1/10租는 고려 때 실제로 민전에 적용되던 수취율이라는 새로운 견해가 제시되었다. 그리고 이런 입장을 취한 논자들은 成宗 11년에 정해진 1/4공전조도 국유지를 소작 주었을 경우의 지대로 파악하고 있다.44) 이어서 1/4공전조가 적용되던 토지는 국·공유지 가운데 일부에 한정되었다는 의견45) 등도 나와 있지마는, 현재는 이들 새로운 견해에 많이 기울고 있는 것 같다. 그렇지만 사유지(사전)를 타인에게 대여하여 소작관계가 발생하였을 때 그 지대로 二分取一하였다는 점에 있어서는 종래의 주장과 다른 것이 없다.

다음으로 이 자리에서 하나 더 살펴보아야 할 문제는 土地國有의 원칙에 관한 것이다. 종래 우리나라의 토지제도에 대해서는 동양의 여러 나라가 대개 그러했던 것처럼 전국의 토지가 '公田制' 위에 성립되어 모든 토지는 국가의 公有에 귀속하였다고 주장하는 견해가 오랫동안 유력시되어 왔다. 이것은 "넓은 하늘 아래에 王土 아닌 것이 없다"(『詩經』 小雅 北山)는 전통적인 王土思想의 관념에서 영향받은 바도 없지 않았으나, 보다 직접적인 요인으로 작용한 것은 한국의 토지제도에 관해 처음으로 체계적인 저술을 낸 和田一郎의 公田制=土地國有制 이론과 唯物史觀이 말하는 '아시아 국가에 있어서의 私的 土地所有의 결여'라는 명제였는데,46) 그러나 지금은 대체적으로 잘못된 이

一側面ー』『歷史學報』 29, 1965 : 旗田巍,「高麗の公田」『史學雜誌』 77-4, 1968 ; 『朝鮮中世社會史の研究』, 法政大學出版局, 1972.

44) 李成茂, 주 41) 논문 : 金容燮,「高麗前期의 田品制」『韓沽劤停年紀念 史學論叢』, 知識產業社, 1981 : 金泰永,「科田法上의 踏驗損實과 收租」『經濟史學』 5, 1981 ; 『朝鮮前期 土地制度史硏究』, 知識產業社, 1983.

45) 安秉佑,「高麗의 屯田에 관한 一考察」『韓國史論』 10, 1984 :「高麗前期 地方官衙의 設置와 運營」『李載龒還曆紀念 韓國史學論叢』, 한울, 1990 : 박종진,「조세제도의 구조」『고려시기 재정운영과 조세제도』, 서울대출판부, 2000.

46) 姜晋哲,「'土地國有制說'의 問題」『高麗土地制度史研究』, 高麗大出版部, 1980.

해였다고 보고들 있다.

　원래부터가 그들 주장에는 불순한 동기가 내재되어 있기도 하고, 또 역사적 사실에 기초한 것도 아니었다. 그리하여 여러 방면에서 비판이 가해져 왔었지만, 특히 1960년대 후반부터 사전은 田租의 귀속 문제와 함께 토지 그 자체가 사유지적 성격이 농후하다는 의미도 지닌다는 견해가 제시되었고,[47] 자손에게 상속이 허용된 兩班永業田으로서의 功蔭田柴와 직역의 세습을 통해 이루어지는 향리·군인의 영업전과 같은 사유지적 성격의 토지가 존재하였다는 실증과[48] 더불어 공전 또한 국가의 직영지뿐 아니라 단순한 국고수조지도 포함하는 등 다양한 내용을 가지고 있었다는 사실이 밝혀짐으로써[49] 종래의 이해 방식은 수정을 면치 못하게 되었던 것이다.

　그러나 토지국유제론에 대한 비판은 무엇보다도 민전의 실체가 드러남에 따라 더욱 본격화하게 되었다. 그것은 앞서 설명한 바와 같이 백성들의 사적 소유지로서 매매 처분과 증여·상속이 자유로운 토지였던 것이다.

　이에 즈음하여 王土思想에 대해서도 새로운 이해가 있게 되었다. 사유지의 경우 비록 왕토로 인식되고 있음에도 불구하고 국가가 자유로이 처분할 수 없었던 기록 등으로 미루어 동양의 전통적인 왕토사상은 관념적인 산물이었을 뿐 현실적인 토지소유관계를 말한 것은 아니라는 견해가[50] 설득력을 얻고 있는 것이다.

---

47) 姜晋哲, 주 43) 논문.
48) 李佑成,「高麗의 永業田」『歷史學報』28, 1965 ;『韓國中世社會硏究』, 一潮閣, 1991.
49) 旗田巍, 주 43) 논문.
50) 李佑成,「新羅時代의 王土思想과 公田-大崇福寺碑 및 鳳巖寺 智證碑의 一考-」『趙明基華甲紀念 佛敎史學論叢』, 中央圖書出版社, 1965 ;『韓國中世社會硏究』, 一

요컨대 고려 때의 각종 토지는 소유권이나 수조권의 귀속에 따라 공전과 사전으로 분류되었으며, 그것에 의해 수조율에도 차등을 두는 제도였다. 한데 그들 토지 가운데에서 압도적 비중을 차지하여 가장 커다란 의미를 지닌 것은 백성들의 사유지로서 1/10租의 수취율을 적용받았다고 생각되는 민전이었다. 이것은 민산의 근본이 되었을 뿐 아니라 국가의 재정을 지탱해주는 토지이기도 했던 것이다. 이 같은 기반 위의 토지지배관계를 한때는 토지국유제로 파악하려는 논의도 있었으나 그것은 옳지 못한 이해였다.

(2) 전시과제도와 농장

高麗時代의 관리들은 국가에 복무하는 대가로 토지와 현물을 이중으로 받았다. 그 전자의 제도가 田柴科였으며, 후자가 祿俸이었다.
이 가운데에서 전시과는 국가의 관직에 복무하는 文武兩班이나 직역을 부담하는 서리·군인 등에게 그들의 지위에 따라 응분의 田地와 柴地를 나누어준 제도를 말하는데, 景宗 元年(976)에 처음 제정된 이래[始定田柴科] 큰 것만 하여도 穆宗 元年(998)의 개정을 거쳐[改定田柴科] 문종 30년(1076)에 다시 고쳐지는 [更定田柴科] 등 몇 차례의 변천이 있었다. 그 마지막의 제도를 볼 것 같으면 전체 대상자를 18科等으로 분류하고, 최고의 과등인 제1과는 전지 100결과 시지 50결을 지급하는데, 그 해당자는 中書令·尙書令·門下侍中이었으며, 이하 차례로 내려가 군인·서리 등은 제15과 이하에 소속하였고, 전지 17결만을 받는 최하의 제18과에는 閑人·雜類가 배치되었다. 우리들이 일

潮閣, 1991.

반적으로 전시과라고 부르는 것은 바로 이 제도를 의미했지마는, 그러나 이것 이외에도 무산계 소지자에게 지급하는 武散階田柴科와 관아의 경비를 조달하기 위한 규정인 公廨田柴科 등 別定의 몇몇 종류가 더 있었다.

이들 전시과에서 분급한 토지에는 방금 설명했듯이 전지와 함께 시지도 포함되어 있었다. 이것은 전지만 지급한 조선의 科田法과 차이가 나는 점이라 할 수 있다. 아울러 과전법에서 지급한 토지는 畿內에 한정되었던 데 비해 전시과의 그것은 『高麗圖經』에 명시되어 있듯이 外州, 즉 지방에 산재해 있어서 역시 차이를 보이고 있다.

그런가 하면 전시과의 핵심이라 할 수 있는 兩班科田 등이 어떤 성격의 토지로 지급되었으며, 또 그 지급의 내용이 어떠한 것이었느냐에 대해서도 의견이 엇갈려 있다. 이 문제에 있어 대략 이른 시기의 연구자들은 羅末麗初에 각 지방의 호족들이 지배하던 토지를 중앙집권체제가 강화되면서 회수하였다가 전시과가 창설될 때에 그것을 새로이 분급해 준 것이라 이해하였다. 그리고 그 지급도 토지 자체가 아니라 收租權을 준 것이며, 그리하여 당해 양반과전의 경작·생산을 감독하고 租를 수취하여 서울로 수송하는 일 등이 지방행정관인 수령에 맡겨져 있었다고 설명하였다.[51]

그러나 이 의견에 반대하는 연구자들은 전시과의 과전도 조선에서처럼 민전 위에 설정되었다고 주장한다. 이 때 그 토지는 수급자 자신이 마련해야 했으며, 그리하여 지급의 내용도 대체적으로는 당해 토지에 대한 免租權을 주는 것이었다고 본다. 따라서 이들 토지는 자

---

[51] 姜晋哲, 「私田支配의 諸類型 — 兩班田」 『高麗土地制度史研究』, 高麗大出版部, 1980. 다만 이 논의에서도 군인전은 그들의 토지, 즉 민전 위에 설정되었다고 보고 있다.

연이 자가경영의 형식을 취하게 마련이었다는 것이다.52) 이 문제는 고려사회의 역사적 위치를 가늠해볼 수 있는 중요한 사안의 하나인데, 앞으로 좀더 많이 검토해야 할 과제라는 말로 마무리지어 둔다.

다음 녹봉은 대우 내지는 보수로 현물인 미곡 등을 급여하는 것이라 하였거니와, 문종 30년(1076)에 정비된 내용을 볼 것 같으면 ① 妃主祿 ② 宗室祿 ③ 文武班祿 ④ 權務官祿 ⑤ 東宮官祿 ⑥ 西京官祿 ⑦ 外官祿 ⑧ 雜別賜 ⑨ 諸衙門工匠別賜의 9개 항목으로 되어 있다. 문무백관을 비롯한 后妃・宗室과 胥吏・工匠 등 제계층에 녹봉이 지급된 사실을 알 수 있다.

이 가운데 祿制의 중심을 이루었던 文武班祿을 보면 제1과 400石을 받는 中書令・尙書令・門下侍中으로부터 제47과 7석을 받는 國學學正・國學學錄・都染丞 등에 이르기까지 47科等으로 나뉘어져 있다. 이와 같은 복잡한 과등은 仁宗(1122~1146) 때의 更定時에 28과등으로 조정이 되지만 전시과의 18과등과 비교할 때 여전히 세분된 것이다. 그것은 아마 품계상의 차등뿐 아니라 동일 품계의 관직 사이에도 중요도에 차이가 있었던 데서 말미암은 결과가 아닌가 짐작된다.53)

이 같은 체제는 상당한 기간 동안 비교적 잘 유지되었으나 12세기 초엽에 이르러 동요의 양상을 보이더니 무신정권이 들어서면서(1170)부터는 아예 파탄의 길을 걷게 되었다. 그간에 야기된 정치적 혼란과 더불어 전시과체제의 모순이 표면화된 데다가 社會生産力의 발전으

---

52) 浜中昇,「高麗田柴科の一考察」『東洋學報』63-1・2, 1981 ;『朝鮮古代の經濟と社會』, 法政大學出版局, 1986 : 金琪燮,「高麗前期 農民의 土地所有와 田柴科의 性格」『韓國史論』17, 1987 : 朴國相,「高麗時代의 土地分給과 田品」『韓國史論』18, 1988.
53) 崔貞煥,「高麗 祿俸制의 運營實態와 그 性格」『慶北史學』2, 1980 ;『高麗・朝鮮時代 祿俸制研究』, 慶北大出版部, 1991 : 李鎭漢,「高麗時代 叅上・叅外職과 祿俸」『韓國史研究』99・100, 1997 ;『고려전기 官職과 祿俸의 관계 연구』, 一志社, 1999.

로 인해 종래의 질서는 변화가 불가피하게 되었기 때문이다.

그 결과 형성된 사적인 대토지지배의 특수한 형태를 우리들은 農莊(農場·農庄)이라 부르고 있다. 당시의 권세가들과 심지어는 사원까지도 開墾이나 買得·賜牌 등의 합법적 방법뿐 아니라 奪占·高利貸·寄進·投托 등 불법적인 방법까지 동원해 민전을 비롯한 각종 토지를 겸병하여 갔으며, 이렇게 하여 集積된 대규모의 땅을 농장으로 경영하였던 것이다. 이들 농장은 소유권에 입각한 것과 수조권에 의거한 것 등 두 종류가 있었는데, 현재 소유지형 농장이 일반적이었다는 주장과[54] 그보다는 수조지 집적형 농장이 우세했다는 견해로[55] 나뉘어 있다. 그러나 어떻든 그들 농장은 다같이 노비를 사역시켜 경작하는 直營制經營과 處干으로 불리는 佃戶에게 경작케 하는 佃戶制經營을 취했다는 공통점을 지니고 있었으며, 또 농장주는 그들대로 국가에 조세를 납부치 않았고 거기에 招集된 전호들 역시 공민으로서의 부담을 지지 않고 있었다는 점도 같았다.

이에 나라의 재정은 파탄에 직면할 수밖에 없었다. 그리하여 국가는 관리들에게 토지를 분급하지 못하였을 뿐더러 祿俸도 제대로 지급하지 못하였다. 조선시대의 在地地主들과는 달리 주로 開京에 거주하는 不在地主로서 권세가이기도 했던 농장주들은 그에 크게 구애될 바가 없었으나 특히 신진의 관리들에게 있어 이것은 매우 심각한 문제였다. 이에 대한 해결 방안의 하나로 元宗 12년(1271)에 부족한 녹봉을 보충하여 준다는 명목하에 祿科田이라 하여 京畿 일원의 墾地를 나누

---

54) 姜晋哲,「高麗의 農莊에 대한 一研究-民田의 奪占에 의하여 형성된 權力型農莊의 實體追求-」『史叢』24, 1980 ;『韓國中世土地所有研究』, 一潮閣, 1989.
55) 李景植,「高麗末期의 私田問題」『東方學志』40, 1983 ;『朝鮮前期土地制度研究』, 一潮閣, 1986 : 위은숙,「사적 대토지소유와 경영형태」『高麗後期 農業經濟研究』, 혜안, 1998.

어주지만56) 이 제도조차 어지러워졌을 뿐더러 또 그것이 국가 재정문
제의 근본적인 대책도 되지 못하였다. 그리하여 제기된 바 고려 말기
가장 큰 쟁점의 하나였던 '私田'革罷 문제는 바로 이 농장의 문제이기
도 했던 것이다. 그러나 고려왕조로서는 끝내 이 과제를 스스로 해결
하지 못하였다.

전시과제도와 녹봉은 고려 나름의 실정이 반영된 보수체계였다.
이 체제가 무너지면서 국가와 백성들에게 많은 폐단을 끼친 농장이
성립하였고, 그에 따라 야기되는 여러 문제를 스스로 해결하지 못한
고려왕조는 그와 운명을 같이하였다.

(3) 상공업의 실태

고려 때의 주된 산업은 농업이었으므로 상공업은 그렇게 발달하
지 못한 편이었다. 아직 고려는 자연경제의 범주에서 많이 벗어나 있
지 못했다고 알려져 있는 것이다.

하지만 그런 가운데서도 수도인 開京을 중심으로 교역이 비교적
활발하게 이루어지고 있었다. 상업은 크게 국내상업과 대외무역으로
나뉘며, 국내상업은 다시 도시상업과 지방상업으로 나뉘어지는데, 그
가운데에서 도시상업은 역시 개경의 市廛이 큰 축이 되고 있었던 것
이다. 『高麗史』에 의하면 이 개경의 시전은 이미 태조 2년(919)에 설치
되었다고 전하거니와, 그 뒤 12세기 초엽에는 그들의 北廊 건물 65間
이 불탔다는 기록이 보이며, 또 『高麗圖經』에도 시전들이 廣化門 거
리에 長廊을 이루고 있었다는 기사가 눈에 띈다. 이와 같이 개경의 시

---

56) 深谷敏鐵,「高麗祿科田考」,『朝鮮學報』 48, 1968 : 閔賢九,「高麗의 祿科田」,『歷史
學報』 53·54 합집, 1972.

전들은 중요 거리에 장랑을 이루고 있으면서 언제나 교역을 하던 상설점포였다. 그리하여 여기서는 도시인들의 생활품을 판매하기도 했지만 주로 관수품을 조달하고 국고의 잉여품을 처분하는 어용상점의 기능을 했다고 짐작된다.57) 개경의 이 같은 상황에 비해 고려의 제2도시였던 西京만 하여도 상업이 그다지 활발하지 못했던 것 같다.

지방상업은 비상설적인 場市가 중심이었다. 즉 교통의 요지에 장시가 서서 주변의 1일 왕복거리에 있는 농민들이 모여 米·布로써 화폐를 삼아 물물을 교환하는 형태의 상업이 행하여졌던 것이다. 하지만 이러한 장시가 며칠에 한번씩 열렸으며 또 전국적으로 그 수가 얼마나 되었는지 등에 대해서는 잘 알 수가 없다. 지방에는 이밖에 육로를 따라 장사하는 陸商과, 강이나 바다를 따라 배를 이용하여 장사하는 船商 등58) 行商들도 있었다.

고려 때의 상업상 하나 더 특기할 사항은 사원이 이 방면에 적지 않은 비중을 차지하고 있었다는 사실이다. 사원은 물론 종교의 道場이었지만, 여기서는 미곡 등 많은 농산물이 생산되고 우수한 수공업품도 제조되어 매매가 이루어졌던 것이다. 이와 같은 사원의 상행위는 寺院經濟에 큰 보탬이 되기는 했으나 반면에 많은 폐단을 낳기도 하였다.59)

대외무역은 宋을 비롯하여 遼·金·日本 등 주변 각국들과의 사

---

57) 姜萬吉,「商業과 對外貿易」『한국사』 5, 국사편찬위원회, 1975 : 金東哲,「고려말의 流通構造와 상인」『釜大史學』 9, 1985 : 朴平植,「高麗時期의 開京市廛」『韓國史의 構造와 展開』, 혜안, 2000.
58) 홍희유,『조선상업사-고대 중세-』, 과학백과사전종합출판사, 1989.
59) 李載昌,『高麗寺院經濟의 硏究』, 亞細亞文化社, 1976 : 李相瑄,「高麗寺院經濟에 대한 考察」『崇實史學』 1, 1983 ;『高麗時代 寺院의 社會經濟硏究』, 誠信女大出版部, 1998.

이에서 행하여졌다. 그 가운데서도 가장 활발하게 교역을 한 나라는 宋이었거니와, 공식적인 조공무역 이외에 私貿易도 번성하였다.60) 그러나 요·금의 경우 使行貿易이 행해지고 互市場인 榷場이 설치되기도 했지만 양국과는 전쟁 등의 긴장관계가 오래 지속되었으므로 교역도 그만큼 한계성을 지니게 마련이었으며,61) 일본과도 정식적인 국교가 없었으므로 주로 민간상인들이 내항하여 방물을 바치고 하사품을 받아가는 정도였다.62) 그런 일면에 大食國, 즉 아라비아 상인들이 송나라의 고려 무역에 힘입어 진출하여 온 것은 한 특이한 현상이었다.

이 상업과 뗄 수 없는 관련을 가지는 것으로 화폐 문제가 있다. 고려 때 사용된 화폐로는 물품화폐와 금속화폐가 있었는데, 그 중 전자로 이용된 것은 布와 米였다. 하지만 이 가운데에서 보다 널리 사용된 것은 布貨였거니와, 그것으로 기능한 포는 주로 질이 나쁜 마포인 麤布였다가 뒤에는 5綜布(5升布)로 바뀌었다.

금속화폐로는 성종 15년에 주조하여 쓰도록 한 鐵錢이 처음이었다. 그러나 이것은 널리 유통되지 못하고, 얼마 뒤에는 숙종이 海東通寶 등을 주조하여 사용을 적극 권장하였으며,63) 또 銀 한 근으로 우리나라의 지형을 본 딴 銀甁 등도 만들어 통용토록 하였다.64) 그러나 실물경제에 치중되어 있던 고려에서 비록 도시의 경우 어느 정도 활발하게 금속화폐가 유통되었다고 하지만 전반적으로는 그렇지가 못한

---

60) 金庠基,「麗宋貿易小考」『震檀學報』 7, 1937 ;『東方文化交流史論攷』, 乙酉文化社, 1948 : 羅鍾宇,「高麗時代의 對宋關係」『圓光史學』 3, 1984.
61) 李龍範,「麗丹貿易考」『東國史學』 3, 1955.
62) 羅鍾宇,「高麗前期의 麗·日貿易」『圓光史學』 1, 1981.
63) 金柄夏,「高麗朝의 金屬貨幣 流通과 그 視角」『東洋學』 5, 1975 : 金光植,「高麗 肅宗代의 王權과 寺院勢力－鑄錢政策의 背景을 중심으로－」『白山學報』 36, 1989.
64) 이경록,「高麗前期 銀幣制度의 成立과 그 性格」『韓國史의 構造와 展開』, 혜안, 2000 : 김도연,「高麗時代 銀貨유통에 관한 一硏究」『韓國史學報』 10, 2001.

편이었다.

　다음은 수공업에 대해서인데, 비교적 규모가 크고 중요한 위치에 있었던 것은 관청수공업이었다. 그러한 관부로는 繕工寺(將作監)·軍器寺(軍器監)·掌服署(尙衣局) 등이 있었거니와, 여기에는 해당 기술자인 工匠들이 전속되어 정부와 왕실에서 필요로 하는 물품을 생산해 조달하였다. 그리고 지방의 관청수공업으로는 각 도에서 운영하던 금기방·잡직방·갑방 등이 있었지마는, 그러나 그 수나 규모는 중앙에 비해 매우 미미한 편이었다.[65]

　所는 金所·銀所·銅所·鐵所·紙所·瓦所·炭所·瓷器所·魚梁所 등의 예에서 보듯이 특정의 물품을 만드는 특수행정집단이었다. 그러므로 所手工業의 생산활동은 역시 전업적이었는데, 그들 물품은 주로 공납품으로 충당되었다.[66]

　국가에 전속되지 않은 工匠들도 그들에 대한 일종의 호적이라 볼 수 있는 工匠案에 의하여 파악되고 있었으며, 그리하여 국가가 정한 일정한 기간동안 공사에 징발되었다. 하지만 그러한 役만 부담하고 나면 자유로이 급료를 받고 다른 사람을 위해 일을 하여 주거나 물품을 생산 판매하여 생계를 꾸려간 것으로 생각된다.[67] 이러한 民間手工業 가운데에서 많은 비중을 차지한 것은 농민들의 家內手工業이었는데, 그러나 이들에 의한 생산은 자가수요를 위한 衣料나 관부에 납

---

[65] 姜萬吉,「手工業」『한국사』5, 국사편찬위원회, 1975 : 홍희유,「10~14세기(고려시기)의 수공업」『조선 중세 수공업사 연구』, 과학백과사전출판부, 1978 ; 지양사, 1989.

[66] 徐明禧,「高麗時代'鐵所'에 대한 연구」『韓國史硏究』69, 1990 : 田炳武,「高麗時代 銀流通과 銀所」『韓國史硏究』78, 1992 : 李貞信,「高麗時代의 漁業 實態와 魚梁所」『韓國史學報』3·4, 1998.

[67] 洪承基,「高麗時代의 工匠」『震檀學報』40, 1975 ;『高麗社會史硏究』, 一潮閣, 2001 : 徐聖鎬,「高麗前期 지배체제와 工匠」『韓國史論』27, 1992.

부하기 위한 布物類가 주류를 이루고 있었다.

고려 때의 상업과 수공업은 대략 이상과 같은 수준에 머물고 있었다는 게 일반적인 견해인 것이다.

4) 사회적 특성

(1) 신분구조와 그 성격

前近代國家가 대개 그러하였듯이 고려도 신분제 사회였다. 신분이란 잘 알려져 있듯이 사회구성원을 집단으로 구분하는 단위의 하나로, 그 지위는 혈통에 따라서 세습되는 사회적 권리·특권과 의무·제약에 의하여 규정되었다. 그리하여 어떤 신분층은 보다 많은 권리와 특권을 누렸던 반면에 어떤 신분층은 보다 많은 의무를 지고 제약을 받도록 되어 있었거니와, 그것은 곧 각 신분계층이 가지는 사회적 기능과 연결되게 마련이었고, 고려에서는 그것이 役으로 표현되었다.68)

종래 이 같은 정연한 설명이 있었던 것은 아니지만 대략 유사한 기준에 의하여 신분계층을 크게 지배신분층과 피지배신분층으로 나누고, 거기에 다시 각각 2개씩의 신분층이 있어, 전자에는 양반·귀족과 中流層이, 그리고 후자에 良民과 賤民이 소속했던 것으로 이해하려는 경향이 많았다. 이를 보기 쉽게 정리하면 다음과 같다.

---

68) 洪承基,「(고려의) 신분제도」『한국사』 15, 국사편찬위원회, 1995 ;『高麗社會史研究』, 一潮閣, 2001.

지배신분층	① 양반과 귀족…文·武의 品官과 귀족	良身分層
	② 중류층…서리·향리·남반·하급장교	
피지배신분층	③ 일반 양민…白丁農民·수공업자·상인 하층 양민…鄕·所·部曲·莊·處民	
	④ 천민…공노비·사노비	賤身分層

한데 근자에 고려의 신분구조를 이와는 좀 달리 法制上 良身分과 賤身分의 두 계층으로만 나뉘어져 있었다고 보려는 良賤制 이론이 제기되었다.69) 그에 따른 신분층의 분류는 위의 도표에 곁들인 바와 같은데, 보다시피 여기에서 종래의 이해와 가장 차이가 나는 것은 양반·귀족과 양민과를 동일한 양신분층으로 파악하고 있다는 점이다. 하지만 이에 대해서는 반대 의견도 있다. 즉, 이 같은 입장에서는 우선 사회의 모든 구성원을 良·賤 곧 賤人과 非賤人(良民)으로 나누는 것은 전근대사회에서는 어느 시기, 어느 나라에나 적용될 수 있는 구분법이기 때문에 사회계층론으로서 별로 의미가 없는 것이라 비판하고, 또 양반·귀족과 양민은 士·庶로써도 표현되듯이 상호 대칭되는 신분층으로 이들간의 上下·貴賤의 질서는 良賤의 그것에 못지않게 중요하였다는 점 등을 지적하고 있다.70)

이 부분을 役體制와 관련하여 생각해 볼 때 양반·귀족에게 주어

---

69) 許興植, 「高麗時代의 身分構造」, 『高麗社會史研究』, 亞細亞文化社, 1981 : 洪承基, 「高麗時代의 良人 : 士庶制·良賤制의 시행과 관련하여」, 『學術研究論文集』, 養英會, 1994 ; 『高麗社會史研究』, 一潮閣, 2001 : 金蘭玉, 「高麗時代 良人·賤人의 용례와 良賤制」, 『韓國史學報』 제2호, 1997 ; 『高麗時代 賤事·賤役良人 研究』, 신서원, 2000.

70) 宋俊浩, 「朝鮮兩班考 - 朝鮮朝社會의 階級構造에 관한 한 試論 - 」, 『韓國史學』 4, 1983 : 金蘭玉, 「高麗時代 士庶의 用例와 신분적 의미」, 『史叢』 46, 1997 ; 『高麗時代 賤事·賤役良人 研究』, 신서원, 2000.

진 특권이기도 했던 仕宦權의 여부가 한 지표가 될 수 있으며, 이에 따라 그 가장 보편적인 방도의 하나였던 赴擧權이 양민에게도 주어졌는가가 논의의 대상이 되기도 하였다. 이 점에 대해서는 현재 이견이 없지 않으나 과거에서 가장 중시됐던 製述科에 양민은 응시자격이 없었다는 견해가 유력하다.[71] 그렇다고 한다면 양반·귀족과 양민을 동일한 범주의 신분층으로 파악하는 것은 옳지 않을 것 같다. 하지만 양민들도 明經科나 雜科에의 응시는 가능하였고, 또 군인직 등을 통해서도 자신의 신분적 제약에서 벗어날 수 있었다.[72] 그런가 하면 胥吏나 鄕吏 등에게는 科擧의 門이 활짝 열려 있기도 했으므로 이 문제 역시 그리 단순하지만은 않다.

양반과 귀족도 이와 좀 차원이 다른 것이긴 하지만 많이 논의되어 온 문제 가운데 하나이다. 여기에서 논의의 초점이 된 것은 귀족의 범위에 관해서였는데, 종래 그들은 文·武兩班, 곧 品官 전체를 의미하는 것으로 이해하기도 하였고,[73] 근자에는 거기에다 南班을 포함시키는 견해까지 제시되었다.[74] 아울러 蔭敍와 같은 귀족적 특권을 누릴 수 있는 부류였는가의 여부에 기준을 두어 귀족을 官品 5품이상관에 한정시키자는 주장이 나왔고,[75] 이에 대해 귀족신분을 다루면서 官品

---

71) 許興植,「高麗科擧制度의 檢討」『韓國史研究』10, 1974;『高麗科擧制度史研究』, 一潮閣, 1981: 李基白,「科擧制와 支配勢力」『한국사』4, 국사편찬위원회, 1974;『高麗貴族社會의 形成』, 一潮閣, 1990: 朴龍雲,「高麗時代의 科擧-製述科의 應試資格-」『高麗時代 蔭敍制와 科擧制 研究』, 一志社, 1990.
72) 李基白,「高麗社會에서의 身分의 世襲과 變動」『韓國의 傳統과 變遷』, 高麗大亞細亞問題研究所, 1973;『高麗貴族社會의 形成』, 一潮閣, 1990.
73) 白南雲,「貴族群」『朝鮮封建社會經濟史』上, 改造社, 1937.
74) 洪承基, 주 68)의 글.
75) 朴龍雲,「高麗 家産官僚制說과 貴族制說에 대한 檢討」『史叢』21·22 합집, 1977;『高麗時代 臺諫制度 研究』, 一志社, 1981:「高麗는 貴族社會임을 다시 논함」(上)·(下),『韓國學報』93·94, 1998·1999.

에서 기준을 구하는 것은 옳지 않다는 비판과 함께, 설령 관품에 두더라도 '5품이라는 기준선은 귀족의 평가기준으로는 너무 낮다'는 의견76) 역시 제시되고 있다. 그런가 하면 한편으로 귀족적 존재는 인정되나 고려를 귀족사회로 보기는 어렵다는 의견이 개진되었고,77) 그리하여 귀족사회라기보다는 차라리 兩班社會로 규정하는 게 더 좋겠다는 주장마저도 제기되어 있는 것이다.78)

다음 양민에 있어서는 향·소·부곡민이 커다란 관심의 대상이 되었다. 처음에 이들은 집단천민으로 파악하였었는데, 점차 그렇지 않다는 사실이 밝혀지기 시작하면서부터였다. 그리하여 지금은 부곡민 등이 일반 군현민에 비해 사회적으로 차별대우를 받는 존재였으나 신분만은 양민이었다는 쪽으로 대략 의견을 모으고 있는 것이다. 그러나 이 부분에 대해서는 앞서 지방의 통치조직을 살필 때 간략하게나마 언급한 바 있으므로 이 자리에서는 재론치 않도록 하겠다.

공·사노비 등 천민에 대해서도 그들의 성격과 사회경제적 지위·역할 등에 걸쳐 커다란 연구의 진척이 있었다.79) 고려 때의 노비는 '一賤則賤'의 원칙에 따라 良賤交婚의 경우라 하더라도 그 소생은 모두 천인이 되었고, '賤者隨母法'에 의거하여 어머니쪽 소유주에 귀속하였는데, 이들은 다른 왕조에서와 마찬가지로 국가나 개인에게 얽매어 지내면서 재물의 취급을 받는 부자유민이었다.

---

76) 金龍善,「高麗 貴族社會 成立論」『韓國社會發展史論』, 一潮閣, 1992 :「高麗門閥 의 構成要件과 家系」『韓國史研究』93, 1996.
77) 劉承源,「고려를 귀족사회로 보아야 할 것인가」『역사비평』36, 1997.
78) 金塘澤,「高麗 兩班社會와 한국사의 時代區分」『歷史學報』166, 2000.
79) 洪承基,「高麗時代 私奴婢의 法制上 地位」『韓國學報』12, 1978 :「高麗時代 公奴 婢의 性格」『歷史學報』80, 1978 :「高麗時代 奴婢와 土地耕作」『韓國學報』14, 1979 ;『高麗貴族社會와 奴婢』, 一潮閣, 1983.

고려사회에서 새로이 양반층이 형성되고 향리·서리 등 중류층의 사회적 지위가 비교적 높았으며, 일반 군현민에 비해 차별대우를 받는 향·소·부곡민 등 하층 양민의 광범한 존재 등이 신분구조상의 한 특징이었다. 그런 가운데에 우리들이 보통 고려를 귀족사회라고 하는 데서 드러나듯이 귀족층이 정치적·사회적으로 중요한 위치를 차지했다는 게 또 다른 특징을 이루고 있었다. 그리하여 이들 각 신분층-특히 노비층은 자기가 속한 신분을 원칙적으로 세습하게 되어 있었지마는, 그 다른 한편으로 일반 양민에게는 중류층 혹은 그 이상으로, 다시 중류층에게는 양반·귀족으로 신분 이동을 할 수 있는 길을 열어놓고 있었다. 고려에서는 이 중 신분의 이동과 상승의 억제·방지에 중점을 두면서도 상반되는 두 원칙이 균형과 조화를 잡아가는 바탕 위에서 신분제를 운영하였던 것이다.80)

(2) 가족·친족과 여성

고려 때의 가족제도를 살펴감에 있어서는 『高麗史』 등에 전해지는 단편적인 자료들에 의해서 물론 도움을 받을 수 있다. 하지만 그 구체적인 모습을 보여주는 몇몇 戶籍이나 戶口單子·准戶口 등은 주로 후·말기의 것들이다.81) 그러므로 고려전기의 상황을 설명하면서 이들 자료를 이용하는 데는 조심스런 면이 없지 않다고 하겠는데, 그러나 가족제도의 경우 두 시기 사이에 그렇게 큰 변화가 있었던 것 같지는 않다. 이러한 판단에 따라 지금의 연구자들도 戶口資料들을

---
80) 洪承基, 주 68)의 글.
81) 許興植, 『高麗社會史硏究』, 亞細亞文化社, 1981 : 吳英善, 「高麗末 朝鮮初 戶口資料의 形式 分類」 『韓國古代中世古文書硏究(下)』, 서울대출판부, 2000.

많이 활용하고 있지마는, 거기에 의하면 우선 가족의 유형으로는 소가족도 있고 대가족 내지 중가족도 있다. 그렇기 때문에 연구자들 사이에서도 혹자는 고려 때 가족의 기본형태가 소가족이었다고 보기도 하고,[82] 혹자는 대가족 내지 중가족 형태가 많았다고 보고도 있는[83] 것이다.

그런데 이 같은 견해차는 자료의 해석과도 관계가 있다. 소가족의 형태를 취하고 있는 가족에 이미 혼인했음직한 구성원이 포함되어 있는가 하면, 대가족의 형태를 취하고 있는 자료 역시 소가족들을 하나의 戶로 기록했을 가능성이 없지 않기 때문이다. 이는 아마 사회 전반의 문제와 관련시켜 천착함으로써 해답의 실마리를 찾을 수 있지 않을까 싶다.

한데 우리들은 이들 가족구성에서 특히 조선시대와 견주었을 때 매우 다른 점을 발견할 수 있다. 그 하나는 여성이 戶主가 되고 있다는 사실이다. 그리고 자녀가 여럿인 경우 딸이 아들보다 나이가 위면 딸부터 기록하고 있다. 아울러 혼인한 딸이 친정 부모와 한 가족을 구성하는, 바꾸어 말하면 사위가 장인·장모와 가족을 구성하여 모시는 率婿家族이 흔히 보인다는 것 역시 커다란 차이점이다. 이 후자는 '男歸女家'·'婿留婦家' 등으로 표현된 혼인의 습속과 밀접한 관련이 있었지마는, 어떻든 고려 때는 가족 가운데에서 여자의 지위와 역할이 상당히 높았던 것이다.[84]

---

82) 李佑成,「高麗時代의 家族-친족집단·사회편제 문제와의 관련에서-」『東洋學』5, 1975 ;『韓國의 歷史像』, 創作과 批評社, 1982 : 崔弘基,「高麗時代의 戶籍制」『韓國 戶籍制度史 硏究』, 서울대출판부, 1975 : 盧明鎬,「가족제도」『한국사』15, 국사편찬위원회, 1995.

83) 許興植,「國寶戶籍으로 본 高麗末의 社會構造」『韓國史硏究』16, 1977 ;『高麗社會史硏究』, 亞細亞文化社, 1981.

가족의 형성은 더 말할 필요도 없이 혼인이 한 중요 계기가 되거니와, 고려시대의 그 연령은 개인에 따라 차이가 컸지만 대체적으로 여자는 16~18세 전후, 남자는 20세 전후였던 듯하다.[85] 그리하여 이들은 대개 一夫一妻制에 입각한 가정생활을 영위했던 것 같다. 기사 가운데는 多妻의 습속이 있었던 듯한 서술도 보여 이를 긍정한 논자도 있으나[86] 그것은 예외적인 사례라고 해도 좋을 정도로서 원칙적으로는 일부일처제였음이 재확인되고 있다.[87] 이와 같은 제도 아래에서 고려시대의 여성들은 남편과 사별하였을 경우 再嫁도 자유로웠다.

近親婚 내지 同姓婚이 널리 행해지고 있었다는 사실도 후대와는 다른 고려 때 혼인 풍습의 하나였다. 왕실에서 극도의 근친혼을[88] 했다 함은 잘 알려져 있는 바와 같거니와, 양반·귀족층에서도 이와 유사한 혼인이 성행했던 것이다. 內外 4寸간이나 6寸간에 혼인을 하지 말라는 禁令이 자주 내려지는 것으로 미루어 그런 사실을 짐작할 수 있다. 더구나 이들 금지 조항은 주로 양반층을 대상으로 한 것에 불과하고 일반 백성들은 혼인에 있어 보다 자유로운 입장에 있었던 것 같다. 당시의 婚姻이 이와 같았으므로 同姓婚에 대해서는 더 말할 나위

---

84) 崔在錫,「高麗後期家族의 類型과 構成-國寶 131號 高麗後期 戶籍文書 分析에 의한 접근-」『韓國學報』3, 1976 ;『韓國家族制度史硏究』, 一志社, 1983 : 金銀坡,「高麗時代 法制上 및 社會通念上에서의 女子의 地位」『全北史學』3, 1979.
85) 崔淑卿,「高麗時代의 女性」『韓國女性史』1, 梨大出版部, 1972 : 許興植,「高麗時代의 家族構造」『高麗社會史硏究』, 亞細亞文化社, 1981 : 崔在錫,「高麗時代의 婚姻制度」『高麗大人文論集』27, 1982 ;『韓國家族制度史硏究』, 一志社, 1983 : 金龍善,「고려 귀족의 결혼·출산과 수명」『韓國史硏究』103, 1998.
86) 金斗憲,「婚姻」『韓國家族制度硏究』, 서울대출판부, 1969.
87) 張炳仁,「高麗時代 婚姻制에 대한 재검토」『韓國史硏究』71, 1990.
88) 尹庚子,「高麗王室의 婚姻形態」『淑大史論』3, 1968 : 河炫綱,「高麗前期의 王室婚姻에 對하여」『梨大史苑』7, 1968 : 鄭容淑,「高麗初期 婚姻政策의 推移와 王室族內婚의 成立」『韓國學報』37, 1984 ;『高麗時代의 后妃』, 民音社, 1992.

가 없었을 것이다. 同姓同本婚의 사례가 찾아지는 것도 같은 방향에서 이해할 수 있다고 생각된다.89) 고려 때의 婚俗은 여러 모로 특징적인 면이 많았다고 하겠거니와, 여성이라 하여 불합리한 억압을 받는 일도 없었음을 알 수 있다.

 여성의 지위가 이처럼 상대적으로 높았다는 사실은 재산의 상속에도 드러나 있다. 고려 때의 가장 중요한 재산의 하나인 노비는 자녀에게 均分相續하도록 되어 있었으며,90) 民田과 같은 개인 소유지의 상속형태도 마찬가지였던 것이다.91) 부모의 의지가 적힌 文契가 있거나 '田丁連立'이 되던 軍人田 등은 이와 상속의 형태가 좀 달랐지만 원칙적으로 모든 財産·家業은 子女에게 균분상속되었던 것이다.

 고려는 이상에서 언급한 바와 같은 사회였으므로 그것이 親族組織에도 그대로 반영되어 있었다. 친족조직은 相避制나 5服制度 및 戶籍에 있어서의 世系推尋 범위 등을 통해 살필 수가 있는데, 그 하나로 일정한 친족관계에 있음으로 해서 관직 취임 등에서 서로 피해야 하는 범위를 규정한 상피제는92) 本族뿐 아니라 外族·妻族도 상당한 범위에 걸쳐 포함시켜놓고 있다. 아울러 주로 4祖戶口式과 8祖戶口式을 채택하고 있던 世系推尋과93) 喪服을 입는 기간의 장단에 따라 친족관계의 親疎를 5등급으로 나누어 나타내던 5복친제에서도94) 母側과 妻

---

89) 許興植,「高麗時代의 親族構造」『高麗社會史研究』, 亞細亞文化社, 1981 : 盧明鎬,「高麗의 五服親과 親族關係 法制」『韓國史研究』33, 1981 : 崔在錫, 주 85) 논문.
90) 旗田巍,「高麗時代における土地の嫡長子相續と奴婢の子女均分相續」『東洋文化』 22, 1957 ;『朝鮮中世社會史の研究』, 法政大學出版局, 1972.
91) 崔在錫,「高麗朝에 있어서의 土地의 子女均分相續」『韓國史研究』 35, 1981 ;『韓國家族制度史研究』, 一志社, 1983 : 李義權,「高麗의 財産相續形態에 관한 一考察」『韓國史研究』 41, 1983.
92) 許興植, 주 89) 논문 : 金東洙,「高麗時代의 相避制」『歷史學報』 102, 1984.
93) 白承鍾,「高麗 後期의 '八祖戶口'」『韓國學報』 34, 1984 : 權斗奎,「高麗時代 限品制와 世系 推尋範圍」『한국중세사연구』 창간호, 1994.

側의 비중이 상당히 높았던 것이다. 그러므로 어느 연구자는 고려의 친족조직을 '兩側的 親屬'의 구조로 파악하고 있거니와95) 그에 따른 기능도 후대의 사회에서와는 여러모로 달랐음을 지적하고 있다.96) 고려의 가족제도 역시 남다른 특성을 지닌 것이었다.

5) 사상적 특성

(1) 불교와 유교

고려 때는 불교가 國敎的 위치를 차지하고 있는 가운데에 또 유교가 정치이념으로 기능하였고, 도교와 풍수지리·도참사상 등도 유행하였다. 고려시대의 사상계는 이처럼 複合的 성격을 지니고 있다는 점이 가장 큰 특징이었다. 그리하여 각 사상 사이에서, 혹은 하나의 사상 내에서도 종파간에 대립과 융합, 또는 영향을 미치고 받으면서 공존하였던 것이다.

이들 가운데 사회에 끼친 영향이 한층 큰 것은 불교였으며 다음이 유교였다. 그 가운데 불교는 國初에 所依經典을 주로 하는 교종이 여전히 교세를 이어가는 한편으로 개인주의적인 坐禪을 표방하고 나선 선종이 호족과 연결을 가지면서 번성하여 양립하는 형세를 이루었다.97) 그러던 것이 光宗朝에 오면 왕권의 상대적인 안정과 더불어 교종이 선종보다 우위를 차지하게 되는데, 그 중심이 된 종파는 華嚴宗

---

94) 盧明鎬, 주 89) 논문.
95) 盧明鎬, 주 89) 논문.
96) 盧明鎬, 「高麗時代의 親族組織」 『國史館論叢』 3, 1989 : 盧明鎬, 주 82)의 글.
97) 崔柄憲, 「羅末麗初 禪宗의 社會的 性格」 『史學研究』 25, 1975.

이었으며 이를 지도한 승려는 均如였다.98) 이에 대하여 선종은 중국에서 새로이 도입된 法眼宗을 중심으로 정리가 되거니와,99) 僧科가 설치를 보는 것도 바로 이 때였다.100)

그 뒤 문벌귀족사회가 형성되면서는 교종인 法相宗과 화엄종이 불교계의 주류를 이루었다. 이 가운데 법상종은 국왕인 현종의 지원을 받은 위에 고려 최대의 門閥外戚勢力인 慶源李氏와 깊은 관련을 맺으면서 번성하였고,101) 화엄종은 왕자 출신인 義天이 나오면서 절정을 맞게 되었던 것이다. 그런데 의천은 여기에 그치지 않고 새로이 天台宗을 開立하였다. 天台學은 이미 고려초기부터 상당한 수준에 이르러 있었지마는,102) 의천의 노력에 의해 이제는 一宗으로 開立을 보게 되었던 것이다. 敎觀並修를 표방하고 새로운 불교혁신운동을 펴면서 개창된 이 천태종은 이후 많은 승려들의 호응을 얻어 번창하게 되는데,103) 그러나 그것은 어디까지나 敎의 입장에서 禪을 흡수하는 입장에 서 있었기 때문에 선종은 한층 더 위축을 면치 못하였다.

---

98) 金杜珍,「均如의 生涯와 著述」『歷史學報』75·76 합집, 1977 :「均如의 '性相融會'思想」『歷史學報』90, 1981 ;『均如華嚴思想硏究』, 韓國硏究院, 1981 : 崔柄憲,「高麗時代 華嚴宗의 變遷-均如派와 義天派의 對立을 중심으로-」『韓國史硏究』30, 1980.
99) 金杜珍,「高麗 光宗代 法眼宗의 登場과 그 性格」『韓國史學』4, 1983.
100) 許興植,「高麗時代의 僧科制度와 그 機能」『歷史敎育』19, 1976 ;『高麗科擧制度史硏究』, 一潮閣, 1981.
101) 崔柄憲,「高麗中期 玄化寺의 創建과 法相宗의 隆盛」『韓㳓劤停年紀念 史學論叢』, 知識産業社, 1981.
102) 金哲埈,「高麗初의 天台學 硏究-諦觀과 義通-」『東西文化』2, 1968 ;『韓國古代社會硏究』, 知識産業社, 1975.
103) 崔柄憲,「天台宗의 成立」『한국사』6, 국사편찬위원회, 1975 : 洪庭植,「高麗天台宗 開立과 義天」『韓國佛敎思想史』, 圓光大出版局, 1975 : 許興植,「高麗前期 佛敎界와 天台宗의 形成過程」『韓國學報』11, 1978 ;『高麗佛敎史硏究』, 一潮閣, 1986 : 崔柄憲, 주 98) 논문.

한편 유교 쪽으로 눈을 돌려보면 이 역시 고려조로 접어들어 통일신라 때와는 크게 달라진 사회체제와 분위기 속에서 새 전기를 맞았다. 그리하여 벌써 태조 주변에서 여러 유학자들이 활동을 하며, 광종조의 科擧制 실시는 발전의 한 큰 계기가 되었다. 이런 과정을 거쳐 成宗朝(982~997)에 이르러서는 여러 가지 儒敎儀禮가 마련되고104) 天人合一思想이 제자리를 잡는105) 등 유교는 고려의 정치이념으로서 확고한 위치에 서게되는 것이다.

이후 유학은 崔冲의 활동과 더불어 한 차원 높은 단계로 발전한다. 그는 致仕후 文憲公徒라고 불린 私學을 연 것으로 유명하거니와, 이 9齋學堂에 붙인 樂聖·大中 등의 명칭이나 六經·3史를 중심으로 하는 敎科目으로 미루어 볼 때 그의 유학 수준은 이미 漢唐의 訓詁學에서 탈피하여 철학적 내용이 상당히 가미된 宋代 유학에 접근하여 있었다는 평가가106) 나와 있는 것이다. 이렇게 발전을 거듭하던 유학은 睿宗·仁宗代에 이르러 國學의 정비와 經學에 대한 강론회의 개최,107) 유학 관계 서적의 편찬 등이 활발해지면서 한층 성황을 이루었다. 하지만 그로부터 얼마 오래지 않아 武臣亂이 폭발하여(1170) 무신정권이 들어서면서 유학은 크게 위축되고 말았다.

---

104) 李範稷,「『高麗史』禮志의 分析」『韓㳓劤停年紀念 史學論叢』, 知識産業社, 1981 ;『韓國中世禮思想硏究』, 一潮閣, 1991 : 朴贊洙,「文廟享祀制의 成立과 變遷」『鄭在覺古稀記念 東洋學論叢』, 고려원, 1984.

105) 李熙德,「高麗時代의 天文觀과 儒敎主義的 政治理念」『韓國史硏究』 17, 1977 ;『高麗儒敎政治思想의 硏究』, 一潮閣, 1984 :「高麗時代 五行說에 대한 硏究-『高麗史』五行志를 중심으로-」『歷史學報』 79, 1978 ;『高麗時代의 天文思想과 五行說 硏究』, 一潮閣, 2000.

106) 尹絲淳,「朱子學以前의 性理學導入問題-崔冲의 9齋와도 관련하여-」『崔冲硏究論叢』, 慶熙大 傳統文化硏究所, 1984.

107) 權延雄,「高麗時代의 經筵」『慶北史學』 6, 1983.

武臣執權期에는 이처럼 유학이 위축을 면치 못하는 가운데에 불교계의 교종도 탄압을 받은 반면 선종은 무인을 비롯한 상하의 호응을 얻어 커다란 발전의 전기를 마련하였다. 曹溪宗의 중흥이 바로 그것으로서, 거기에는 闍崛山門 출신의 선승인 普照國師 知訥(1158~1211)의 활동에 힘입은 바가 많았다. 그는 定慧雙修와 頓悟漸修를 宗旨로 삼고108) 修禪社를 중심으로 하는 信仰結社運動을 전개하여109) 조계종을 부동의 위치에 올려놓는 것이다. 이어서 제2세 社主인 慧諶 때에 이르러서는 崔瑀政權과 직접적인 관계를 가지면서 더욱 번창했다.110)

한데 결사운동은 天台宗에서도 전개하여 커다란 영향을 미쳤다. 圓妙國師 了世(1163~1245)가 중심이 된 白蓮社結社가 그것인데, 天台止觀과 法華三昧懺·淨土往生을 표방한 그의 신앙운동은 특히 기층사회의 백성들에게서 많은 호응을 얻었다.111)

신앙결사로 나타난 이 같은 불교계의 혁신운동은, 그러나 元의 간섭기에 들어서면서부터 그 걸음을 멈추게 되었다. 수선사의 경우 가지산문 출신의 一然(1206~1289)이 나와 한동안 曹溪禪宗을 주도했고,112)

---

108) 張元吉,「曹溪宗의 成立과 發展에 대한 考察」『佛敎學報』1, 1963 : 李鍾益,「普照國師의 禪敎觀」『佛敎學報』9, 1972 : 宋天恩,「知訥의 禪思想」『韓國佛敎思想史』, 圓光大出版局, 1975 : 吉熙星,「知訥 禪 사상의 구조」『知訥의 사상과 그 현대적 의미』, 정문연, 1996.

109) 李智冠,「知訥의 定慧結社와 그 繼承」『韓國禪思想研究』, 東國大出版部, 1984 : 秦星圭,「高麗後期 修禪社의 結社運動」『韓國學報』36, 1984 : 崔柄憲,「修禪社의 思想史的 意義」『普照思想』1, 1987 : 蔡尙植,「고려후기 修禪結社 성립의 사회적 기반」『高麗後期佛敎史研究』, 一潮閣, 1991.

110) 金塘澤,「高麗 崔氏武人政權과 修禪社」『歷史學研究』10, 1981 ; 『高麗武人政權研究』, 새문社, 1987 : 秦星圭,「眞覺國師 慧諶의 修禪社 活動」『中央史論』5, 1987.

111) 高翊晉,「圓妙了世의 白蓮結社와 그 思想的 動機」『佛敎學報』15, 1978 : 蔡尙植,「高麗後期 天台宗의 白蓮結社」『韓國史論』5, 1979.

112) 蔡尙植,「普覺國尊 一然에 대한 研究-迦智山門의 登場과 관련하여-」『韓國史研究』26, 1979 : 「高麗後期 佛敎史의 전개양상과 그 경향」『歷史敎育』35, 1984.

恭愍王 때에는 太古和尙 普愚(1301~1382)와 懶翁和尙 慧勤(1320~1376) 등이 배출되어 많은 활동을 폈으나113) 순수한 신앙결사운동 때와는 달리 보수적 성격을 띠고 있어 사회 전반적인 추세에 휩싸여 타락상을 드러내고 있던 당시 불교계의 모순을 극복하는 데까지 이르지는 못하였다. 그런가 하면 백련사계가 안고 있는 문제는 한층 심하여 附元勢力化하는 성향마저 보이면서 많은 폐단을 노정하고 있었던 것이다.114) 이에 따라 불교가 지니는 사회적 기능은 자연이 축소되게 마련이었고 마침내는 그의 존립조차 위협을 받게 되었다.115)

당시의 이 같은 불교에 대하여 도전한 세력은 性理學이었다. 朱子性理學은 南宋의 朱熹가 체계화하여 집대성한 新儒學으로, 理·氣를 바탕으로 한 宇宙論·人性論을 주로 하는 사상체계였는데, 이것이 元을 통해 安珦·白頤正 등에 의하여 忠烈~忠肅王代에 고려에도 전래 수용되었다.116) 한데 元의 성리학은 주자학 본래의 성격인 형이상학적·사변적 경향과는 좀 달리 실천윤리를 강조하는 학풍이 주류를 이루고 있었거니와, 따라서 고려에 들어온 성리학 역시 義理論·名分論이 그 중심이 되고 있었다. 그리하여 이를 받아들인 士大夫들은 불교 및 그와 연결되어 있던 權門·世族들을 배척하면서 儒佛交替를 이루

---

113) 金映遂,「曹溪禪宗에 대하여-五敎兩宗의 一派, 朝鮮佛敎의 根源-」『震檀學報』9, 1938 : 韓基斗,「高麗後期의 禪思想」『韓國佛敎思想史』, 圓光大出版局, 1975 : 許興植,「中世 曹溪宗의 起源과 法統」『韓國中世佛敎史硏究』, 一潮閣, 1994.
114) 蔡尙植, 주 111) 논문 : 秦星圭,「高麗後期의 願刹에 대하여」『歷史敎育』36, 1984 : 許興植,「僧政의 紊亂과 宗派間의 葛藤」『高麗佛敎史硏究』, 一潮閣, 1986.
115) 韓㳓劤,「麗末鮮初의 佛敎政策」『서울大 論文集』6, 1957 : 許興植, 위의 논문.
116) 尹瑢均,「朱子學의 傳來とその影響に就いて」『尹文學士遺稿』, 朝鮮印刷株式會社, 1933 : 文喆永,「麗末 新興士大夫들의 新儒學 수용과 그 특징」『韓國文化』3, 1982 : 鄭玉子,「麗末 朱子性理學의 導入에 대한 試考-李齊賢을 中心으로-」『震檀學報』51, 1981 : 都賢喆,「高麗後期 朱子學 受容과 朱子書 普及」『東方學志』77·78·79, 1993 ;『高麗末 士大夫의 政治思想硏究』, 一潮閣, 1999.

어가게 되는 것이다.117) 이 성리학이 그 본래의 성격으로 되돌아가는 것은 조선에서의 일이다.

(2) 도교와 풍수지리·도참사상

佛·儒가 논의되는 자리에는 으레 道가 따라 나오듯이 道敎 역시 우리나라에서 크게 유행된 사상체계의 하나였다. 잘 알려져 있듯이 이것은 고대의 민간신앙과 神仙說을 바탕으로 하고 그 위에 道家나 음양·오행의 이론 등이 가미되어 성립된 신앙으로 不老長生 및 현세 이익의 추구를 목적으로 하였는데, 특히 고려에서는 국가와 왕실의 안녕과 번영을 비는 의식과 관련하여 성행하였다.

그리하여 벌써 太祖 7년(924)에 수도인 開京에다 醮星處의 하나인 九曜堂을 창건한 것에서 그 한 모습을 엿볼 수 있다. 그리고 현종 3년 (1012)에는 대궐 안의 毬庭에서 크게 醮祭가 행하여진 사례가 발견된다. 이후 계속하여 北斗醮·太一醮·星變祈禳醮·老人星祭 등의 각종 齋醮가 베풀어지고 있는 것이다.118)

이 같은 일련의 과정 속에서 도교에 많은 관심을 가진 睿宗(1105~1122)이 즉위함에 미쳐 새 전기를 맞는다. 그는 왕 2년에 연경궁의 후원에 있는 옥촉정에다 元始天尊像을 안치하고 月醮를 지내게 하고 있거니와, 얼마 뒤에는 道觀인 福源宮(福源觀)을 건립하고 있는 것이다. 『高麗圖經』卷17·18의 福源觀 및 道敎條에 의하면 그 곳에 功行이 높

---

117) 邊東明,『高麗後期 性理學受容硏究』, 一潮閣, 1995 : 李源明,『高麗時代 性理學 受容硏究』, 國學資料院, 1997 : 中千湜,『高麗後期 性理學의 受容과 敎育思想』, 明知大出版部, 1998 : 高惠玲,『高麗後期 士大夫와 性理學 受容』, 一潮閣, 2001.
118) 李能和,『朝鮮道敎史』, 東國大, 1955 ; 李鍾殷 역, 普成文化社, 1977.

은 道士 10여 명이 있어 일을 보았다 한다. 이렇게 도교의 총림격인 복원궁의 건립은 도교사상 매우 큰 의의를 지니는 것인데, 그 뒤에는 비슷한 도관인 神格殿이 설립되고, 또 祈恩色과 大醮色 및 祈恩都監·淨事色119)·大淸觀 등의 여러 도교기관도 마련되어서120) 도교사상은 끊임없이 영향을 미쳤던 것이다.121)

하지만 이 같은 도교기관과 도사의 존재에도 불구하고 그들이 승려들과 같은 강한 교단을 형성한 흔적은 보이지 않는다. 이러한 도교의 非組織性에다가 고려후·말기에 들어와 그도 불교와 함께 사대부들의 배척을 받음으로써 위축되기 시작하였다.122)

한편 풍수지리와 도참사상도 고려시대에 크게 유행한 사상체계이었음이 알려져 있다. 이 중 풍수지리설은 山勢·水勢를 살펴 도읍·주택·능묘 등을 선정하는 일종의 相地學과 같은 것으로서, 그 선정한 지역의 衰旺·順逆에 따라 국가나 인간의 길흉과 화복에 많은 영향을 받는다는 내용을 골자로 하는 것이었다. 이러한 사상은 특히 羅末의 道詵과 관련을 가지면서 널리 전파되어 각 지방의 豪族들이 자기의 존재를 합리화하는 데 이용하고 있었으며,123) 태조 王建 또한 그의 돈독한 신자 가운데 한 사람이었다.

이 같은 풍수지리설은 그 후에도 줄곧 커다란 영향력을 미치는데, 더구나 여기에 도참사상이 결합되면서 그 비중은 더욱 커지게 되었

---

119) 梁銀容,「高麗道敎의 淨事色考」『韓國宗敎』 7, 1982.
120) 梁銀容,「高麗時代의 道敎와 佛敎」『韓國宗敎』 8, 1983.
121) 車柱環,「高麗의 道敎思想」『韓國의 道敎思想』, 同和出版公社, 1984 : 金澈雄,「高麗中期 道敎의 盛行과 그 性格」『史學志』 28, 1995.
122) 梁銀容,「도교사상」『한국사』 16, 국사편찬위원회, 1994.
123) 崔柄憲,「道詵의 生涯와 羅末麗初의 風水地理說-禪宗과 風水地理說의 관계를 중심으로 하여-」『韓國史硏究』 11, 1975.

다. 圖讖이란 원래 徵候・前兆 또는 神託・占言 등의 뜻을 지닌 말로 그것은 장차 닥쳐올 吉凶禍福을 예언・암시 혹은 약속하는 신비적・미신적 성격이 농후한 사상체계이었거니와,124) 이러한 관념이 풍수지리설과 결부되어 정치・사회 및 일반생활에 이르기까지 매우 커다란 영향을 미쳤던 것이다.

太祖代 이후의 그와 같은 사례로는 우선 定宗의 西京遷都計劃을 들 수 있다. 이는 開京의 정정에 불안을 느낀 정종이 西京(平壤)은 明堂이라는 풍수설을 이용하여 추진한 운동이었던 것이다. 그리고 후대인 仁宗朝에 妙淸 一派가 일으킨 西京遷都運動 역시 자기네의 정치적 목적을 달성하기 위하여 표면에 지리도참설을 내세우고 획책한 사건이었다.125) 그밖에 開京에 이어서 西京과 東京(慶州)・南京(楊州:지금의 서울) 등 3京을 두는 것도 吉地說과 延基觀念에 따른 조처였으며, 三蘇宮을 경영한 것도126) 유사한 연유에서였다.

비슷한 유형의 지리도참설은 고려 일대를 통하여 계속된다.127) 그리고 조선조에서도 묘지의 선정 등 여러 방면에 많은 영향을 미치는 것이다. 어떻든 우리는 위에서 살펴본 것처럼 고려시대에 도교와 풍수지리・도참사상이 줄곧 성행되어 온 것에서 당시 사상체계의 복합성을 다시 한번 확인하게 된다.

---

124) 李丙燾,「圖讖에 對한 一二의 考察」『震檀學報』10, 1939 ;「圖讖의 意義」『高麗時代의 硏究』, 亞細亞文化社, 1980.
125) 李丙燾,「仁宗朝의 妙淸의 西京遷都運動과 그 叛亂」『高麗時代의 硏究』, 乙酉文化社, 1948 ; 亞細亞文化社, 1980 : 金南奎,「高麗 仁宗代의 西京遷都運動과 西京叛亂에 대한 一考察」『慶大史論』 창간호, 1985.
126) 李丙燾,「明宗의 世와 三蘇造成」『高麗時代의 硏究』, 乙酉文化社, 1948 ; 亞細亞文化社, 1980.
127) 崔柄憲,「高麗時代의 五行的 歷史觀」『韓國學報』13, 1978.

6) 맺음말

이상에서 고려 때 역사의 시대적 특성을 정치・경제・사회・사상의 측면에서 살펴보았다. 이제 거기에서 논급된 내용을 정리하면 다음과 같은 것들이었다.

우선 정치면에서 중앙의 경우 핵심기구들은 唐・宋의 제도와 고려의 독자적인 필요에서 만든 것 등 세 계통으로 구성되었으며, 그 조직은 2품과 3품을 경계로 하여 이중편제로 되어 있었다는 것과, 특히 권력구조에서 宰臣이 6部判事를 겸직하고 다시 宰樞가 6部尙書를 중복직으로 지니는 사실과 관련하여 재추 중심의 정치체제가 이루어지고 있었음을 지적하였다. 고려도 왕조국가였으므로 국왕권을 결코 낮추 평가할 수는 없으나 재추가 정치와 행정에서 차지하는 비중이 매우 컸던만큼 왕권은 상대적인 의미에서 좀 미약했다는 이해인데, 그렇게 된 연유는 고려가 귀족사회였고, 따라서 그 같은 귀족적 성격이 정치제도에도 반영된 결과라고 파악하였다.

다음 지방의 통치조직에서는 그 구역이 南道와 北界・京畿 지역으로 다원화되어 있었고, 다시 거기에는 郡縣制 지역 이외에 鄕・所・部曲・莊・處 등 특수행정조직이 광범하게 존재하였음이 한 특징이었다. 그리고 행정체계 상으로는 중앙과 지방관이 파견된 主郡縣(領郡縣) 사이에 直牒關係에 있었다는 게 남다른 점이었다. 그러므로 중간 행정기구인 京・都護府・牧 등의 界首官과 5道按察使의 기능도 한정적일 수밖에 없었고, 지방관이 없는 많은 屬郡縣은 主郡縣을 통한 간접지배가 되었다. 이와 같은 광범한 屬郡縣의 존재와 중앙과 主郡縣 간의 직첩관계에서 알 수 있듯이 外官 중심의 행정체계가 고려 군현제의 또 다른 특질이었던 것이다. 아울러 지방행정의 말단을 맡아 실무를 본 鄕吏(長吏)들의 역할과 위치가 매우 높았다는 것도 빼놓을 수 없는 점이었다.

한편 고려의 역사는 동아시아의 복잡한 국제정세 속에서 주변의 여러 나라와 유난히도 잦은 외교교섭과 전쟁을 벌이는 특성을 지니기도 하였다. 그리하여 5代·宋과는 친선관계를 유지하였으나 契丹族의 遼와 女眞族의 金, 蒙古族의 元과 여러 차례 전쟁을 치렀으며, 말기에는 紅巾賊·倭寇와도 충돌하지 않으면 안되었다. 그와 같은 빈번한 국난을 끈질긴 투쟁으로 극복하여 간 對外的 성격이 강한 역사였던 것이다.

이어지는 경제면에서는 당시의 주업이 농업이었던만큼 토지지배관계가 중요한 대상이었는데, 먼저 民田의 존재에 유의하였다. 그것은 양적으로도 전체 토지의 압도적 비중을 차지하고 있었을 뿐더러 民産의 근본이요 국가 재정을 지탱하여 주던 地目으로서, 매매·처분과 증여·상속이 자유로운 白丁農民 등의 소유지였던 것이다. 이처럼 민전은 소유권 측면에서는 國有地나 官有地와 같은 公田에 대칭되는 私田이었으나 收租權 측면에서는 그 田租가 국가나 공공기관에 귀속하는 경우에 公田이 되기도 하였다. 아울러 그것은 收租率에서도 1/4 公田租 및 1/2私田租와 함께 논의가 거듭되었으나 지금은 대략 1/10租였다는 쪽으로 정리되고 있으며, 또 매매·처분 등이 자유로운 토지였음이 밝혀지면서 처음에 유력시되어 오던 土地國有制說을 부인하는 중요한 논거가 되고도 있다. 각종 地目들과 공전·사전 및 差率收租의 문제, 토지국유제와 사유제론 등이 고려 때의 토지지배관계를 파악하는 핵심적인 내용들인데, 그 중심에 민전이 있었던 것이다.

국가의 관직에 복무하거나 職役을 부담하는 관리·군인 등에게 그 대가로 미곡을 주는 녹봉과 함께 전시과제도에 의해 이들 토지가 분급되었다. 그 가운데 문종 30년(1076)에 정비된 更定田柴科를 보면 전체 대상자를 관직의 고하와 중요도에 따라 18科等으로 나누어 田地와 柴地를 분급하고 있는데, 이처럼 전지와 더불어 시지도 지급하고 있고, 또 그들 토지가 주로 外州에 산재해 있었다는 점에서 고려 나름의 실정이 반영된 分地制였다고 할 수 있다. 그런데 그 지급이 收租權이었는지, 아니면 免租權이었는지에 대해서는 의견이 엇갈려 있으며, 그에 따라 토지의 경영방식도 달리 파악되고 있다. 이에 비해 녹봉은 文武班祿의 경우 역시 관직의 고하와 중요도에 의해 47科等으로 세분화되어 있다는 사실이 눈길을 끄나 더 이상의 특기할 만한 내용은 찾아지지 않는다. 그 후 이 같은 체제는 무신정권기 이래 정치와 경제질서 등이 문란해지면서 토지는 사적인 대토지지배의 특수한 형태인 農莊으로 나타나며, 녹봉제도 제구실을 하지 못하게 되었다. 이 문제를 해결하기 위하여 祿科田制를 시행하기도 하고, 농장의 폐단을 바로잡으려는 노력도 없지 않았으나 결국은 모두 실패하였다. 고려 때의 농장주들은 대부분이 不在地主들인 개경 거주의 권세가들이어서 이 점에서도 조선시대의 그들과는 성격이 좀 달랐는데, 끝내는 이 농장이 안고 있는 문제가 고려의 운명을 재촉하는 한 요인이 되었다.

　상공업은 그렇게 발달하지 못한 편이었다. 도시상업의 경우 수도인 開京의 市廛은 상설점포로서 비교적 교역이 활발하였으나 다른 곳은 그렇지 못하였으며, 지방상업도 비상설적인 場市가 중심이었다. 하지만 이런 가운데서도 寺院이 상업 방면에서 적지 않은 비중을 차지하고 있었다는 사실은 주목된다. 대외무역은 宋 및 遼・金・日本 등 주변 각국들과의 사이에 행하여졌으나 그 중 가장 활발하게 교역을 한 나라는 宋이었는데, 이들을 매개로 하여 大食國, 즉 아라비아 상인들이 진출하여 온 것은 한 특이한 현상이었다. 교역에 사용된 화폐로는 물품화폐인 布・米가 큰 몫을 하였다. 금속화폐로는 成宗 때 鐵錢을 주조한 일이 있고 다시 숙종 때에는 海東通寶 등과 銀 한 근으로 우리나라의 지형을 본떠 만든 銀甁을 통용토록 하였으나 도시를 제외하면 이들 역시 그다지 활발하게 유통되지는 못했던 것 같다. 수공업으로는 관청수공업이 중심이었고 所手工業도 전업적이었으나 民間手工業은 여전히 미미한 단계에 머물고 있었다.

다음 사회면에서는 먼저 신분구조가 法制上 良身分과 賤身分으로만 구성되었다는 良賤制理論이 제기되면서 종래와는 달리 양반・귀족과 일반 양민과를 동일한 신분층으로 분류하게 됨에 따라 논란이 있게 되었다. 이에 대한 반대의 입장에서는 양자가 士・庶로써 표현되듯이 상호 대칭되는 신분계층으로 이들간의 上下・貴賤의 질서는 良賤의 그것에 못지않게 중요하였다는 점 등을 들고 있다. 이러한 가운데에서 각각의 신분층에 대해서도 의견이 엇갈려 종래에는 정치적・사회적 특권층인 귀족의 존재에 초점을 맞추어 고려를 귀족사회로 보려는 경향이 짙었으나, 한편에서는 귀족의 존재를 인정하되 귀족사회는 아니었다는 의견과 함께 차라리 양반사회로 이해하는 게 더 좋겠다는 견해도 나오고 있다. 여기에서 귀족과 양반의 개념 및 범위 등이 다각도로 검토되고 있거니와, 어떻든 고려의 신분구조에서도 이들이 중요한 신분층임을 확인할 수 있다. 그런가 하면 과거에 집단천민으로 간주하여 왔던 향・소・부곡민이 실은 하층 양민으로서 광범하게 존재했다는 사실이 알려진 것도 주목되는 일면이다. 한데 노비를 비롯한 이들 각 신분층은 원칙적으로 자기의 신분을 세습토록 되어 있었는데, 그러면서도 양민은 雜科나 軍人職을 통해서, 특히 향리나 서리 등 中流層은 별다른 제약없이 신분이동을 할 수 있도록 되어 있었다. 고려는 이렇게 신분의 세습을 강조하면서도 한편으로는 변동의 길을 열어놓고 균형과 조화를 찾아갔다는 데서 또 다른 특성이 찾아지는 신분구조였다.

가족제에 있어서 그 유형은 소가족 형태가 주류였다고 보는 견해가 다수인 데 대해 대가족 내지 중가족 형태가 많았다는 의견도 있어 단정하여 말하기는 어렵다. 이 가족 형성의 한 중요 계기가 되는 혼인은 여자의 경우 16~18세 전후, 남자는 20세 전후였던 듯 싶은데, 그리하여 대개 一夫一妻制에 입각한 가정생활을 영위하다가 혹 남자쪽이 먼저 사망하는 경우 여자의 再嫁는 자유로운 편이었다. 아울러 近親婚 내지는 同姓婚이 널리 행해지고 심지어는 同姓同本婚의 사례도 보이는 것은 고려 때 婚俗의 한 특징이라 할 수 있다. 그러나 고려시대의 가족제에 있어서 보다 큰 특성은 여성의 지위와 역할이 매우 높고 컸다는 점이었다. 그것은 우선 가호의 구성에서 여자가 戶主가 되고 있다든가, 여러 자녀 중 딸이 위일 경우 그부터 기록하고 있는 데서 살필 수 있다. 그리고 婿留婦婚과도 관련하여 딸·사위가 친정부모, 곧 장인·장모와 한 가족을 구성하여 모시는 것도 그 한 모습이며, 노비나 民田 등 家業·財産의 상속이 원칙적으로 子女에게 均分相續하게 되어 있었다는 것 역시 그 점을 잘 보여준다. 이런 측면이 親族組織에도 반영되어 相避制나 五服制 및 戶籍에 있어서의 世系推尋 범위 등에 本族뿐 아니라 外族·妻族도 상당한 비중을 차지하도록 되어 있었다. 이 같은 특성으로 인해 고려 때 가족·친족의 사회적 기능은 여러 모로 달랐던 것이다.

다음으로 사상면에서 불교의 경우 羅末麗初에 豪族과 연결된 禪宗이 크게 유행하면서 教宗과 양립하는 형세를 이루었다가 점차 후자가 우위를 점하였다. 그런 가운데 문벌귀족사회가 형성되면서는 왕실 및 이들과 밀접한 관련을 가진 교종의 法相宗과 華嚴宗이 주류를 이루었으며, 거기에 더하여 義天이 敎觀並修를 표방하고 새로이 天台宗을 開立하여 번창하였다. 이와 짝하여 유학도 크게 달라진 사회체제와 분위기 속에서 새 전기를 맞는데, 광종 때의 科擧制 실시는 발전의 한 큰 계기였으며, 여러 가지 유교의례가 마련되는 成宗朝에 이르러서는 확고한 기반을 잡을 수 있었다. 이후 私學을 열어 유학 학풍을 크게 진작시킨 崔冲에 의해 유교는 한 차원 높은 단계로 발전하며, 예종·인종대에는 국학의 정비와 經學에 대한 강론회의 개최 등으로 한층 성황을 이루었다. 하지만 얼마 오래지 않아 武臣亂이 폭발하고 그들 정권이 서면서 유학은 매우 위축되지마는, 반면에 선종계의 曹溪宗은 知訥의 활동으로 중흥을 이루어 定慧雙修와 頓悟漸修를 宗旨로 삼고 修禪社를 중심으로 信仰結社運動을 전개하여 크게 떨쳤다. 이 같은 결사운동은 천태종계의 了世가 중심이 되어 白蓮社에서도 일어나 많은 영향을 미치는데, 그러나 元 간섭기에 접어들어 一然이나 普愚·慧勤 등의 노력에도 불구하고 불교는 많은 폐단을 낳고 승려들도 타락하여 한 사회의 지도이념으로서의 기반을 상실하여 갔다. 이러한 시기에 朱子性理學이 安珦·白頤正 등에 의해 전래되어 士大夫들에게 수용되면서 佛·儒並立의 상황은 점차 性理學 중심으로 교체가 이루어져 갔던 것이다.

한편 고려에서는 도교도 국초부터 줄곧 유행하였다. 그리하여 일찍부터 九曜堂 같은 醮星處가 마련되고 이후 北斗醮·太一醮·星變祈禳醮 등 각종 齋醮가 베풀어지고 있는 것이다. 이런 과정 속에서 睿宗 때에 道觀인 福源宮(福源觀)이 건립되는 것은 도교사상 매우 큰 의미를 지니는 것이었다. 그 후 도교행사가 더욱 빈번해지고 神格殿과 祈恩色·淨事色·大淸觀 등 도교기관도 여럿 설치되지만, 아직 불교에서와 같은 강고한 종교교단을 형성하지 못한 것은 그가 지니는 한 한계성이었다. 이 도교와 함께 풍수지리설과 도참사상 역시 국초부터 유행하기는 마찬가지여서 처음에는 지방의 호족들이 자기의 존재를 합리화하는 데 이용하고 있었다. 그러나 定宗과 仁宗 때에는 정치적 목적과 결부된 西京遷都運動의 연유로 앞세워지기도 하고, 또 延基觀念에 따라 3京이 설치되고 三蘇宮이 조성되는 것도 이들 사상에 말미암은 것이었다. 이처럼 풍수지리・도참사상은 정치・사회 등에 매우 커다란 영향을 미쳤던 것이다. 고려 때의 사상계는 이상에서 소개했듯이 佛・儒와 함께 도교・풍수지리・도참사상 등이 공존하면서 상호 대립・융합하기도 하고 또 영향을 미치고 받는 複合的 성격을 지닌 데 커다란 특징이 있었다.

지금까지 고려시대사의 특성에 대해 매우 간략하게 살펴보았지마는, 그 과정에서 뜻을 제대로 드러내지 못했거나 누락된 부분이 많았을 듯 싶고, 또 혹 과오도 있었을 것 같다. 이는 방대한 분량의 내용에 비해 워낙 허락된 지면이 제한된 탓도 없지 않았으리라 생각은 들지만 보다 큰 원인은 필자의 능력과 노력의 한계 때문이었다고 판단된다. 논자 여러분의 寬恕 있으시기 바란다.

(『한국사』 1, 2002)

Ⅱ.
政治體制와 그 性格

1. 高麗時代 中書門下省에 대한 諸說 검토
2. 고려전기 慶州의 위상에 대한 고찰
3. 李奎報의 사례를 통해 본 崔氏執權期 官制 운영의 실상
4. 高麗·宋 交聘의 목적과 使節에 대한 考察
5. 고려시대 중앙정치체제의 권력구조와 그 성격

1.
高麗時代 中書門下省에 대한 諸說 검토

1) 머리말

　　고려시대의 최고 政務機構는 中書門下省이었다. 이 기구가 처음으로 발족하는 것은 成宗 元年(982)으로, 당시의 명칭은 『高麗史』 卷76 百官志 1 門下府條에 명시되어 있듯이 內史門下省이었는데, 文宗 15년(1061)에 이르러 中書門下省으로 바뀌었다. 그 후 그는 元나라의 압력으로 忠烈王 元年(1275)에 다시 尙書省과 합쳐져 僉議府가 되지만, 그 동안 고려의 국정을 총괄하는 최고의 기구로 기능하는 것이다.

　　이 같은 고려의 제도는 잘 알려져 있듯이 唐나라에서 이끌어 온 것이다. 즉, 唐에서는 詔勅을 작성하는 中書省(처음에는 內史省)과 이를 심의하는 門下省 및 그것을 맡아 집행하는 尙書省 등 3省을 설치하고 국정을 담당하도록 하였거니와, 고려의 제도 역시 거기에서 모범을 구하여 만든 것이었다. 그런데 唐의 3省은 각자가 독자성을 가지고 제 기능을 다하는 체제로 되어 있었다. 논자들은 이를 三省竝立制 또는 三省分立制 등으로 칭하고 있다.

　　이와 관련이 되는 듯, 우리들은 고려시기를 다룬 史書에서도 中書

省이니, 門下省·尙書省이니, 또는 3省 등의 기록에 자주 접할 수 있다. 하지만 그 한편으로 위에 소개한 百官志 門下府條와 같이 內史門下省·中書門下省이라고 하여 內史省(中書省)과 門下省이 합쳐져 하나의 기구를 형성했던 것처럼 이해할 수밖에 없는 사료들도 또한 자주 눈에 띤다. 이 점을 방증하는 자료들은 여러 종류를 더 찾을 수 있거니와, 그리하여 고려는 唐과 달리 中書門下省(內史門下省)과 尙書省의 2성체제였다는 견해가 먼저 제기되었다.1) 이 기구의 중요성에 비추어 그 후에도 중서문하성을 주제로 다룬 논고들이 여럿 발표되는데,2) 그들 역시 이 같은 바탕 위에서 이루어진 것이었다.

한데 근자에 고려도 唐나라와 유사한 3省制에 입각하고 있었다는 의견이 제시되었다.3) 『高麗史』 등에 3省制였던듯 보이는 자료들을 보다 적극적으로 해석한 결과이다.

그렇다면 과연 실제로 어느 주장이 옳은 것일까. 우리들은 고려의 국정을 총괄한 최고의 기구에 대해서조차 아직 혼선을 겪고 있는 셈이다. 본고는 이러한 어려운 문제에 직면하여 조그마한 해결의 실마리라도 찾아볼까 하는 생각에서 기술하는 것이다. 그러자니 부득불 '2省制'說과 '3省制'說의 논거와 그것들이 지니는 문제점에 대해 다시 검토하는 과정을 거쳐야 할 것 같다. 그런 뒤에 中書省·門下省 또는 中書門下省의 실체를 확인하고 또 그것들이 어떻게 운영되었는가를 나름으로 재정립하여 보고자 하는 것이다. 조그마한 성과라도 얻을 수 있었으면 한다.

---

1) 邊太燮, 「高麗의 中書門下省에 대하여」 『歷史敎育』 10, 1967 ; 『高麗政治制度史硏究』, 一潮閣, 1971.
2) 대표적인 연구로는 邊太燮, 「高麗宰相考-3省의 權力關係를 중심으로-」 『歷史學報』 35·36 합집, 1967 ; 『高麗政治制度史硏究』, 一潮閣, 1971이 있다.
3) 李貞薰, 「高麗前期 三省制와 政事堂」 『韓國史硏究』 104, 1999.

2) '2省制'說의 논거와 문제점

그러면 먼저 고려에서는 唐나라와 같이 中書省(內史省)과 門下省이 分立되어 있었던 게 아니라 합쳐져서 단일기구로 기능하였으므로 결국 이 中書門下省(內史門下省)과 尚書省의 2省體制로 되어 있었다고 할 수 있다는 주장에 대해서부터 살펴보기로 하자. 이것은 앞에 든바 註 1)·2)의 논자인 邊太燮의 견해이거니와, 그가 주장하는 내용의 핵심은 史書에 內史門下省·中書門下省과 함께 나오는 門下省 또는 中書省의 예가 문제인데, 그것들은 실은 內史門下省 또는 中書門下省을 그처럼 간략하게 부른 것일 뿐이라는 데 있다. 다시 말해서 기록상의 門下省과 中書省은 略稱·簡稱에 불과한 것으로서, 실제로는 內史門下省과 中書門下省을 의미했으므로, 고려에는 中書門下省(內史門下省)이라는 기구만이 존재했을 뿐이고 독자적인 기구로서의 門下省·中書省은 설치되어 있지 않았다는 것이다.

논자는 이것을 입증하기 위한 논거로 어떤 사안에 대한 文宗 12년 6월의 上奏를 『高麗史』 世家에서는 '中書門下省奏'라고 기록한 데 비해 『高麗史節要』에서는 단순히 '門下省奏'라고만 쓴⁴⁾ 사실을 우선 들고 있다. 이와 꼭 같은 경우가 같은 해 7月條에도 보이거니와,⁵⁾ 이어지는 왕 14년 12월의 기사에는,

---

4) ①「(文宗 12年 6月) 戊申 中書門下省奏 伏審制旨 太史監候李神貺…(略)」(『高麗史』 卷8 世家).
   ②「(文宗 12年 6月) 門下省奏 制以太史監候李神貺…(略)」(『高麗史節要』 卷5).
5) ①「(文宗 12年) 秋七月己卯 中書門下省奏 伏准制旨 以景昌院所屬田柴 移屬興王寺…(略)」(『高麗史』 卷8 世家).
   ②「(文宗 12年) 秋七月 門下省奏 今以景昌院所屬田柴 移屬興王寺…(略)」(『高麗史節要』 卷5).

㉮-① 甲子에 內史門下省에 불이나 會慶殿 東南廊까지 연소되었다(『高麗史』 卷8 世家 文宗 14年 12月).

고 전하는데, 이에 따른 이듬해의 문책 인사를 알리는 기사는,

㉮-② 지난해 門下省 直宿日에 火災가 있었으므로 叅知政事 金顯을 강등하여 左僕射로 삼고, 右散騎常侍 崔爱俊을 判少府監事로 삼았다(『高麗史』 卷8 世家 文宗 15年 3月).

고 하여 內史門下省이 곧바로 門下省이라 표기되고 있다. 이처럼 동일한 내용을 전하는 기사에 中書門下省・內史門下省이 門下省으로도 표기된 사실로 미루어 두 호칭은 같은 기구를 뜻하는 명칭이었다는 해석인데, 타당한 설명이라고 생각된다.

이어서 논자는 中書省 또는 中書라고 한 기록들도 모두 中書門下省을 그같이 표기한 것뿐이라는 지적도 해놓고 있다. 그 같은 사실은, 가령 李齊賢이 "本國의 官制는 上國과 같은 게 있어 中書省・尙書省을 고쳐서 다함께 僉議府라 하였다"[6]고 기술하고 있는데 여기서의 中書省은 곧 中書門下省을 말한다고 볼 수밖에 없다. 僉議府는 中書門下省(中書省・門下省)과 尙書省이 합쳐져 이루어진 기구이기 때문이다. 또 趙浚이 상소문에서 "本國의 制度는 中書인즉 令・侍中・平章・叅政・政堂이 (있는데) 이 다섯은 하늘의 다섯 별을 본뜬 것입니다"[7]라고 한 경우의 中書도 마찬가지이다. 令(中書令)을 제외하고 나면 侍中(門下侍中)은 말할 것 없고 平章(平章事) 이하의 직위들도 독자적 기구로서의

---

6) 「以本國官制 有同於上國 改中書省・尙書省 並爲僉議府」(『益齋亂藁』 卷9上).
7) 「本朝之制 中書則 曰令・曰侍中・曰平章・曰叅政・曰政堂 五者法天之五星也」 (『高麗史』 卷118 列傳 趙浚傳).

中書省 소속 관직이라고 잘라 말하기는 어렵기 때문이라는 이유에서인데, 역시 온당한 해석이라고 판단된다. 논자는 그밖에 개인적인 사례로써 明宗 初年에 門下侍中에 在任하여 "冢宰가 되었던 鄭仲夫가 中書省에 있었다"[8]고 한 기록과, 神宗時에 門下侍郎平章事였던 "奇洪壽가 中書省에 앉아 있었다"[9]고 한 기사, 및 高宗 7년에 尙書右僕射로부터 "中書에 돌아들어가 金紫光祿大夫·叅知政事를 拜受받았다"는 崔甫淳의 예[10] 등을 포함해 여타의 여러 종류 사료들을 들면서 中書省 또는 中書는 한결같이 中書門下省을 뜻했다는 논지를 펴고 있다.[11]

지금 이와 같이 이해하고 보면 앞서 잠시 소개한바 『高麗史』 卷76 百官志 1 첫머리의 이 부분에 대한 기술을 한층 신빙할 수 있게 된다. 여기서는 당해 기구를 "國初에 內議省이라 칭했는데 成宗 元年에 內史門下省으로 고치고, 文宗 15년에 中書門下省으로 고쳤으며, 忠烈王 元年에 尙書省을 합쳐 僉議府로 하였다"고 하여 그 연혁이 內史省 또는 門下省·中書省이 아니라 內史門下省·中書門下省으로 되어 있거니와, 이것은 사실의 반영이라고 생각되기 때문이다. 『高麗史』 百官志는 부분적으로 수정해야 할 곳이 없지 않으나 큰 줄거리는 매우 정확한 것으로 알려져 있다. 뒤에 설명하겠지만, 논자에 따라서는 內史門下省·中書門下省의 존재조차 달리 해석하려는 견해가 있으나 필자 역시도 이것이 中書省(內史省)과 門下省이 합쳐진 기구임은 틀림없다고 본다.

百官志에는 기구의 연혁에 이어서 그 곳 소속의 관직명이 品階別

---

8) 『高麗史』 卷128 列傳 鄭仲夫傳·『高麗史』 卷19 世家 明宗 4年 12月.
9) 『高麗史節要』 卷14, 神宗 2年 12月 및 同 4年 春正月.
10) 金龍善編, 『高麗墓誌銘集成』, 353쪽, 崔甫淳墓誌銘.
11) 이상은 邊太燮 주1) 논문 47~56쪽 참조.

로 나열되어 있는데, 그것들을 정리하여 보면 中書門下省이라는 합쳐진 기구의 명칭과는 좀 달리 中書令-中書侍郎平章事-右散騎常侍-右諫議大夫-中書舍人-起居舍人-右補闕-右拾遺-中書注書 등의 中書省 系列 직명과, 門下侍中-門下侍郎平章事-左散騎常侍-左諫議大夫-給事中-起居郎-左補闕-左拾遺-門下錄事 등 門下省 系列의 직명으로 兩分·並峙된 형태를 띠고 있다. 이 때문에 中書省과 門下省이 각각 分立된 기구가 아니었겠느냐는 주장 역시 나오고 있지마는, '2省制' 論者는 이 부분도 실상은 그렇지 않았다고 설명한다.

우선 從1品의 中書令과 門下侍中이 並列的으로 설치되어 있어 兩頭體制인듯 보이지만 그들 가운데에서 中書令은 致仕職이나 贈職으로 이용될 뿐이어서 實務職이 되지 못했으므로 실제적으로는 門下侍中을 首班으로 하는 一元的 조직이 이루어져 있었다. 그리고 그 아래의 侍郎도 대개 他省의 平章事를 겸임함으로써 兩者의 구분은 해소되고 있었을 뿐더러 省宰 중에는 叅知政事와 政堂文學처럼 兩省의 어느 쪽에 속하는지 알 수 없는 직위들도 있다. 그리하여 이들은 一元的體系 내에서 上下關係에 있었을 뿐이며, 또 郎官들도 左右의 구별없이 교차하여 승진하고 업무도 함께 보고 있어서 二元的 조직을 이루고 있었다고 볼 수 없다는 것이다.[12]

이 같은 파악은 역시 대략 올바른 이해라고 판단된다. 고려 때 中書門下省은 실제적으로 그와 같이 조직되고 운영되었다고 생각되기 때문이다. 하지만 그 가운데는 좀더 검토해 보아야 할 문제점이 아주 없는 것은 아닌 듯하다.

그 하나가 史書에 나오는 中書省 또는 中書가 몽땅 中書門下省을

---

12) 邊太燮, 주1) 논문 44~47쪽.

뜻했을까 하는 점이다. 예컨대, 睿宗 12年 "2月에 兩府의 宰樞에게 命하여 中書에 모이게 하고 北邊의 事宜에 대해 宣問하였다"13)고 한 기사가 그런 종류이다. 北邊에 대한 마땅한 조처를 논의하기 위해 宰臣과 樞密이 함께 모인 '中書'를 꼭 中書門下省이었다고 주장하기에는 무리가 없지 않은 것이다. '3省制' 論者와 같이 그 '中書'를 政事堂이라고 해석한다 해도 부정할 근거가 없기 때문이다. 이처럼 史料에 나오는 中書省 또는 中書를 中書門下省이 아니라 政事堂 또는 독자적인 中書省 기구 자체를 뜻한다고 해석해도 그것을 정면으로 부정하기 어려운 사례는 더 찾아진다. 이런 데서 '2省制'說은 얼마간의 문제점을 안고 있는 듯싶은 것이다.

그리고 中書門下省의 조직이 中書令·中書侍郎·中書舍人·中書注書와 門下侍中·門下侍郎·給事中·門下錄事로 명확하게 양분되고 있는 점도 운영상과 관련한 합리적인 설명에도 불구하고 좀더 숙고해 볼 여지는 있지 않나 싶다. 侍郞의 경우 同中書門下平章事가 되어 대개 他省의 平章事를 겸임한다고 했지만 그렇지 않은 中書侍郎平章事와 門下侍郎平章事의 임명도 허다한 것이다. 거기에다 中書門下省·尙書省 체제라는 이해에도 불구하고 史書에는 '三省'이라는 기록이 자주 등장한다. 이것은 또 어찌된 연유일까. '2省制'說은 이런 문제점들에 대한 설명이 그렇게 충분하지 못한 것 같다.

이와 함께 '2省制'說에서 또 하나 문제가 되는 것은 李齊賢이 『櫟翁稗說』에서 中書省과 門下省이 分立되어 각각의 기능을 수행한 것으로 설명해 놓고 있고, 또 仁宗 때 宋나라 使臣의 한 사람으로 고려에 왔다가 見聞錄인 『高麗圖經』을 남긴 徐兢이 그 기록에서 역시 中書省

---

13) 『高麗史』 卷14, 世家.

과 門下省이 각각의 집무소를 보유하고 있는 별도의 기구였던 듯 기술하고 있는데, 이 점에 대한 해명이 석연치 않다는 점이다. 이 세번째 문제는 '2省制'說을 주장하는데 가장 부담이 되는 내용으로 특히 주목할 필요가 있지마는, 그러나 이 부분에 대해서는 뒤에 상론할 예정이므로 이 자리에서는 더 이상 언급하지 않기로 한다.

3) '3省制'說의 논거와 문제점

'3省制'說은 고려에서도 唐·宋과 같이 中書省(內史省)과 門下省 및 尙書省이 독자적인 기구로 제각각의 기능을 수행하였다는 주장인데, 이 학설의 핵심적인 논점은 中書門下省(內史門下省) 내지 中書門下와 中書省(內史省)·門下省을 전혀 성격이 다른 기구로 파악하는 데 있다. 즉, 後者는 각각 3省의 일부로서 독자적인 기능을 수행하는 기구였던 데 비해 前者는 이 두 기구의 결합과는 관계없이 별도로 설치되어 있던 政事堂을 지칭하는 말이었다는 것이다. 그리고 史書에 자주 나오는 '中書'는 경우에 따라 中書省을 가리킬 때도 있고 政事堂을 뜻하기도 했다 한다.

政事堂은 唐·宋에서 三省의 分立에 따라 발생하는 의견의 차이를 조율하기 위해 그곳 소속의 재신들이 모여 정사를 논의하던 별도의 기구였다. 그리하여 이 기구는 정사당이라는 칭호와 함께 中書門下 또는 中書라고 불리기도 하였거니와, 그것은 고려에도 설치되어 있었음이 확인된다.[14] 그러므로 그의 존재에 대해서는 논자들간에 아무런 異

---

14) 「(仁宗 9年 2月) 己卯 賜元子名昌 遣使賜禮物 權設東宮位於中書門下廳事 受詔 王御政事堂東帳殿 觀禮 仍宴宰樞臺諫」(『高麗史』 卷16, 世家).

見이 없는데,15) 다만 '3省制' 論者인 李貞薰은 그 기능도 唐・宋에서와 유사한 것으로 이해하고, 명칭 역시 政事堂・中書門下・中書뿐 아니라 심지어 中書門下省(內史門下省)까지도 異稱이라 주장하고 있는 것이다.

그러면 과연 고려 때의 中書門下省 내지 中書門下도 政事堂을 지칭하는 용어였을까. 먼저 이 문제부터 살피기로 하는데, 긍정론자는 공교롭게도 앞서 內史門下省은 곧 門下省임을 증명해 주는 자료라 하여 소개했던 ㉮-①・②의 기사를 자신의 입론을 위해 들고 있어 흥미롭다. 기사의 내용인즉 文宗 14년 12월에 內史門下省에 불이 났고, 이듬해 3월에 그에 대한(門下省 화재) 책임을 물어 당일의 숙직자였던 叅知政事 金顯을 강등시켜 左僕射로 삼고, 右散騎常侍였던 崔爰俊 역시 강등하여 判少府監事로 삼았다는 것이었거니와, 논자는 참지정사가 "정사당에 참여하는 재신일 뿐, 문하성과는 관계가 없는 사람"이므로 그 내사문하성은 곧 정사당이었다고 말하고 있다.16) 하지만 참지정사가 왜 문하성과 관계가 없는 사람이라고 했는지 그 이유를 잘 알 수가 없고, 또 門下省으로도 지칭된 이 곳의 內史門下省이 어찌하여 정사당을 뜻한다는 것인지 이 부분도 납득할 수가 없다. 참지정사는 정확하게 말하면 내사문하성(문하성) 소속의 관원으로 정사당의 회의에도 참여하는 일원이었지마는, 그가 곧 정사당 소속의 직위는 아닌 것이다. 더구나 당해 관서의 숙직에 참지정사뿐 아니라 右散騎常侍도 참여한 것으로 미루어 볼 때 그곳은 2省 중 하나인 門下省(內史門下省)으로 이해하는 게 오히려 옳겠다는 생각이 많이 든다.

---

15) 邊太燮, 주1) 논문 54・55쪽 : 朴宰佑, 「高麗前期의 國政運營體系와 宰樞」 『歷史學報』 제154집, 1997, 86・87쪽.
16) 李貞薰, 주3) 논문 56쪽. 이하의 '3省制'說도 주로 本稿의 52~58쪽에 실려 있는 氏의 견해이므로 그 하나하나에 주를 다는 번잡은 피하고자 한다.

'3省制' 論者는 中書門下省 내지 中書門下는 곧 政事堂이라는 생각을 미리 머리 속에 그려놓고 있는 듯하다. 그렇기 때문에 中書省·門下省의 연혁과 관련하여 설명된 『高麗史』 卷76 百官志 1 門下府條의 內史門下省과 中書門下省의 존재에 대해서도 의심하는 듯하지만 그것은 아무래도 좀 심한 억측인 것 같다. 『高麗史』 百官志가 麗末을 기준의 시점으로 서술된 것은 사실이지마는, 그렇다고 하여 그 내용까지를 부정적으로 볼 수는 없는 것이다. 앞서 잠시 언급했듯이 百官志 내용의 큰 줄거리는 비교적 정확한 것으로 알려져 있다. 그런 점에서 內史門下省·中書門下省 또는 中書門下를 政事堂의 異稱으로 이해하는 것은 문제가 있다고 생각된다.

그러면 이어서 中書의 경우에 대하여 검토해보기로 하자. '3省制' 논자는 이것 역시 政事堂의 의미로도 쓰였다고 이해하고 있다 하였거니와, 그 같은 사례로 앞서 소개한 일이 있는바 高宗 7년에 尙書右僕射로부터 "旋入中書 拜金紫光祿大夫·叅知政事·集賢殿大學士·同修國史·判禮部事"했다는[17] 崔甫淳을 들었다. 여기서 "崔甫淳이 중서에 들어갔다는 것은 중서성에 들어갔다는 말이 아니라 정사당에 들어갔다는 의미"라는 것이다. 하지만 이것은 옳지 못한 해석인 것 같다. 이 기사는 분명히 관직 임명(拜)에 관한 것으로, 崔甫淳을 中書의 叅知政事에 除拜했다는 내용인 것이다. 그런데 위에서 지적했듯이 政事堂은 위원회와 같은 것으로써, 구성원은 있지만 그곳 소속의 직관은 있을 수 없었다. 마치 都兵馬使에 門下侍中·平章事·叅知政事 등이 구성원으로 회의에 참석하곤 하였지만 이들이 都兵馬使의 직관이 아니었던 것과 같은 이치이다. 따라서 당해 기사의 中書를 中書省 내지 中書

---

17) 『高麗墓誌銘集成』, 353쪽, 崔甫淳墓誌銘.

門下省으로 본 종래의 해석이 옳았다고 판단되는 것이다. 같은 논리로 역시 앞서 소개한바 "本國의 制度는 中書인즉 令·侍中·平章·叅政·政堂이 있는데 이 다섯은 하늘의 다섯 별을 본딴 것입니다"[18]라고 한 경우의 中書도 정사당으로 해석한 '3省制' 논자보다는 중서성 내지 중서문하성으로 이해한 '2省制' 논자의 견해가 타당할 듯싶다.

'3省制' 논자는 中書가 政事堂으로 쓰인 예로 또 다음의 기사를 제시하였다.

> ㉕ 太子는 天下의 근본이나 스승이 아니면 元良으로서의 (자질을) 이룰 수 없고, 中書는 政事之堂이나 오직 文學만이 道揆를 밝힐 수 있은즉, 이 두 가지를 겸하였으니 (직책이) 무겁지 않다고 할 수 있겠는가(『東文選』卷25 制誥 除任元厚門下平章崔溱中書平章李之氐政堂文學).

이 사료는 仁宗年間에 李之氐를 政堂文學·兼太子少保에 임명하면서 내린 制誥의 일부분인데, "정당문학은 정사당에 참여하여 국정을 논의하는 재신 중의 하나였던" 관계로 "위의 政事之堂은 정사당을 가리킨다"는 것이다. 하지만 이것도 보다시피 中書門下省의 일 직관인 政堂文學을 임명하는 기사이다. 그리하여 그로 하여금 중서문하성에서 정당문학이라는 직관의 명칭에 걸맞게 업무를 보아야할 것이라는 이야기인 것이다. 따라서 이 곳의 '中書는 政事之堂'이라 한 표현도 '中書省은 政事를 보는 곳' 내지 '中書省은 政事를 담당하는 관서' 정도의 의미로, 그것은 곧바로 中書省 내지 中書門下省을 뜻했다고 이해된다. 그에 비해 이 곳의 '政事之堂'이 표현은 매우 유사하지만 그게 곧 政事堂을 지칭했다는 논거는 찾기가 어렵다.

---

18) 『高麗史』 卷118, 列傳 趙浚傳.

주제에서 좀 벗어나는 감이 없지 않지만 '3省制' 논자는 政事堂의 존재를 강조하는 입장에서 神宗 5년 당시 武人執政이던 崔忠獻이 人事를 擅斷함에 즈음하여 注擬의 내용을 아뢰면 "王은 머리를 끄덕끄덕 하였으며 2部判事도 政堂에 앉아 다만 檢閱할 뿐이었다"[19]고 한 기사의 '政堂'을 역시 政事堂으로 해석하였다. 그러나 필자가 보기에 이 해석 또한 옳지 않은 것 같다. 그 政堂은 명칭 그대로 인사 담당 기구인 吏部(吏曹)와 兵部(兵曹), 즉 政曹를 가리킨 것으로 판단되기 때문이다. 고려 때에도 인사를 나타내는 글자는 '政'이었다. 인사를 위한 문서를 政案 또는 政簿라 하고, 12월의 정규 인사를 都目政 또는 大政, 6월의 임시 인사를 權務政이라고 한 것과, 무신정권에서 설치한 인사 담당기구를 政房이라 부른 것, 그리고 이 곳의 政曹도 그런 의미에서 붙여진 명칭이거니와, 政堂 역시 같은 맥락을 지닌 호칭으로 생각되는 것이다. 고려시대의 인사권자인 2部判事, 즉 判吏部事와 判兵部事는 직접 해당 관서, 곧 吏部와 兵部에 나가 업무를 처리하곤 하였거니와,[20] 무신정권기여서 제 기능을 다하지는 못하고 검열하는 데 그치고 있으나 이들이 그 일을 본 政堂은 여전히 吏·兵部였다고 판단하는 게 훨씬 합리적일 듯하다.

이런 측면과 관련시켜 생각해 볼 때 高宗 15년 겨울에 崔甫淳이 '入政事堂 除吏'하였다는[21] 그 政事堂도 다시 음미할 여지는 있는 것 같다. 政事堂은 본질적으로 宰臣들이 중요 국정을 논의하는 기구로서, 물론 인사 문제에 대해서도 의논할 수는 있었겠으나 직접적인 인사담

---

19) 『高麗史』 卷129, 列傳 崔忠獻傳.
20) 邊太燮, 「高麗時代 中央政治機構의 行政體系-尙書省 機構를 중심으로-」 『歷史學報』 47, 1970 ; 『高麗政治制度史硏究』, 一潮閣, 1971, 17쪽.
21) 『高麗墓誌銘集成』, 354쪽, 崔甫淳墓誌銘.

당기구는 아니었고, 또 '吏員의 除授'라고 한 대목도 좀 걸리는 부분이다. 그러나 이 문제를 여기에서 당장 어떤 단정을 내리는 일은 삼가도록 하겠다.

요컨대 고려 때에도 政事堂은 실재하였으나 史料에 자주 보이는 中書門下省 또는 中書門下가 바로 이 政事堂을 지칭했다는 데는 동조하기가 어려웠다. 그리고 中書의 경우도 그것들이 모두 中書門下省 또는 中書省을 약칭한 것이라 보기에는 약간 의문이 가는 사례가 없지 않으나, 그렇다고 政事堂을 가리켰다고 하는 해석도 역시 잘 납득이 가질 않았다. 따라서 이처럼 中書門下省 또는 中書門下 모두와 中書로 표현된 상당한 수의 사례가 政事堂을 지칭했다는 논리에 근거하여 종래의 '2省制'說을 부인하고 새로이 '3省制'說이 주장된 데 대해서도 자연이 따를 수가 없는 것이다.

하지만 '3省制'說의 주장자가 제시한 논거는 上記한 것들만이 아니었다. 오히려 앞 대목에서 잠시 언급한바 고려도 3省制에 입각하고 있었던 것처럼 설명하고 있는 李齊賢의 『櫟翁稗說』과 徐兢의 『高麗圖經』 기사 등을 보다 적극적으로 수용하여 자신의 논지를 세우고 있는 것이다. '3省制'說의 강점은 사실 이런 곳에서 찾을 수 있지 않나 생각되는데, 그런데 이 자료들은 실은 종래의 '2省制'說에서도 검토한바 있었다. 그러므로 지금부터는 이들 자료에 대한 각 논자들의 설명을 함께 검토하면서 그 내용을 알아보도록 하자.

4) 中書省·門下省·中書門下省의 실체와 그의 운영

'3省制'說의 논거가 되고있는 자료 가운데에서 먼저 『櫟翁稗說』 前

集 1의 기사부터 살펴보기로 하자. 아래에 그 내용을 적기하면 다음과 같다.

> ㉢ 吏部는 文官의 銓選을 관장하고 兵曹는 武官의 銓選을 주관하였는데, 그 年月을 等第하고 그 勞佚을 나누며, 그 功過를 標示하고, 그 才否를 논하여 갖추어 文書에 실으니 그것을 일러 政案이라 하였다. 中書에서 陞黜을 注擬하여 아뢰면 門下에서 制勅을 받들어 行하였으니 국가의 法이 대개 中原과 같았다.22)

이 기사가 실려 있는 『櫟翁稗說』은 高麗 後・末期에 수상을 비롯하여 여러 재상직을 두루 역임한 일이 있는 李齊賢이 56세가 되던 忠惠王 3년(1342)에 저술한 것으로, 그 내용은 武臣政權期에 政房이 설치되어 인사 업무가 집정에 의해 사사로이 처리된 사실을 비판하면서, 그전에는 상서성의 吏部와 兵曹, 그리고 中書省과 門下省이 제각각의 기능을 수행하였다고 언급되어 있다. 그러므로 이 자료를 그대로 긍정할 경우 고려 前・中期에는 3省이 分立되어 각각 업무를 보았다고 할 수 있으며, '3省制' 논자는 실제로 그같이 이해하고 있는 것이다.23)
이에 비해 '2省制' 논자는 "櫟翁稗說의 설은 고려도 唐制와 같이 3省分立制라고 생각한 데서 나온 잘못이라"24)고 설명하고 있다. 사실 위의 기사는 麗末에 고려전기를 회고하면서 쓴 글로, 거기에는 실제와 다른 내용도 보인다. 당시에는 吏部와 兵部라는 용어만이 쓰였는데 그 하나인 兵部를 兵曹라 표기하고 있고, 또 中書省에서 전적으로

---

22) 『高麗史』 卷75, 選擧志 3 銓注 選法 高宗 12年條에 거의 같은 기사가 실려 있는데 그 原典은 『櫟翁稗說』이라고 생각된다. 『高麗史』 기사는 그 첫머리에 '舊制'라는 말이 덧붙어 있다.
23) 李貞薰, 주3) 논문 45・46쪽.
24) 邊太燮, 주1) 논문 49쪽.

陛黜을 注擬한 것처럼 서술하고 있지만 이 점에서도 고려는 唐과 좀 달랐던 것으로 알려져 있다. 구체적으로 高宗 3년에 만들어진 惠諶大禪師 告身에 의하면 唐의 경우 王命의 撰述을 책임 맡은 中書省(中書令・中書侍郎・中書舍人)이 자리잡아야 할 곳에 門下侍郎同中書門下平章事・修文殿大學士・監修國史・判兵部事와 尙書兵部侍郎・充史館修撰官・知制誥가 들어가 있는 것이다.25) 이런 사실에 비추어『櫟翁稗說』의 설명 그대로를 긍정하는 데는 異見의 여지가 있을 것 같다. 그런가 하면 李齊賢의 식견이나 지위 등을 감안할 때 그의 설명을 단순한 잘못으로 돌려버리는 것도 무언가 석연치 않다는 생각이 많이 든다. 이런 여러 측면을 고려하여 분명하게 잘못이 드러난 중서성과 문하성간의 명확한 업무 分掌과 같은 문제는 유보해 두고 3省의 實在만은 인정하는 정도가 어떨까 한다. 필자는 이렇게 이해하는 것이 사실에 가까운 접근이리라 보고 있다.

그런데 이 같은 의견은 그동안 자주 인용되어 온『高麗圖經』의 기사에 의해서도 뒷받침 받을 수 있는 것이 아닌가 한다. 다 아는 대로『高麗圖經』은 仁宗 元年(1123)에 宋나라 使節의 한 사람으로 고려에 와서 직접 보고 들은 바를 기록으로 남긴 것으로써 그 한 대목에,

㉤ 尙書省은 承休門 안에 所在하였는데, 앞에 大門이 있고 양쪽 行廊은 10餘間이며 가운데는 堂 3間을 만들었다.… 尙書省의 西, 春宮의 南으로부터 前面에 門 하나가 트였고, 중앙에 三位가 列하여 있는데 가운데가 中書省, 왼편이 門下省, 오른편이 樞密院이다(『高麗圖經』卷16, 官府 省監).

라 하여 中書省과 門下省이 각각 따로 執務所를 보유하고 있었다고 전

---

25) 이에 대해서는 張東翼,「惠諶의 大禪師告身에 대한 檢討―高麗 僧政體系의 理解를 중심으로―」『韓國史硏究』34, 1981, 101~106쪽 참조.

하고 있는 것이다. 이것은 비록 외국인의 기록이기는 하나 직접 보고 들은 바를 적은 것이므로 거기에 어떤 잘못이 있을 것 같지는 않다. 그러므로 '3省制' 논자는 이 기사에 근거해 "상서성과 중서성, 문하성은 비록 가까이 있기는 하지만, 실제로는 다른 廳舍를 가지고 있었다"고26) 언급하고 있다. 이것은 3省이 각자의 廳舍를 지니고 있는 독자적인 기구라는 사실을 입증하기 위한 것임은 더 말할 나위가 없겠다.

하지만 '2省制' 논자는 여전히 "中書門下省은 單一機關이기 때문에 한 廳舍 안에 위치하고 있었다"고 주장하고 있다. 이 논자 역시 『高麗圖經』의 기사를 확인하고, 거기에는 "中書省과 門下省의 廳事가 별개로 되어 있는 것으로 기록하고 있으나, 그러나 실제로는" 그렇지가 않았다는 것이다.27) 이 같은 주장 가운데는 "中書省과 門下省의 廳事가 별개로 되어 있는 『高麗圖經』의 기록 자체에 무슨 잘못이 있고, 그래서 그 사실을 인정할 수 없다는 해명이 있어야 할 법한데 그게 없어 아쉬운 감이 들지만, 그러나 그와 상반되는 듯한 다음의 자료를 제시하고 있는 것은 주목된다. 이 기사 역시 앞서 소개한 바 있거니와,

 ㉣ (仁宗 9年 2月) 己卯에 元子의 이름을 昌이라 賜하고 使者를 보내 禮物을 賜하는데, 東宮位를 中書門下廳事에 임시로 설치하고 受詔케 하면서, 王은 政事堂 東便의 帳殿에 거동하여 예식을 관람하고 인하여 宰樞·臺諫과 연회를 하였다(『高麗史』 卷16, 世家).

고 하여 政事堂 가까이에 中書門下廳事가 있었음을 전하고 있는 것이다. 이 中書門下廳事는 필시 中書門下省의 廳事를 말하는 것일텐데,

---

26) 李貞薰, 주3) 논문 49쪽.
27) 邊太燮, 주1) 논문 53·54쪽.

그렇다면 中書省과 門下省의 廳事가 따로 있었던 것처럼 기술하고 있는 『高麗圖經』의 기사는 어떻게 된 것일까? 이 같은 문제에 즈음하여 『高麗圖經』의 기사를 좀더 주의깊게 살펴보면 中書省·門下省·樞密院이 '列三位'하고 있었다는 표현이 눈길을 끈다. "三位가 並列하여" 있었다는 그 표현은 세 기구가 각자의 廳舍를 가지고 있었던 게 아니라 그들이 집무소만 달랐을 뿐 한 건물 안에 나란히 붙어있는 모습을 나타낸 것이라 이해되기 때문이다. 그러니까 한 廳舍 안의 가운데가 中書省廳事이고 바로 그 왼편이 門下省廳事로 이 둘은 붙어 있었으며, 그리하여 中書門下廳事라 불러도 무방했던 게 아닌가 하는 것이다. 하지만 中書省廳事와 門下省廳事가 분리되어 있음에도 불구하고 그것을 中書門下廳事라고도 할 수 있었던 것은 단순한 합성어의 의미만이 아니라 그 기능에 있어 많은 경우 하나의 기구처럼 되어 있었던 때문이 아닐까 하는 게 필자의 생각이다.

'3省制' 논자는 입론의 한 근거로 또 아래의 사료를 들고 있다. 즉,

⑭ 內史門下尙書都省이 六官諸曹·七寺·三監에게 出納할 때 門下侍郎 이상은 姓을 붙이지 않고 草押하고, 拾遺 이상은 姓을 붙여서 草押하며, 錄事·注書·都事·內位는 姓名을 붙인다. 六官諸曹·七寺·三監이 三省에 대하여서는 侍郎·少卿 이하는 位와 姓名을 갖추고 … 六官諸曹가 七寺·三監에 대하여서는 … [이하 생략] (『高麗史』 卷84, 刑法志 1 公牒相通式 京官).

라고 하여 "內史門下尙書都省이 六官諸曹·七寺·三監에게 出納할 때"의 對句가 "六官諸曹·七寺·三監이 三省에 대하여"로 되어 있는 것이다. 그러므로 이 곳의 3省은 '內史門下尙書都省'을 가리킨다고 할 수 있으며, 따라서 그것은 '內史門下·尙書都省'이 아니라 '內史·門下·尙書都省'으로 해석해야 한다. 이렇게 볼 때 결국 "중서성·문하성·

상서성은 實在하였고, 각 기관에 공문도 발송하는 실무 기관이었다"28)고 생각된다는 것이다. 이것은 위에 든 기사들의 내용과도 상통하는 것인데, 다만 중서성과 문하성이 얼마만큼의 개별적인 기능을 하였는지에 대해서는 아직 약간의 의문이 남는다.

위에 소개한 자료들 이외에도 3省制였던 듯한 시사를 주는 기사들은 몇몇 개가 더 눈에 띤다. 文克謙이 明宗 16년에 '兼中書門下兩省・判兵部事'가 되었다고29) 한 것과 또 元傅가 元宗 12년에 '中書門下侍郎兩省平章事'에 임명되었다는30) 기록 등이 그런 것들이다. 이 곳의 '兩省'은 中書省과 門下省을 가리키며, 당해인들이 그것의 직위를 겸했다는 것은 각각의 존재를 전제로 하는 것이기 때문이다. 그밖에 『高麗史』 등에는 '中書省奏'・'門下省奏'의 사례가 상당수 보이거니와, 그것들 모두가 하나같이 '中書門下省奏'를 의미했다고 입증할 수 없는만큼 '3省制' 논자의 주장처럼 그들의 경우 中書省 또는 門下省 단독으로 행한 上奏라고 해도 부정하기가 어려운 것이다.

요컨대 고려도 唐・宋과 유사하게 3省制였음을 직・간접으로 시사해주는 자료들이 꽤 여럿 전해지고 있음을 확인할 수 있었다. 그러므로 外形上으로 尙書省과 함께 中書省(內史省)과 門下省이 따로따로 존재했다는 사실을 부정하기는 어렵지 않나 생각된다.

그렇지만 한편으로 中書省(內史省)과 門下省은 따로따로가 아니라 합쳐져서 하나의 기구가 되어 있었다고 해석할 수밖에 없는 기사들도 역시 상당수가 보인다. 우선 이들의 연혁을 정리해놓고 있는 百官志에 內史門下省과 中書門下省으로 되어 있을 뿐더러 世家 등에 '內史門

---

28) 李貞薰, 주3) 논문 49쪽.
29) 『高麗史』 卷99, 列傳 文克謙傳.
30) 『高麗墓誌銘集成』, 399쪽, 元傅墓誌銘.

下省奏'·'中書門下省奏' 등의 사례도 자주 접할 수가 있다. 그런가 하면 '中書省'·'中書' 또는 '門下省'이 단순히 中書省·門下省을 의미했던 게 아니라 中書門下省을 지칭한 경우가 찾아지며, 또 中書省廳事와 門下省廳事가 별개로 되어 있었던 것 같은데도 中書門下廳事라는 용어 역시 눈에 띠는 것이다.

그리고 중서문하성의 조직도 從1品의 實務職 장관은 門下侍中뿐이고, 그 아래의 正2品 平章事들 역시 同中書門下平章事로써 兩省을 겸임하는 경우가 많았는가 하면, 門下侍郎平章事와 中書侍郎平章事도 門下省과 中書省의 侍郎平章事라는 의미보다는 序列에 무게가 실려 있었고, 그리하여 이들은 동일한 宰府의 宰臣·宰相으로서 국정을 담당하였던 것이다. 그 아래의 省郎·諫官들도 유사하여 外形은 左·右職으로 分立되어 있었지만 실제로는 다같은 郎舍의 요원으로 상호 교차하여 승진하고, 업무도 대체적으로는 함께 보았던 것이다. '2省制'說이 나온 것도 더 말할 필요없이 이런 배경하에서였다.

이와 같이 상반되는 양상을 놓고 필자는 한때 中書省과 門下省이 "시기에 따라서는 제각각의 기능을 수행하는 별도의 기구로 존재하였다고 볼 수 있는 가능성은 없는 것일까"[31]라고 생각한 적이 있다. 하지만 그 후 다시 "그보다는 차라리 두 기구가 唐制를 이끌어온 것인만큼 外形上은 분리되어 있으면서도 고려의 실정에 맞추어 실제적으로 정무를 보는 기능은 단일기구나 마찬가지로 운용되었던 게 아닐까 싶은 생각이 많이 든다"[32]고 수정한 바 있다. 지금 거듭 헤아려 보면 역시 후자의 생각이 좀더 사실에 가까운 게 아니었을까 싶다.

---

31) 朴龍雲,「高麗의 中央政治機構에 대한 硏究成果와 課題」『한국인문과학의 현황과 쟁점』, 정문연, 1998, 92·93쪽;『高麗時代史硏究의 成果와 課題』, 신서원, 1999, 252쪽.
32) 朴龍雲,「고려시대의 平章事」『고려시대 中書門下省宰臣 연구』, 一志社, 2000, 142쪽.

5) 맺음말

　고려 때는 최고 정무기관인 中書省(內史省)과 門下省이 따로따로 존재했던 게 아니라 합쳐져 中書門下省(內史門下省)이라는 단일기구를 이루었으므로 이것과 尙書省의 2省體制로 되어 있었다고 보아야 한다는 '2省制'說과, 그렇지 않고 세 관서가 唐・宋처럼 독자적인 기구였다는 '3省制'說로 엇갈려 있다. 그러므로 이 자리를 빌어 그 각 논자들의 의견을 검토했는데, 내용을 정리하면 대략 다음과 같은 것이었다.
　먼저 '2省制' 논자는 『高麗史』百官志에 그의 연혁이 中書省(內史省)・門下省이 아니라 內史門下省・中書門下省으로 되어 있고, 실제로 世家 등에는 '內史門下省奏'・'中書門下省奏'의 사례가 다수 보이고 있다. 아울러 中書省・中書・門下省 등의 표기가 동시에 中書門下省으로도 기록된 사실에 비추어 전자의 사례는 모두 후자의 略稱에 지나지 않는 것이라 주장한다. 그리고 조직도 從1품의 門下侍中을 首班으로 하여 그 아래의 平章事와 參知政事・政堂文學・知門下省事가 序列에 따라 一元的으로 되어 있고, 省郞・諫官 역시 左・右職을 교차하여 승진하고 있으며 업무도 함께 보고 있어서 中書省과 門下省의 구별은 존재하지 않았다고 파악하였다. 이 같은 이해는 中書省・門下省 등으로 표기된 사례가 하나같이 몽땅 中書門下省을 지칭했는지의 여부를 논증하기 어려운 경우가 없지 않고, 또 3省制를 시사하는 듯한 자료들의 해명에 석연치 않은 부분이 있다는 약점을 안고는 있지만 전체적인 논리는 타당하다고 판단된다.
　그런데 '3省制' 논자의 경우 사료상의 內史門下省・中書門下省・中書門下는 말할 것 없고, 中書도 혹 中書省을 지칭하기도 했지만 역시

政事堂을 의미하는 때가 많았다고 해석하고 있는데, 그 주장은 좀 수긍하기가 어려웠다. 하지만 李齊賢의 『櫟翁稗說』이나 徐兢의 『高麗圖經』에 전하는바 中書省과 門下省이 제각각 존재했다는 기록을 적극적으로 수용하고, 그밖에 3省制를 시사하는 자료들을 史書에서 찾아 제시함으로써 자신의 입론을 보강하고 있는 것은 사료 해석상의 작은 무리에도 불구하고 평가할 만하다. 결국 이처럼 자료가 확실한 이상 中書省과 門下省의 존재 자체를 부정할 수는 없겠다고 판단되는 것이다. 그런 점에서 '3省制'說 역시 타당성을 지니는 것이라 생각된다.

이렇게 고려 때의 中書·門下省에 대해서는 상반되는 자료가 많고, 따라서 논증 과정도 상반되게 이루어지고 있지만, 결론은 모두 타당하다는 모순을 나타내고 있다. 하지만 필자가 보기에 실제로 고려 때의 중서·문하성은 이처럼 모순되는 결론이 나올 수밖에 없는 양태로 존재했다고 생각된다. 즉, 唐·宋制에서 이끌어온 이들 기구는 그들과 유사하게 外形은 갖추고 있었던 것으로 보인다. 하지만 기능은 저들과 달리 단일기구처럼 운용되어 명칭상 中書門下省으로 불러도 좋을 정도가 아니었나 짐작되는 것이다. 이것은 종래의 兩說을 절충한 것에 지나지 않지만, 그렇게 파악하는 것이 사실에 가까울 듯싶으므로 일단은 이처럼 결론을 내려두고자 한다.

보다시피 이 논고는 새로운 이야기도 없고, 또 새로운 자료를 제시한 것도 아니다. 다만 종래의 해석을 좀 보완하고 서로 상반되는 내용을 합리적으로 이해하여 보려고 한 것에 지나지 않는 것이다. 그렇기는 하지만 本稿가 中書·門下省의 실체에 접근하는 데 작은 보탬이나마 되었으면 한다.

(『韓國史硏究』 108, 2000)

2. 고려전기 慶州의 위상에 대한 고찰

1) 머리말

　慶州는 다 아는 바와 같이 1,000년 가까운 기간 동안 존속한 新羅의 首都였다. 하지만 이 곳은 결국 나라가 망하면서 그 같은 기능도 상실하고 말거니와, 뒤를 이은 高麗王朝에 들어와 그것의 위상이 어떻게 변했는가는 역시 검토해 볼 가치가 있는 과제라고 생각된다.
　이 의문에 대한 해답은 언뜻 보더라도 고려왕조에서 慶州의 행정조직이 어떻게 개편되었는가를 살피는 일을 통해 부분적으로 얻을 수 있을 것 같다. 그런가 하면 고려는 평화리에 신라를 합병하였고, 이 과정에서 두 왕실은 혈연으로 얽히게 되었으며, 또 많은 慶州 출신의 貴族들이 고려 조정에 참여하여 중요한 역할을 담당하였다. 이러한 연유 등으로 해서 고려는 마치 신라를 계승한 나라인 듯이 인식하려는 시각이 상당히 넓게 퍼져 있었던 것으로 알려져 있는만큼, 이들의 실상을 파악하는 일도 필요함은 물론이다.
　그런데 사실 이런 문제들은 곧바로 당시의 고려사회를 이해하는 중요 요소이기도 하다. 그러므로 논자들은 그간 고려의 역사계승의식이나 지배층의 형성 또는 지방제도의 정비 등과 관련하여 각각 그들과제를 광범하게 다루어 왔다.1) 고려전기의 慶州에 대한 이해를 깊게 할 수 있는 연구가 이미 여러 방면에서 수행되어 온 셈이다.

따라서 本稿는 어떤 새로운 사실의 천착이라기보다 慶州를 중심축으로 하여 그것들을 종합해 보는 데 머무는 수준의 글이 될 것 같다. 그런 속에서나마 고려전기에 차지했던 慶州의 위상이 좀더 선명하게 드러났으면 하는 희망을 갖고 있지만 그 효과는 여전히 의문시되는 바가 많다.

여기에서 다루는 고려전기는 통상적으로 구분하는 1170년(毅宗 24)의 무신란 발생 이전까지를 말한다.

2) 高麗의 新羅 병합과 歷史繼承意識

弓裔를 축출하고 그의 정권을 인수하는 형식을 빌어 새로이 高麗를 연(918) 太祖 王建은 기본적으로 後百濟와는 무력으로 대결해 나가는 한편 新羅에는 友好的 정책을 취하였다. 그리하여 왕 3년(920) 正月에는 신라에서 처음으로 고려에 사신을 파견하고 있고, 같은 해 10월에는 후백제 甄萱의 신라 大良郡(陜川) 등 침공에 원병의 요청이 있자 왕은 병사를 파견하여 물러나게 하고 있으며,2) 또 8년 10월에는 신라의 高鬱府(永川) 將軍인 能文이 士卒을 거느리고 來投하자 그 성이 신라의 王都에 가까운 곳이라 하여 위로해 돌려보내고도 있는 것이다.3)

---

1) 구체적인 내용은 이어지는 논의 과정에서 하나하나 소개할 예정이므로 이 곳에 일괄하여 제시하는 일은 생략한다.
2) 『高麗史』 卷1, 世家 太祖 3年 春正月 및 冬10月條.
3) 『高麗史』 卷1, 世家 太祖 8年 冬10月.

그 뒤 왕 10년 9월에 견훤이 다시 신라의 近品城과 고울부를 치고 이어서 慶州를 기습하여 景哀王을 自盡케 하고는 表弟인 金傅를 새 왕(敬順王)으로 세우는 한편 많은 宗族·大臣들을 포로로 잡고 兵仗·眞寶를 노략하는 사태가 발생하였다. 이 소식을 전해들은 왕건은 사절을 보내 弔祭하고, 곧 이어 그 스스로 精騎 5,000 병력을 거느리고 출동했다가 오히려 패전하여 죽음의 고비를 당하기도 하지마는,[4] 그로부터 다시 몇 년이 지난 왕 13년에 있은 古昌(지금의 安東) 전투에서 대승을 거둔 이후로[5] 신라는 한층 고려쪽으로 기울게 되었다. 그리하여 신라왕은 고려 太祖와의 상면을 교섭하기에 이르렀고, 그에 응하여 太祖가 왕 14년 2월에 50餘騎만을 이끌고 慶州를 방문함으로써 마침내 그것이 성사된다. 이 때 두 사람은 서로 극진한 예의를 갖추었으며, 臨海殿의 연회에서는 "경순왕이, '小國은 하늘의 버림을 받아 甄萱이 유린하는 바 되었으니 통분하기 그지없습니다'고 말하며 눈물을 흘리자 左右 역시 모두 嗚咽하였고, 太祖도 눈물을 흘리며 위로하는" 상황이 연출되었다. 太祖는 慶州에 3개월 이상이나 머물다가 신라왕과 太后 및 大臣들에게 많은 선물을 나누어주고 되돌아오거니와, 그에 즈음하여 都城 사람과 士女들이 感泣하면서 서로 치하해 말하기를, "전에 甄氏가 왔을 때에는 늑대와 호랑이를 만난 것 같더니 지금 王公의 옴에는 父母를 뵙는 것 같다"고 말하였다. 그 몇 달 뒤에 太祖는 또다시 신라왕에게 선물을 보내면서 百官과 軍民들에게도 물품을 하사하고 있지마는,[6] 그가 親善外交를 통하여 신라의 상하 각층을 회

---

4) 『高麗史』 卷1, 世家 太祖 10年 9月.
5) 『高麗史』 卷1, 世家 太祖 13年 春正月·『三國史記』 卷12, 新羅本紀 敬順王 4年.
6) 『高麗史』 卷2, 世家 太祖 14年 春2月·夏5月·秋8月條. 유사한 내용의 기사가 『三國史記』 卷12, 新羅本紀 敬順王 5年條에도 실려 있다.

유・포섭하기에 많은 노력을 기울이었고, 그것이 큰 성과를 거두고 있음도 잘 보여준다.

이러한 관계가 더욱 진전된 결과 마지막 열매는 왕 18년(935)에 신라가 고려에 歸附하는 것으로 나타났다.7) 즉, 경순왕은 그의 在位 9년 10월에 "사방의 土地가 모두 남의 소유가 되고, 國勢가 孤弱해져 自安할 수 없다"고 판단해 群臣들과 고려 太祖에게 降附할 것을 논의하기에 이르렀고 이에 太子 등이 반대하였으나 그는, "無辜한 백성들로 하여금 肝腦가 진흙탕 속에 빠지게 하는 일은 내 차마 할 수 없다"고 일축하고 歸附를 결정하여 그 뜻을 고려에 전달하였으며, 다음 달에는 王都인 慶州를 떠나 開京에 도착하였고, 다시 달이 바뀐 12월에 臣下의 禮를 행하고 있는 것이다.8) 이에 太祖는 그를 크게 歡待하여 자기의 장녀인 樂浪公主와 혼인시키고, 政丞을 삼아 그 지위를 太子보다 윗자리에 두었으며, 따라온 大小臣僚들에게도 벼슬을 주고 田祿을 후하게 내리는 조처를 취하였다.9) 결국 이렇게 하여 신라의 역사는 끝나고 말거니와, 太祖는 이듬해에 내분을 일으켜 취약해진 후백제를 무력으로 토벌하여 後三國을 통일하는 위업을 달성하게 된다.

방금 敬順王 金傅가 降附하여 옴에 따라 太祖는 그를 厚禮로 대접하고 자신의 딸과 혼인시킨 사실에 대하여 언급하였지마는, 그에 즈음하여 使者를 통해 말하기를, "지금 王께서 나라를 들어 寡人에게 주니 그 賜與가 큽니다. 원컨대 宗室과 婚姻하여 '甥舅之好'를 길이 하였으면 합니다"고 하자, 이에 응하여 경순왕은 "나의 伯父인 億廉(迊干・

---

7) 그 과정에 대해서는 曹凡煥, 「新羅末 敬順王의 高麗 歸附」『李基白先生古稀紀念 韓國史學論叢[上]』, 一潮閣, 1994 참조.
8) 『三國史記』卷12, 新羅本紀 敬順王 9年.
9) 『高麗史』卷2, 世家 太祖 18年 冬10月・11月・12月條. 유사한 내용의 기사가 위에 든 『三國史記』의 敬順王 9年條에도 실려 있다.

知大耶郡事)의 딸이 있는데 德性과 容貌가 모두 아름다우니 그가 아니면 內政(內庭)을 갖추기 어려울 것입니다"[10]라고 답하여 왔다. 이리하여 太祖는 新羅의 宗室에서도 王妃를 맞게 되는데, 그가 6王妃 중의 第5妃인 神成王后이다.

太祖가 이렇게 자기의 딸을 金傅에게 출가시키고, 그 스스로도 신라의 宗室에서 王妃를 맞은 것은 정치적으로 보아서도 의미가 컸다. 이제 그는 일개 지방의 호족출신으로서가 아니라 신라의 전통과 권위를 계승한 어엿한 신분을 지닌 존재로써 다른 호족들에게 군림할 수 있게 되었기 때문이다. 왕건은 이미 잘 알려진 대로 각 지역의 유력한 호족들과 정책적인 結婚을 통하여 유대를 공고히 하였거니와,[11] 신라 왕실과의 혼인도 그 의미가 좀 다르긴 했지만 유사한 맥락에서 이해할 수 있을 듯싶다.

그 이유야 어떠하든 이처럼 신라왕실은 고려왕실과 혈연으로 얽히게 되었고, 그리하여 神成王后의 몸에서 安宗 郁이 태어나는데, 이이가 곧 8대 임금인 顯宗의 아버지가 된다. 敬順王의 歸附와 그 이후에 전개된 이 같은 사실을 두고 『三國史記』의 저자인 金富軾은 敬順王에 대한 論贊에서 다음과 같이 평가하고 있다.

敬順王이 太祖에게 歸命한 것은 비록 어찌할 수 없어 그러한 것 같으나 이는 역시 嘉尙하다고 할 만하다. 만약에 力戰 死守하며 王師에 대항하다가

---

10) 『高麗史』 卷88, 后妃傳 太祖 神成王太后金氏·『三國史記』 卷12, 新羅本紀 敬順王 9年.
11) 이 점에 대해서는 다음의 논문들 참조. 金哲埈, 「後三國時代의 支配勢力의 性格」 『李相佰回甲紀念論叢』, 1964 ; 『韓國古代社會研究』, 知識産業社, 1975 : 河炫綱, 「高麗前期의 王室婚姻에 對하여」 『梨大史苑』 7, 1968 : 정용숙, 「王室 族內婚의 成立過程」 『高麗王室族內婚研究』, 새문社, 1988.

힘이 다하고 勢가 궁하게 되기에 이르렀다면 필시 그 宗族은 박멸되고 害가 無辜한 백성들에게 미쳤을 것인데, 告命을 기다리지 않고, 府庫를 봉하고 郡縣을 기록하여 歸附하였으니 朝廷에 有功하고 生民에게 有德함이 甚大하다고 하겠다. … 우리 太祖는 妃嬪이 많고 그 子孫 또한 繁衍하였는데 顯宗이 外孫으로 寶位에 올랐고, 그 후의 王統을 이은 사람들도 모두 그 子孫이었으니 어찌 陰德의 보답이 아니겠는가(『三國史記』卷12, 新羅本紀, 敬順王 末尾).

敬順王의 歸附는 그의 宗族을 보호하고 죄없는 백성들에게 해가 돌아가지 않게 했다고 하여 긍정적으로 보고 있으며, 그 행위를 嘉尙하다고까지 말하고 있다. 한 나라의 종말을 마무리한 그에게 이 같은 평가가 과연 정당한 것인지 잘 알 수 없으나 慶州出身의 신라 후손으로 고려에서 首相까지 역임한 金富軾으로서는 있음직한 언급일 듯싶거니와, 그는 여기에서 한 걸음 더 나아가 顯宗이 신라의 外孫으로써 王位에 올랐을 뿐더러 그 후손들이 계속하여 寶位를 이어간 것도 경순왕이 취한 그러한 조처의 陰德으로 돌리고 있다. 陰德을 내세워 太祖와 신라왕실과의 혈연관계뿐 아니라 顯宗 이후 歷代王들의 그러한 관계도 은연중에 강조하고 있는 것이다.

사실 고려왕실과 신라왕실과의 혈연관계는 이 이외에도 더 있었다. 金傅의 딸이 景宗의 第1妃인 獻肅王后가 된 것이나[12] 신라 元聖王의 후손인 金因渭의 딸이 顯宗妃 元順淑妃가 된 것과,[13] 다시 그의 아들로 짐작되는 金元冲의 딸이 靖宗妃인 容節德妃와 文宗妃인 仁穆德妃가 된 것이[14] 그러한 사례들이다. 그리고 그 家系는 분명치가 않지

---

12) 『高麗史』 卷88, 列傳 后妃傳 景宗 獻肅王后 金氏.
13) 『高麗史』 卷88, 列傳 后妃傳 顯宗 元順淑妃 金氏 · 『高麗墓誌銘集成』, 126쪽, 金之祐墓誌銘.
14) 『高麗史』 卷88, 列傳 后妃傳 靖宗 容節德妃 金氏 및 仁穆德妃 金氏. 金元冲의

만 역시 慶州를 출신지로 하는 신료들 여럿이 고려왕실과 혼인을 맺고 있는데, 이제 그들을 위에서 설명한 예까지 곁들여 도표로 보이면 다음과 같다.

[도표] 慶州出身 后妃 表

王代	王名	后妃名	后妃의 身分(典據)
1	太祖	神成王后 金氏	金傅의 伯父 迊干 金億廉의 女 (『高麗史』卷88 后妃傳 太祖)
	〃	獻穆大夫人 平氏	佐尹 平俊의 女(上同)
	〃	天安府院夫人 林氏	太守 林彦의 女(上同)
2	惠宗	宮人 哀伊主	大干 連乂의 女(上同 惠宗)
5	景宗	獻肅王后 金氏	敬順王 金傅의 女(上同 景宗)
8	顯宗	元順淑妃 金氏	平章事 金因渭의 女(上同 顯宗)
10	靖宗	容節德妃 金氏	門下侍中 金元冲의 女(上同 靖宗)
11	文宗	仁穆德妃 金氏	侍中 金元冲의 女(上同 文宗)
12	順宗	宣禧王后 金氏	大卿 金良儉의 女(上同 順宗)

이처럼 고려왕실은 신라왕실 내지 慶州金氏 등과 계속하여 혈연적으로 깊이 얽혀 있었지마는, 金富軾이 그런 점을 특별히 지적한 것은 고려가 신라를 계승한 국가라는 역사인식을 강조하기 위한 목적에서였다고 생각되어 주목된다. 한데 실은 이렇게 고려가 신라를 계승한 국가라는 인식은 이전부터도 널리 퍼져 있었다. 그것은 고려가 後高句麗(泰封)의 정권을 인수하여 출발하긴 했지만 실제적으로는 백제(660)와 고구려(668)가 멸망한 이후 200년을 훨씬 넘는 기간 동안 한반도를 지배해온 統一新羅와 연결을 가지는 것이나 마찬가지였기 때문이었다. 고려에 있어서 신라의 영향은 어느 모로 보나 매우 큰 것이었

家系에 대해서는 뒤에 더 설명하기로 하겠다.

다. 그런 사유로 해서 고려의 신라계승의식은 자주 표출되곤 했던 것이다.15) 김부식의 견해는 그와 같은 것들 가운데 대표적인 예라 하겠다.

그런데 한편으로 고려에는 이와 함께 高句麗繼承意識이 강하게 자리잡고 있었다. 그것은 우선 국호를 '高麗'라고 정한 데서도 드러나지만, 對外問題가 발생했을 때 또한 곧잘 표방되었다. 成宗 12년(993)에 契丹이 침입하여 徐熙가 나서 담판하는 과정에서 賊將 蕭遜寧이 "高麗는 新羅 땅에서 일어났는데도 우리가 소유하고 있는 고구려 땅을 침식하였다"는 등의 공박을 한데 대해 徐熙가 "그렇지 않다. 우리나라는 곧 高句麗를 옛 터전으로 하였으므로 高麗라 이름하고 平壤을 도읍으로 한 것이다. 만일 地界로 논한다면 上國의 東京도 모두 우리 境域 안에 있는 셈인데 어찌 침식했다고 할 수 있겠는가"16)라고 답변하고 있는 것이 그러한 한 예이다. 고려가 高句麗를 계승한 나라라는 인식은 이밖에도 여러 곳에서 찾아볼 수 있다.17) 고려에는 신라계승의식과 고구려계승의식이 공존하고 있었던 셈이다.

그렇지만 어떻든 신라는 평화적으로 고려에 합병되었고, 그리하여 두 왕실 사이에는 상당한 기간과 범위에 걸쳐 혈연관계가 이루어졌을 뿐 아니라, 나라의 멸망에도 불구하고 고려의 정치·사회·문화 등

---

15) 다음의 논문들에 그 내용이 구체적으로 언급되어 있다. 河炫綱, 「高麗時代의 歷史繼承意識」『梨花史學研究』 8, 1976 ; 『韓國의 歷史認識(上)』, 創作과 批評社, 1976 : 趙仁成, 「高麗 初·中期의 歷史繼承意識과 渤海史 認識」『李基白先生古稀紀念 韓國史學論叢[上]』, 一潮閣, 1994.
16) 『高麗史』 卷94, 列傳 徐熙傳.
17) 다음의 논문들에 이 점이 잘 설명되어 있다. 李佑成, 「『三國史記』의 構成과 高麗王朝의 正統意識」『震檀學報』 38, 1974 ; 『韓國古典심포지움』, 一潮閣, 1980 : 河炫綱, 「高麗時代의 歷史繼承意識」『梨花史學研究』 8, 1976 ; 『韓國의 歷史認識(上)』, 創作과 批評社, 1976.

각 방면에 미치는 그의 영향력은 매우 큰 것이었다. 그런 속에서 신라 계승의식도 표방되는 일이 많았다고 짐작되거니와, 이는 신라의 옛 서울인 慶州의 위상을 이해하는 데 있어서 크게 유의해야 할 점으로 생각된다.

3) 慶州出身 貴族들의 정치적 진출

敬順王 金傅가 高麗 太祖에게 歸附하여 올 때의 상황에 대하여 『高麗史』에는 다음과 같이 묘사되어 있다.

> 11月 甲午에 羅王이 百僚를 거느리고 王都를 떠남에 士庶들이 모두 따랐다. 香車와 寶馬가 30餘里에 잇달았고 道路를 꽉 메워서 구경하는 사람들이 담으로 둘러싼 것 같았다. … 12月에 … 羅王이 庭下에서 알현하는 禮를 받으니 群臣들이 稱賀하는 소리가 궁궐을 진동하였다. 이에 金傅를 除拜하여 政丞을 삼고 太子의 上位에 두었으며 歲祿 千碩을 급여하고 神鸞宮을 지어주는 한편 그 從者들도 모두 收錄하고 田祿을 넉넉하게 賜하였다(『高麗史』 卷2, 世家 太祖 18年).

거의 같은 내용을 전하는 『三國史記』는 말미의 구절이 "侍從員將皆錄用之"로 되어 있지만,[18] 여기서 주목을 끄는 것은 신라왕이 "百僚를 거느리고" 王都를 떠나 開京으로 향하였으며, 이에 "士庶들이 모두 따라" 나서서 그들의 행렬이 30여 리에 뻗쳤다는 대목이다. 국왕과 百僚(百官)들은 말할 것 없고 '士庶'로 표현된 慶州의 上下 人員들이 대거 고려의 서울인 開京으로 이동하였음을 알 수 있는 것이다. 이에 太祖

---

18) 『三國史記』 卷12, 新羅本紀 敬順王 9年.

가 金傅를 파격적으로 대우하였다 함은 위에서도 설명한 일이 있지마는, '從者' 또는 '侍從員將'으로 불리는 그의 휘하 대소 인원들에게도 "收錄하고 田祿을 넉넉하게 賜하였다"든가 "모두 錄用하였다"고 한 것으로 보아 벼슬과 田宅을 주는 등 우대하였음을 엿볼 수 있다.[19] 이는 太祖가 그 동안 親新羅政策을 추구하여 왔고, 또 新羅의 降附가 자발적인 것인 데다가 아직 여러 제도와 문물을 제대로 갖추지 못한 고려로서는 행정에 익숙한 관료들이 필요했을 것이므로 그러한 인적 자원의 흡수라는 측면에서 이해가 되거니와,[20] 어떻든 이로써 降附에 反對의 입장을 취했거나 또는 부득이한 사정이 있는 얼마의 인원을 제외한 다수의 骨品貴族을 위시하여 상하 각층의 신라인(경주인)들이 집단적으로 開京에 이주하여 그 중 대부분은 여전히 지배층으로 편입되었음을 짐작할 수 있다.

그러나 이들 舊新羅貴族系는 그 같은 지위에도 불구하고 정치적으로 핵심이 되는 위치에 있지는 못했던 것 같다. 그들은 주로 文翰이나 儒學知識을 필요로 하는 자리 등에서 활동했던 듯싶은 것이다. 그렇기 때문에 惠宗·定宗代의 王位繼承紛爭이나 光宗의 혁신정치와 같은 소용돌이 속에서도 별다른 화를 입지 않은 것 같거니와, 이들은 그와 같은 國初의 혼란을 거쳐 어느 정도 안정을 찾기 시작하는 景宗代에 이르러 점차 정치의 표면에 나서게 된다. 앞서 설명한 일이 있듯이 金傅의 女가 景宗의 第1王后가 되고 그가 '尙父·都省令'으로 冊封받는 것은[21] 이런 점에서 의미가 크다. 이어서 成宗代에는 儒敎政治理念을

---

19) 曺凡煥은 註 7) 논문 422쪽에서 이들이 받은 것은 전록(田祿)이지 관직은 아니었다고 말하고 있으나 이는 옳지 않은 것 같다. 역시 종래처럼 관직도 함께 받았다고 이해하는 것이 정당할 듯 싶은 것이다.

20) 金皡東,「崔殷含-承老 家門에 관한 硏究」,『嶠南史學』2, 1986, 15쪽 : 全基雄,「高麗初期의 新羅系勢力과 그 動向」『釜大史學』17, 1993, 133·134 및 141~143쪽.

표방한 신라 6頭品 출신의 崔承老를 대표로 하는 慶州系가 강력한 정치세력의 하나로 등장하며,22) 그 후에도 기복은 있었지만 舊新羅貴族들은 고려사회에서 여전히 고위직을 차지하고 중요한 정치적 역할을 담당하는 것이다.

이러한 양상의 일부 모습은 이미 설명한 고려왕실의 혼인관계에서도 드러났지만 그 예는 훨씬 더 많이 찾아진다. 우선 敬順王系만 하더라도 왕의 從弟로써 相國의 지위에 있으면서 경주를 방문하고 귀환하는 太祖를 동행한 바 있고23) 그 뒤 경순왕을 따라 고려로 와서 역시 功臣이 된 金裕廉(金庾廉)24)을 들 수 있다. 얼마의 기간이 지난 睿宗朝에 尙書左僕射(正2品)의 지위에까지 오른 金漢忠은 바로 그의 후손이었다.25)

三韓功臣이 되었다는 金禮謙도 金裕廉과 비슷한 예가 아닌가 한다. 그의 자손들 가운데도 입신한 사람이 많아 아들인 周鼎은 太子太保(從1品)가 되었고, 특히 文宗朝에 크게 활약하는 손자 義珍은 平章事(正2品)・判兵部事의 지위에 올랐으며,26) 曾孫 候德은 監察御史(從6品)를 역임하였는데,27) 이 家系에서는 고려후기에도 여러 명의 고위직 관원을 배출하였다. 그리고 肅宗朝에 벼슬을 하여 工部侍郎(正4品)을 지낸 金漢公28) 역시 金傅의 一族으로서 그의 아들 景輔는 北面都監判官(甲

---

21) 『高麗史』 卷2, 世家 景宗 卽位年 冬10月.
22) 李基白, 「高麗 貴族社會의 形成」『한국사』 4, 1974, 156~170쪽 ;『高麗貴族社會의 形成』, 一潮閣, 1990 : 李泰鎭, 「金致陽 亂의 性格」『韓國史研究』 17, 1977, 88・89쪽.
23) 『高麗史』 卷2, 世家 太祖 14年 春2月・夏5月條.
24) 『高麗史』 卷95, 列傳 金漢忠傳.
25) 위와 같음.
26) 『高麗史』 卷8, 世家 文宗 22年 春正月・同 24年 8月 및 『高麗史』 卷102, 列傳 金仁鏡傳.
27) 『高麗墓誌銘集成』, 104쪽, 皇甫讓 妻 金氏墓誌銘.

科權務)에 머물렀으나 고려후기에 들어와서도 金鳳毛·金台瑞·金若先 및 金慶孫·金琿 등 여러 명의 首相과 宰相을 배출하여 가장 큰 門閥의 하나가 되었다.29) 이 집안에 대하여 "敬順王 傳에 이르러 國祖인 神聖王이 誕興하는 때를 만나, 天命이 돌아가는 것을 알고 納土 自附하여, 그 宗屬 다수가 內徙해 은혜를 입어 지위를 얻어서 대대로 忠勤이 드러나 세월이 갈수록 더욱 크게 번성하여졌다"30)는 설명을 붙이고 있는 것은 이런 배경에서였다.

다음 元聖王系는 고려전기에 한정할 경우 이보다 더욱 번성을 누려 주목된다. 이 집안은 왕의 손자가 되는 金仁允이 역시 고려 太祖를 따라 開京으로 와서 功臣이 됨으로써 일가를 이루기 시작하였다. 그리하여 그 아들인 信雄은 太子太保(從1品)·左僕射(正2品)를, 이어서 다시 그의 아들인 因渭는 左僕射(正2品)·叅知政事(從2品)까지 올라 致仕했다.31) 이 金因渭의 딸이 顯宗妃인 元順淑妃라 함은 위에서 설명한 바 있거니와, 다른 한 딸은 당대의 최대문벌인 慶源李氏의 자손으로 수상을 지내는 李子淵의 아내였으며,32) 아들인 元晃은 中樞使(從2品)·兵部尙書(正3品)를 역임했는데,33) 논자들은 史書에 자주 등장하는 元鼎·元冲도 그의 아들로 보고 있다.34) 이들 중 전자는 門下侍郞同中書門下平章事(正2品)를 거쳐 守太尉(正1品)·門下侍中(從1品)으로 卒去하며,35) 후

---

28) 『高麗史』 卷12, 世家 肅宗 9年 10月·『高麗墓誌銘集成』, 297쪽, 金鳳毛墓誌銘.
29) 『高麗史』 卷101, 列傳 金台瑞傳·同附 若先傳·敉傳·同書 卷103, 金慶孫傳·『高麗墓誌銘集成』, 297쪽, 金鳳毛墓誌銘·同書 482쪽, 王昷 妻 壽寧翁主 金氏墓誌銘.
30) 『高麗墓誌銘集成』, 482쪽, 王昷 妻 壽寧翁主 金氏墓誌銘.
31) 『高麗墓誌銘集成』, 126쪽, 金之祐墓誌銘·『高麗史』 卷5, 世家 顯宗 15年 9月.
32) 『高麗墓誌銘集成』, 27쪽, 李頲墓誌銘.
33) 『高麗史』 卷8, 世家 文宗 16年 7月·『高麗史』 卷97, 列傳 金景庸傳.
34) 金蓮玉,「高麗時代 慶州金氏의 家系」『淑大史論』 11·12 합집, 1982, 238~241쪽 : 李樹健,「高麗前期 支配勢力과 土姓」『韓國中世社會史硏究』, 一潮閣, 1984, 197쪽.
35) 『高麗史』 卷8, 世家 文宗 15年 12月·同 17年 秋7月·『高麗史』 卷95, 列傳 金元

자 역시 門下侍郞平章事(正2品)·判尙書刑部事를 역임하였고36) 두 딸은 각각 靖宗의 容節德妃와 文宗의 仁穆德妃가 되었음이 확인된다. 이어서 元晃의 아들 景庸은 睿宗朝의 首相이었고, 두 딸은 각각 門下侍郞平章事(正2品)를 지내는 貞州 출신 柳洪 및 試工部員外郞(正6品)을 지내는 水州 출신 崔惟恕와 혼인하였다.37) 그리고 다시 景庸의 아들인 仁揆는 平章事(正2品)를 역임하였는데, 그 자신은 左僕射(正2品)·叅知政事(從2品)를 지낸 開城王氏 王嘏의 딸을 아내로 맞았고, 두 姉妹는 叅知政事(從2品)를 역임한 樹州 출신 李璹 및 司宰卿(從3品)이었던 慶源 출신 李資元의 아내가 되었으며, 사위는 仁宗朝의 權臣 李資謙의 아들이었다.38) 子子孫孫이 고위직에 올랐을 뿐 아니라 王室이나 慶源李氏 등 당대의 여러 名門鉅族들과 중첩되는 혼인을 맺어 그 스스로도 閥族의 하나를 이루었음을 알 수 있다.

역시 신라왕실의 후손인 金富軾의 가문도 뛰어난 집안의 하나였다. 그의 曾祖가 되는 魏英이 나라가 망함에 따라 慶州가 설치되었을 때 그 州長이 된 것을 보면 이 집안은 開京으로 옮겨오지 않고 慶州에 그대로 머문 것 같다. 그러다가 부친인 金覲부터 上京 從仕한 듯싶거니와, 그의 입신은 科擧가 그 계기가 되지 않았나 짐작된다. 宣宗 3년 5월에 禮部侍郞(正4品)으로 同知貢擧를 역임하고 있기 때문이다.39) 그는 國子祭酒(正4品)·左諫議大夫(正4品)까지 오르지마는,40) 그의 집안이

鼎傳.
36) 『高麗史』 卷7, 世家 文宗 4年 春正月.
37) 『高麗史』 卷97, 列傳 金景庸傳·同書 卷10, 世家 宣宗 8年 11月·『高麗墓誌銘集成』, 40쪽, 崔繼芳墓誌銘.
38) 『高麗墓誌銘集成』, 126쪽, 金之祐墓誌銘·同書, 107쪽, 李資元 女 李氏墓誌銘·『高麗史』 卷97, 列傳 金景庸傳·同書 卷98, 列傳 李璹傳.
39) 『高麗史』 卷73, 選擧志 科目 選場 宣宗 3年 5月.
40) 『高麗史』 卷97, 列傳 金富佾傳.

크게 떨치게 되는 것은 아들 4兄弟 모두가 登科한 데다가 그 중 富佾·富軾·富儀(富轍) 세 사람이 모두 고위직을 역임하고 文章家로서도 이름을 드러내면서부터였다.41) 그 가운데에서 특히 富軾은 仁宗代 정치의 핵심 인물이었지만, 그러나 武臣亂(1170)을 당하여 아들인 敦中·敦時가 모두 살해되어 이 집안은 퇴락하게 되었다.42) 살해될 당시 敦中은 承宣(正3品), 敦時는 尙書右丞(從3品)의 지위에 있었다.

다음으로 6頭品 계열의 慶州崔氏 인물들도 고려사회에서 활발한 활동을 하고 있음이 나타난다. 그 한 사람으로 우선 羅末의 '3崔' 가운데 一員인 崔彦撝를 꼽을 수 있다. 그는 後唐의 賓貢科에 급제한 후 귀국하여 신라에서 벼슬을 하다가 太祖가 개국하자 가족을 데리고 歸附하여 太子師傅가 되었으며 文翰의 임무를 맡았다. 그는 일찍부터 太祖에게 와서 벼슬한 것을 알 수 있거니와, 지위는 大相(4品)·元鳳大學士·翰林院令·平章事에 이르렀다. 그의 두 아들 光胤·行歸는 역시 중국에 유학하였고, 그 중 行歸는 귀국해 光宗의 倖臣이 되었으며, 다른 한 아들인 光遠은 秘書少監(從4品)을 지냈다.43) 이어서 光遠의 아들 沆은 壯元及第한 인재로 顯宗朝에서 門下侍郞平章事(正2品)의 지위에까지 올랐으며, 다시 그의 아들 有孚는 尙書右僕射(正2品), 永孚는 天安府의 守令을 역임하였다.44)

다른 한 갈래인 崔殷含家는 경순왕을 따라 開京으로 와서 기반을 잡기 시작한 집안으로, 앞서 잠시 언급했듯이 이 가문에서는 崔承老가 입신하여 名門으로 발돋움하였다.45) 그는 成宗에게 時務 28條를 올

---

41) 『高麗史』 卷97, 列傳 金富佾傳·同附 富儀傳·同書 卷98, 列傳 金富軾傳.
42) 『高麗史』 卷98, 列傳 金富軾 附 敦中傳.
43) 『高麗史』 卷92, 列傳 崔彦撝傳.
44) 『高麗史』 卷93, 列傳 崔沆傳·同書 卷8, 世家 文宗 25年 春正月·『高麗史節要』 卷5, 文宗 14年 2月.

린 것으로 유명하거니와, 그리하여 고려의 정책 방향을 제시하고 지배체제를 정비해 국가의 기틀을 잡는 데 크게 기여하였다.46) 그는 守門下侍中(從1品)을 역임하고 나중에는 成宗廟庭에 配享되는데, 그의 아들 肅은 穆宗廟庭에, 다시 그의 아들 齊顔은 文宗廟庭에 配享될 정도로 각각 나라에 공로가 컸다.47)

崔亮은 다른 또 한 갈래의 인물로 光宗朝에 급제한 후 여러 벼슬을 거쳐 成宗 때에는 內史侍郞平章事(正2品)의 지위에까지 올랐다. 그는 슬하에 元信·元佐 등 일곱 아들을 두었는데, 그 중 元信은 역시 급제하고 禮賓卿(從3品)을 역임하였다.48) 이밖에 科擧를 시행한 초기에 급제하는 崔暹·崔光範·崔居業 등도 신라 귀족의 자제로 이해되고 있거니와,49) 이처럼 그들은 주로 학문적 소양과 관료적 기능을 매개로 하여 자신들의 지위를 높여간 것이 하나의 특징을 이룬다.

다음 慶州李氏系列로는 太祖에게 협조하여 功臣이 된 李金書가 찾아진다. 그는 金傅와 낙랑공주 사이에서 태어난 딸과 혼인하여 太祖의 외손녀 사위가 되기도 하거니와,50) 靖宗朝에 刑部尙書(正3品)·判御史臺事(正3品)를 지내는 李周佐51)와 고려후기에 크게 활동하는 李瑱·

---

45) 『三國遺事』 卷4, 塔像 三所觀音·衆生寺·『高麗史』 卷93, 列傳 崔承老傳.
46) 李基白,「新羅統一期 및 高麗初期의 儒敎的 政治理念」『大東文化研究』 6·7 합집, 1969·1970 ; 『新羅時代의 國家佛敎와 儒敎』, 韓國研究院, 1978 : 河炫綱,「高麗初期 崔承老의 政治思想 硏究」『梨大史苑』 12, 1975.
47) 『高麗史』 卷93, 列傳 崔承老傳·同附 齊顔傳. 이 가문에 대해서는 金皓東,「崔殷含-承老 家門에 관한 硏究-新羅六頭品家門의 高麗門閥貴族化過程의 一例-」 『嶠南史學』 2, 1986 참조.
48) 『高麗史』 卷93, 列傳 崔亮傳.
49) 姜希雄,「高麗初 科擧制度의 導入에 관한 小考」『韓國의 傳統과 變遷』, 高麗大 亞細亞問題硏究所, 1973.
50) 『霽亭集』 卷4, 附錄 李達衷行狀·『高麗史』 卷109, 列傳 李瑱傳.
51) 『高麗史』 卷94, 列傳 李周佐傳.

李齊賢 父子 등은 모두 그의 후손이었다.

　지금까지 간략하게나마 신라왕실과 6頭品 출신들을 중심으로 한 상당수의 인원들이 고려 귀족사회에서도 그 한 부류를 이루고, 정치적으로 중요한 역할을 담당하였음을 살펴보았다.[52] 그런 과정에서 이들은 자기들의 出身地를 本貫으로 삼고 다른 지역 출신자와 구별지으면서 그 곳에 在地的 基盤을 구축하여 가기도 했던 것 같다. 이러한 경향은 事審官制의 채택 등으로 한층 촉진되었을 듯싶거니와,[53] 따라서 비록 저들의 생활근거지는 開京이었지만 慶州와의 관계는 여전히 밀접하였으리라 짐작된다. 이런 점에서 慶州의 위상은 고려로 왕조가 바뀐 뒤에도 상당히 높은 편이지 않았을까 하는 판단을 해볼 수 있다.

4) 慶州의 行政組織 개편과 그 기능

　신라가 멸망함으로써 慶州가 보다 직접적으로 영향을 받은 것은 행정적인 위상이었다. 지금까지 누려온 國都로서의 지위를 상실하고 하나의 州로 재편되었기 때문이다. 아래의 사료가 그 점을 전해 주는 기사이다.

　　太祖 18年에 敬順王 金傅가 降附하여 오자 나라를 없애고 慶州로 삼았다.

---

52) 그 내용은 앞에 든 註 20)의 金皓東・全基雄 논문과, 주 22)의 李基白・李泰鎭 논문, 주 34)의 金蓮玉・李樹健 논문 및 張日圭,「新羅末 慶州崔氏 儒學者와 그 生活」『史學硏究』45, 1992와 金甲童,「신라의 멸망과 경주세력의 동향」『新羅文化』 10・11 합집, 1994 등에 소개되어 있다.

53) 金皓東, 주 20) 논문 21~23쪽 : 李純根,「高麗時代 事審官의 機能과 性格」『高麗史의 諸問題』, 三英社, 1986.

23年에 올려서 大都督府를 삼고 그 州의 6部名을 고쳐서 梁部는 中興部로, 沙梁은 南山部로, 本彼는 通仙部로, 習比는 臨川部로, 漢祇는 加德部로, 牟梁은 長福部로 하였다(『高麗史』 卷57, 地理志 2 慶尙道 東京留守官慶州).

太祖 때에 두 차례에 걸쳐 개편이 있었는데, 우선 그의 18년(935)에 金傅가 歸附해 오자 곧장 慶州로 만들고 있다. 고려 태조는 후삼국 통일 과정에서 스스로 항복해오는 지방세력의 출신지를 州로 승격시켜 우대해 주었었다. 慶州도 결국은 그러한 한 예인 셈인데, 다만 이 곳은 보잘것없는 어느 한 지역이었던 게 아니라 國都였다는 점에서 차이가 났지만 광범한 州의 재편정책과 궤를 같이하는 것임에는 틀림이 없었다.54) 그런 측면에서 보면 慶州는 행정조직상 별다른 우대를 받지 못한 편에 속한다. 물론 이와 동시에 慶州는 金傅의 食邑으로 사여되었고 또 그를 이 곳의 事審으로 삼음으로써 계속하여 그의 경제적·행정적 영향력이 행사될 수 있도록 조처하였다.55) 그리고 이 곳을 실질적으로 관할할 州長에 신라왕실의 후예인 金魏英을 임명하는 배려도 하였다.56) 하지만 慶州는 어디까지나 전국에 산재한 여러 州 가운데 하나로 존재하는 데 지나지 않게 되었던 것이다.

그러나 이는 후삼국이 통일되고 다시 몇 년이 지난 太祖 23년(940)에 단행된 대폭적인 郡縣개편 때에57) 바뀌어 慶州는 大都督府로 승격되었다. 위의 사료에는 이 때 6부의 명칭도 바뀐 사실을 싣고 있지마

---

54) 金甲童,「'高麗初'의 州에 대한 考察」『高麗史의 諸問題』, 三英社, 1986, 270~274쪽 ; 金甲童,「地方勢力과 地方制度」『羅末麗初의 豪族과 社會變動硏究』, 高麗大民族文化硏究所, 1990, 93~109쪽.
55) 『高麗史』 卷2, 世家 太祖 18年 12月 ·『高麗史』 卷75, 選擧志 3 銓注 事審官.
56) 『高麗史』 卷97, 列傳 金富佾傳.
57) 이 때의 개편에 대해서는 朴宗基,「高麗 太祖 23年 郡縣改編에 관한 硏究」『韓國史論』 19, 1988 참조.

는, 『高麗史節要』 역시 "23年 春3月에 慶州를 大都督府로 삼고, 여러 州郡號도 고쳤다"고 하여58) 같은 내용을 전하고 있다.

그런데 이 大都督府로의 승격에 대하여 사료 가운데는 약간의 다른 언급도 보인다. 즉, 『慶尙道地理志』에는 이 때 慶州가 安東大都護府로 고쳐졌다고 기술되어 있으며,59) 또 『慶州先生案』에도 "羅號를 없애고 安東大都護府로, 邑號는 慶州司都督府로 하였다"60)고 언급되어 있는 것이다. 요컨대 都督府로 고쳐졌느냐, 아니면 都護府로 개편되었느냐 하는 것인데, 이 점은 그리 중요하지 않다고 생각된다. 이들은 모두 군사적 요지에 두는 비슷한 성격의 조직이었기 때문이다. 太祖는 이전부터도 영토적 야심이 있는 곳에 이 기구를 설치하고 中央軍을 주둔시켜 왔지마는, 이제 신라의 옛 수도인 慶州에도 같은 조처를 취한 것이다. 이것은 짐작컨대 慶州地域에 대한 중앙정부의 감시·감독을 강화함과61) 동시에 혹시 있을지도 모르는 외부세력의 위협에 대처하기 위한 것으로 이해된다. 같은 해에 이 곳에다 해군기지인 東南海都部署使의 本營을 설치한 것도62) 이와 맥락을 함께하는 것이다. 태조 23년에 慶州를 大都督府 내지 大都護府로 개편한 것은 행정조직상 한 단계의 陞格이면서도 그것이 지니는 의미는 대략 이와 같은 것이었다.

이 조직이 47년간 지속되다가 成宗 6년(987)에 이르러 마침내 東京

---

58) 『高麗史節要』 卷1.
59) 『慶尙道地理志』 慶州府. 여기서는 그 때를 天福 己亥, 즉 太祖 22년이라 기술하고 있으나, 이는 분명히 23년의 잘못이다.
60) 『慶州先生案』 天福五年庚子(許興植編 『韓國中世社會史資料集』 所收, 亞細亞文化社).
61) 李基白, 「高麗 地方制度의 整備와 州縣軍의 成立」 『趙明基華甲記念 佛敎史學論叢』, 1965 ; 『高麗兵制史硏究』, 一潮閣, 1968, 184~188쪽.
62) 『高麗史』 卷57, 地理志 2 慶尙道·『慶尙道地理志』 慶州府.

留守로 바뀌게 된다.63) 이어서 同王 14년(995)에 10道가 신설되면서 그 것은 嶺東道에 속하게 되고, 留守도 留守使로 바뀌는 얼마간의 변화가 있었지만,64) 慶州는 이제 東京으로 발족하게 되었던 것이다.

원래 고려는 開國 이듬해(919) 정월에 松嶽으로 遷都하여 開州라 칭하였다. 이 곳이 곧 開京으로서, 이후 줄곧 고려의 수도로 기능하는 것이다.65) 거기에 이어서 京이 설치된 것은 平壤이었다. 이 곳은 이미 太祖 元年에 大都護府가 되는데,66) 同 4년(921)에는 西京이라 불리고 있는 것이다.67) 이로부터 西京은 매우 중시되어 여러가지로 우대를 받았다 함은 잘 알려져 있거니와,68) 그 뒤를 이어 세번째로 慶州가 東京이 된 것이다.

東京은 그의 설치 순서에 걸맞게 고려의 제3도시였다. 수도인 開京과 함께 '兩京'의 하나였던 西京은 확실히 東京보다 우위에 있었다. 이 점은 무엇보다도 西京留守가 東京留守보다 한 단계 위의 祿俸을 받고 있는 데서 드러나거니와,69) 그 증거는 이것 이외에 여러 방면에서 찾을 수 있는 것이다. 이렇게 서열이 지어지면서 고려에는 결국 3京이 설치되었는데, 그 하나인 東京이 成宗朝에 이루어지는 것은 이 때가 앞서 설명한 바 慶州勢力이 크게 부상하는 시기라는 사실과 관련이 깊으리라 짐작된다.70) 왕 16년에 친히 東京에 행차하여 群臣과

---

63) 『高麗史』 卷57, 地理志 2 慶尙道 東京留守官慶州・『高麗史節要』 卷2, 成宗 6年 11月.
64) 『高麗史』 卷57, 地理志 2 慶尙道・同書 慶尙道 東京留守官慶州.
65) 이에 대해서는 朴龍雲, 「開京 定都와 시설」 『고려시대 開京 연구』, 一志社, 1996 참조.
66) 『高麗史』 卷58, 地理志 3 西京留守官平壤府.
67) 『高麗史』 卷1, 世家 太祖 4年 冬10月.
68) 이에 대해서는 河炫綱, 「高麗西京考」 『歷史學報』 35・36 합집, 1967 참조.
69) 『高麗史』 卷80, 食貨志 3 祿俸 外官祿 文宗朝・仁宗朝.
70) 河炫綱, 주 68) 논문 158・159쪽.

잔치를 베풀고, 扈從한 臣僚와 軍士에게 물품을 차등있게 하사하였으며, 또 中外의 官員에게 勳階를 加하고, 義夫·節婦·孝子·順孫에게는 賜物과 門閭에 旌表토록 함과 동시에 赦免令을 내린 것71) 역시 이 점을 이해하는 데 많은 도움을 얻을 수 있다.

東京이 설치된 지 25년 만인 顯宗 3년(1012)에 그것은 일시 慶州防禦使로 강등된다.72) 이는 당시 叅知政事(從2品)·吏部尙書(正3品)였던 崔士威 등의 건의에 따른 것으로73) 慶州勢力을 약화시키기 위한 조처가 아니었나 보고 있지만,74) 그 2년 뒤인 顯宗 5년(1014)에는 安東大都護府로 승격된다. 이어서 왕 9년에 4都護·8牧·56知州郡事·28鎭將·20縣令이 설치되어 고려의 지방관제는 일단락되거니와, 그로부터 10여 년 뒤인 顯宗 21년(1030)에 그것은 다시 東京留守로 복구되었다. 그리하여 이 체제는 武臣執權期인 神宗 7년(1204)에 知慶州事로 되기까지 오랫동안 그대로 유지되는 것이다.75) 그 뒤에도 慶州의 행정조직은 몇 차례 더 변천과정을 겪지마는 고려전기에 있어서 그것은 대체로 留守京인 東京으로 존재했다 할 것이다.

그런데 이번 顯宗 21년의 東京 復置 이유에 대하여 같은 地理志 東京留守官條에는 당시의 術士인 銳方이 올린 바 "三韓會土記에 高麗는 3京이라는 文句가 있었기 때문"이라고 설명되어 있다. 圖讖 秘記類의 하나이었을 『三韓會土記』는 현재 전해 오지 않아 그 내용을 확인할 수 없지만 西京이나 文宗朝의 南京 建置도 風水圖讖說과 깊은 관

---

71) 『高麗史』 卷3, 世家·『高麗史節要』 卷2, 成宗 16年 8月.
72) 『高麗史』 卷57, 地理志 2 慶尙道 東京留守官慶州·『高麗史節要』 卷3, 顯宗 3年 春正月.
73) 『高麗史』 卷94, 列傳 崔士威傳.
74) 金甲童,「高麗 顯宗代의 地方制度 改革」『韓國學報』 80, 1995, 266·267쪽.
75) 『高麗史』 卷57, 地理志 2 慶尙道 東京留守官慶州.

련이 있었다는 점을 감안할 때 그러하였을 가능성은 인정해도 좋을 듯싶다.76) 하지만 東京의 復置가 지니는 뜻이 그것으로 충분히 설명되었다고 보기는 어렵다. 그것은 행정적인 면에서도 커다란 의미를 가지고 있었기 때문이다. 京은 都護府·牧과 함께 界首官이 있는 지역으로, 上表하여 陳賀하는 일과 鄕貢의 選上 및 外獄囚 推檢 등에 걸쳐 중간행정기구의 역할을 하였던 것이다.77) 고구려의 옛 서울에 西京이 두어졌듯이 東京은 신라의 옛 서울에 대한 배려로 설치된 것이며, 그리하여 그것은 예하에 여러 郡縣을 거느린 京의 하나로써 행정적인 위상 역시 매우 높은 편이었던 것이다.

東京에는 그렇기 때문에 행정을 담당할 外官으로 3品 이상의 留守使(留守) 1人, 4品 이상의 副留守 1人, 6品 이상의 判官(少尹) 1人, 7品 이상의 司錄參軍事와 掌書記 각 1人, 8品 이상의 法曹 1人을 두고 있었다.78) 그 이외에 9品의 醫師와 文師 각 1人씩이 더 있었지마는, 이러한 官員의 조직은 西京의 그것과 대략 일치한다. 다만 西京에는 判官과 司錄參軍事의 정원이 1인씩 더 많았고, 또 品階는 비록 마찬가지이나 祿俸 등을 비교하여 볼 때 西京의 관원들이 東京의 그들보다 약간 우대되고 있다 함은 앞서 설명한 바와 같다. 고려전기에 있어서 이러한 東京의 官員으로 부임했던 인물들을 살펴보면, 우선 留守使(留守)의 경우 梁稹79)과 李作仁80) 및 李成功81)·鄭克永82) 등이 찾아진다. 그리

---

76) 李丙燾,「成宗 顯宗의 東京 建置와 그 意義」『高麗時代의 硏究』, 乙酉文化社, 1948, 99·100쪽.
77) 邊太燮,「高麗前期의 外官制-地方機構의 行政體系-」『韓國史硏究』 2, 1968 ; 『高麗政治制度史硏究』, 一潮閣, 1971, 138~142쪽.
78) 『高麗史』 卷77, 百官志 2 外職 東京留守官.
79) 『高麗史』 卷5, 世家 顯宗 22年 春正月.
80) 『高麗史』 卷5 世家, 德宗 卽位年 11月.
81) 『高麗史節要』 卷4, 靖宗 6年 8月 ·『高麗史』 卷94, 列傳 李周佐傳.

고 副留守로는 崔顥83)와 朴臣厚84)·金諴85)의 이름이 보이며, 判官으로는 羅旨說86)과 金復尹,87) 司錄과 掌書記로는 尹廉·鄭公幹88) 등이 눈에 띈다.

우리들은 이상과 같은 東京의 행정조직과 기능에 대한 검토를 통해서 그의 위상을 다시 한번 점검해 볼 수 있는 것이다.

5) 맺음말

우리들은 고려전기에 신라의 수도였던 慶州(東京)의 위상이 어떠했는가를 몇 가지 면에서 검토하였다. 이제 그 내용을 간추리면 다음과 같다.

첫째로, 高麗 太祖는 親新羅政策을 추구한 결과 敬順王 金傅의 歸附를 받아 신라를 평화리에 합병할 수 있었을 뿐만 아니라 두 王室은 血緣으로 맺어지게 되었으며, 그 같은 관계는 이후에도 지속되었다. 거기에다가 비록 太祖가 弓裔의 정권을 인수했다고는 하지만 실제적으로는 200년 이상이나 한반도를 통치해 온 統一新羅의 기반 위에 서 있어서 정치·사회·문화 등 모든 면에서 크게 영향을 받지 않을 수 없던 현실을 반영하여 고려는 高句麗를 계승한 나라라는 인식과 함께

---

82) 『高麗史』 卷15, 世家 仁宗 5年 夏4月·『高麗史』 卷98, 列傳 鄭克永傳·『新增東國輿地勝覽』 卷21, 慶州府 名宦.
83) 『高麗史』 卷6, 世家 靖宗 8年 2月·『新增東國輿地勝覽』 卷21, 慶州府 名宦.
84) 『高麗史』 卷8, 世家 文宗 17年 12月.
85) 『高麗墓誌銘集成』, 99쪽, 金諴墓誌銘.
86) 『高麗史』 卷6, 世家 靖宗 8年 2月·『新增東國輿地勝覽』 卷21, 慶州府 名宦.
87) 『高麗墓誌銘集成』, 100쪽, 金復尹墓誌銘.
88) 『高麗史』 卷6, 世家 靖宗 8年 2月·『新增東國輿地勝覽』 卷21, 慶州府 名宦.

新羅繼承意識도 널리 퍼져 있었다.

　둘째로, 경순왕의 歸附 때에 왕족과 6頭品 귀족을 비롯한 상하의 新羅人(慶州人)들이 開京으로 집단 이주했다. 이러한 현상은 그것을 전후하여서도 계속되었거니와, 고려에서는 이들을 厚待하여 벼슬과 田宅을 주었다. 그리하여 신라의 지배층들은 고려 귀족사회에서도 여전히 중요한 한 부류를 형성하였는데, 처음에는 그렇게 두각을 나타내지 못했으나 국가의 기틀이 잡히는 成宗朝 이후 학문적 소양이나 행정 능력을 바탕으로 활발하게 진출하여 정치적으로도 큰 비중을 차지하게 되었다. 그러한 구체적인 예로 우선 敬順王系로는 金裕廉·金漢忠家와 金周鼎·金義珍家를 들 수 있고, 元聖王의 후손으로는 金因渭-金元晃-金景庸으로 이어지는 一家가 있으며, 역시 왕실의 후예인 金富軾家도 뛰어난 집안이었다. 다음 6頭品 계열의 慶州崔氏로는 崔彦撝·崔沆家와 崔承老-崔肅-崔齊顔으로 이어지는 一家 및 崔亮家 등이 들어지며, 慶州李氏系列로는 李金書·李周佐家 등이 꼽아진다. 이들은 주로 開京에서 생활하였지만, 慶州를 本貫地로 삼고, 거기에 在地的 기반을 쌓기도 하여 여전히 慶州와 뗄 수 없는 깊은 관련을 가지고 있었다.

　셋째로, 慶州는 신라의 멸망과 동시에 국도로서의 지위를 상실하면서 州의 하나로 편제되어 생겨난 것이다. 그러나 곧이어 都督府 내지 都護府가 되었다가 成宗 6년(987)에 마침내 東京이 된다. 그것은 이후에 잠시동안 慶州防禦使·安東大都護府로 바뀌기도 하지만 다시 留守京으로서의 東京으로 복구되어, 고려전기에는 대체적으로 이러한 편제로 존속하였다. 그리하여 東京은 고려의 수도인 開京과 그리고 西京에 이은 3京 중의 제3도시로서 위치하였으며, 그에 따르는 행정적 기능도 수행하였던 것이다.

고려전기에 있어서 慶州의 위상은 대략 이러하였다고 할 수 있다. 그렇지만 신라적 전통의 영향이 아직 컸고, 또 朝廷에 신라 출신의 貴族官僚들이 다수 진출해 있던 당시에 그의 위상은 이것 이상이었다고 볼 수 있는 여지도 없지 않을 듯싶다. 물론 그것은 고려 朝廷이었고, 따라서 역사 역시 고려의 그것이었지만, 거기에는 신라적 요소가 많이 殘存해 있었던 것이다.

(『慶州史學』 16, 1997)

3.
李奎報의 사례를 통해 본
崔氏執權期 官制 운영의 실상

1) 머리말

　李奎報는 毅宗 22년(1168)에 태어나서 高宗 28년(1241)에 별세해 74세를 일기로 세상을 마친 인물이다. 다 아는 대로 이 시기는 武臣執權期로서 고려사회가 커다란 변화와 함께 혼란을 겪는 기간이었다. 즉, 그가 3세가 되던 해(1170)에 武臣亂이 일어나 文臣 중심의 귀족정권이 무너지고 武人들이 집권하는데 성공하였으나 뒤이어 계속된 이들 사이의 권력다툼으로 정치기강이 크게 흔들리게 된 것은 말할 것 없고, 그에 편승하여 토지제도 등도 문란해져 농민들의 생활은 궁핍을 면치 못하였으며, 그에 따라 民亂이 전국적으로 발생하여 그칠 사이가 없었던 것이다. 이런 혼란은 崔忠獻·崔瑀(崔怡) 父子가 집권하여 武斷獨裁政治를 펴면서 부분적으로 진정되는 듯싶지만, 이번에는 북방 蒙古族의 침입으로 수도가 開京에서 江華로 옮겨지는 가운데 미증유의 대전란을 경험하기도 한다.
　李奎報는 이 같은 어려움 속에서 일생을 보내야 했다. 그렇지만 어려서부터 '奇童'이라 불릴 정도로 글재주가 뛰어났던 그는 科擧에 及第한 뒤 얼마의 기간이 지난 崔氏父子 집권 때에 벼슬을 지내는데, 그 동안 수많은 詩를 비롯하여 書·記·說·序·表·箋·狀·疏·祭文·敎書·批答·詔書·官誥·碑銘 등 여러 종류의 저작을 남겼다. 이런 글들을 모아 펴낸 것이 그의 文集인 『東國李相國集』인 것이다.[1] 李仁老의 『破閑集』에 이어서 오늘날 전해오는 것으로서는 가장 오래된 文集 가운데 하나이다.

하지만 그의 문집은 『破閑集』과 비교가 되지 않을 정도로 많은 量일 뿐만 아니라 내용적으로도 한층 풍부한 자료를 담고 있다. 그러므로 그와 그의 문집은 일찍부터 논자들의 관심을 끌어 國文學 쪽을 비롯한 여러 분야에서 커다란 연구의 성과를 냈거니와, 歷史學 쪽도 관심을 갖기는 마찬가지였다. 그에 따라 먼저 주목한 것이 「東明王篇」으로서, 역시 상당한 성과를 거두었다.[2] 이어서 그의 활동과 저작에 비쳐진 지방통치의 단면과 農村現實觀이 천착되고,[3] 또 그의 본질에 대한 연구라는 입장에서 '求官'과 官僚生活 동안의 의식상 변용이 추구되었는가[4] 하면, 정치개선론[5]과 著述 경향 및 정치이념,[6] 그리고

---

1) 이 책에 대해서는 「東國李相國集의 綜合的 檢討」 『震檀學報』 83, 1997에 비교적 잘 소개되어 있다.
2) 李佑成, 「高麗中期의 民族敍事詩」 『成均館大論文集』 7, 1962 ; 『韓國의 歷史認識』 상, 1976 : 朴菖熙, 「李奎報의 東明王篇詩」 『歷史敎育』 11·12 합집, 1969 : 河炫綱, 「高麗時代의 歷史繼承意識」 『梨花史學硏究』 8, 1975 ; 『韓國의 歷史認識』 상, 1976 : 卓奉心, 「東明王篇에 나타난 李奎報의 歷史認識」 『韓國史硏究』 44, 1984 : 金哲埈, 「李奎報 東明王篇의 史學史的 考察」 『東方學志』 46~48 합집, 1985 : 鄭景鉉, 「李奎報와 '東明王篇'에 대한 一考察」 『陸士論文集』 32, 1985.
3) 金晧東, 「高麗 武臣政權時代 地方統治의 一斷面-李奎報의 全州牧 '司錄兼掌書記'의 活動을 중심으로-」 『嶠南史學』 제3집, 1987 : 「高麗 武臣政權時代 文人知識人 李奎報의 農村現實觀」 『國史館論叢』 제42집, 1993.
4) 朴菖熙, 「李奎報의 본질에 대한 연구-그의 30代에서의 官僚指向性에 대하여-」 『外大史學』 창간호, 1987 : 「李奎報의 본질에 대한 연구(Ⅱ)-그의 40代 이후의 의

天下觀7) 등 다양한 연구가 이루어졌다. 李奎報와 『東國李相國集』에 대한 연구가 지금은 상당한 수준에 이르러 있음을 알 수 있다.

그럼에도 불구하고 이 자리에서 좀더 살펴보고자 하는 바는 그의 履歷에 나타나 있는 官制運營의 실상에 관한 것이다. 『東國李相國集』의 첫머리에 비교적 상세한 年譜가8) 실려 있어서 우리는 그것을 통하여 그의 신상과 官歷을 파악할 수가 있다. 그런데 여기에는 신상과 官歷도 관력이지만 그렇게 되었던 과정과 연유가 함께 설명되어 있다. 뿐만 아니라 '求官'의 書나 謝恩表 등에도 官制運營과 관계된 언급들이 많아서 종래의 官制 연구에서 이 자료들을 종종 이용하여 왔던 것이다.

필자 역시 그러한 한 사람인데, 차제에 李奎報를 事例로 하여 官制運營의 실상을 종합적으로 검토하는 것도 의미있는 일이라 생각되었다. 이는 그가 벼슬을 했던 崔忠獻·崔瑀 당시 官制運營의 실상과 동시에 이전의 그것에 대해서도 많은 知見을 얻을 수 있다고 판단되었기 때문이다. 그러므로 먼저 李奎報가 벼슬을 하기까지의 科擧制와 薦擧制, 그리고 벼슬을 한 뒤의 考課와 官職의 陞黜 문제 및 벼슬을 그만두게 되는 散官과 致仕 등에 대해 차례로 살펴보고자 하는 것이다. 小稿가 고려 때의 官制와 그의 운영을 이해하는 데 조금이나마 보탬이 되었으면 한다.

식의 변용에 대하여-」『外大史學』 제2집, 1989.
5) 김인호, 「이규보의 현실이해와 정치개선론」 『學林』 15, 1993.
6) 朴宗基, 「李奎報의 생애와 著述傾向」 『韓國學論叢』 제19집, 1996 ; 「東國李相國集에 나타난 高麗時代相과 李奎報」 『震檀學報』 제83호, 1997.
7) 盧明鎬, 「東明王篇과 李奎報의 多元的 天下觀」 『震檀學報』 제83호, 1997.
8) 역시 문집에 실려 있는 그의 묘지명(金龍善編, 『高麗墓誌銘集成』, 373쪽에 재수록)과 『高麗史』 卷102, 列傳의 傳記는 연보의 내용을 간략하게 소개한 것이다.

2) 科擧制・薦擧制와 初入仕

李奎報는 1168년(毅宗 22) 12월 16일에 戶部郎中(正5品)을 지내고 있는 李允綏와 仲權의 딸 金氏와의 사이에서 태어났다. 墓誌銘과 年譜에 의하면 그의 祖父인 和는 檢校大△△△校尉(正9品)였고, 曾祖 殷伯은 鄕職 9品인 中尹이었으며, 外祖 金仲權(施政으로 改名)은 及第 후에 蔚珍 縣尉(8品)를 역임한 사람이었다. 그는 中下級의 士大夫家 자손이었다고 하겠다.

이 같은 집안 출신의 자손들이 당시에 일반적으로 걸은 길은 科擧를 거쳐 입신하는 것이었으며, 李奎報도 예외가 아니었다. 어려서부터 글 솜씨가 남달랐으면서 文憲公徒 誠明齋에서 학업을 닦기도 했던 그는, 하지만 16세가 되던 明宗 13년(1183)에 처음으로 응시한 예비시험인 司馬試에서 낙방하고 말았다. 그리고 그 같은 불운은 明宗 16년의 科試를 제외하고 同王 15년(18세)과 17년(20세)의 연이은 응시에서도 계속되었다. 그 점에 대해 年譜에는 "公은 4~5년 동안 술에 쏠려 멋대로 놀면서 스스로를 단속하지 않고 風月만 일삼아 科擧에 관한 글은 조금도 익히지 않았으므로 연달아 赴試하였으나 합격하지 못했다"는 설명을 해놓고 있다.

그렇지만 22세가 되던 明宗 19년(1189)에 그는 마침내 司馬試의 10韻詩 부분에서 1등으로 합격을 하였다. 그리고 이듬해(明宗 20년, 1190, 23세)에는 본고사인 禮部試에도 同進士로 及第하여 무사히 科擧의 관문을 통과하게 되는데, 당시는 武人執政 가운데서도 가장 거칠었다는 李義旼의 집권기였다.

지금까지 소개된 내용을 포함한 李奎報의 履歷을 보기 쉽게 조목

李奎報의 履歷

번호	연도		이규보 관련 사항	시대 상황
①	1168년 (毅宗 22)		12월 6일 출생	
②	1170년 (毅宗 24)	3세		8월 武臣亂 發生 9월 明宗 卽位
③	1171년 (明宗 1)	4세	父親이 成州倅로 부임하여 任地로 따라감	正月 李高 被殺. 李義方 집권
④	1174년 (明宗 4)	7세	父親이 內侍로 被召되어 그도 京師로 돌아옴	12월 李義方 피살 鄭仲夫 집권
⑤	1178년 (明宗 8)	11세	直門下省으로 있는 叔父를 따라가 省郞들에게 글솜씨 과시. 奇童으로 불림	
⑥	1179년 (明宗 9)	12세		9월 鄭仲夫 피살 慶大升 집권
⑦	1181년 (明宗 11)	14세	文憲公徒 誠明齋에서 肄業. 夏課에서 연달아 勝頭 차지	
⑧	1182년 (明宗 12)	15세	6월 夏課의 急作에서 글 솜씨 과시	
⑨	1183년 (明宗 13)	16세	봄에 父親이 水州守로 부임. 李奎報는 開京에 남아 司馬試에 응시했으나 不捷 가을에 水州로 돌아감	7월 慶大升 病死
⑩	1184년 (明宗 14)	17세		2월 李義旼 집권
⑪	1185년 (明宗 15)	18세	봄에 水州에서 開京으로 올라와 司馬試에 응시했으나 不捷 가을에 되돌아감	
⑫	1186년 (明宗 16)	19세	봄에 父親의 見代로 京師로 돌아옴	
⑬	1187년 (明宗 17)	20세	봄에 또 司馬試에 응시했으나 不捷	
⑭	1189년 (明宗 19)	22세	봄에 司馬試(監試)에 응시하여 10韻詩 부분에서 1등으로 합격	
⑮	1190년 (明宗 20)	23세	6월 禮部試에서 同進士로 及第	
⑯	1191년 (明宗 21)	24세	8월 父親 別世. 天磨山에 寓居하며 白雲居士를 칭함	
⑰	1192년 (明宗 22)	25세	白雲居士語錄 및 傳 저작	
⑱	1193년 (明宗 23)	26세	禮部侍郞 張自牧에게 百韻詩를 지어 증정 4월 東明王篇詩 저작 ※이후에도 계속하여 저작 활동	7월 雲門과 草田에서 각각 金沙彌와 孝心이 봉기

⑲	1196년 (明宗 26)	29세	4월 姊夫가 黃驪로 유배됨 5월 누이를 데리고 黃驪로 감 6월 어머니를 뵈러 尙州行. 南游詩 저작 10월 開京으로 되돌아 옴	4월 李義旼 피살 崔忠獻 집권
⑳	1197년 (明宗 27)	30세	12월 冢宰 趙永仁과 相國인 任濡·崔詵·崔讜이 聯名으로 外任에 補해 주도록 추천하였으나 이루어지지 못함	9월 明宗 廢位 10월 神宗 즉위
㉑	1199년 (神宗 2)	32세	5월 崔忠獻의 초청을 받고 그 宅에 가서 千葉榴花의 詩를 짓다 6월 全州牧司錄兼掌書記(7品 이상)에 補任됨 9월 全州에 부임	
㉒	1200년 (神宗 3)	33세	12월 通判과의 불화로 廢職	
㉓	1201년 (神宗 4)	34세	正月 廣州를 거쳐 開京으로 돌아옴 4월 竹州로 가서 母親을 모시고 돌아옴 ※많은 詩를 저작	
㉔	1202년 (神宗 5)	35세	5월 母親 別世 12월 東京에서 叛亂이 있어 三軍을 출동시키자 자원 從軍하여 兵馬錄事兼修製員에 보임됨	
㉕	1203년 (神宗 6)	36세	東京 軍幕에서 활동	
㉖	1204년 (神宗 7)	37세	3월 兵馬가 개선하여 李奎報도 京師로 돌아 옴. 많은 軍士들이 受賞했으나 그는 제외됨	1월 神宗 別世. 熙宗 즉위
㉗	1205년 (熙宗 1)	38세	相國 崔詵에게 글을 올려 求官함	
㉘	1207년 (熙宗 3)	40세	12월 晋康侯茅亭記를 지은 것이 계기가 되어 崔忠獻의 배려로 直翰林院(8品)에 權補됨	
㉙	1208년 (熙宗 4)	41세	6월 直翰林院(8品)에 補任됨	
㉚	1211년 (熙宗 7)	44세		12월 熙宗 廢位. 康宗 즉위
㉛	1212년 (康宗 1)	45세	正月 千牛衛錄事叅軍事(正8品) 6월 本官으로 直翰林院 겸임	
㉜	1213년 (康宗 2)	46세	12월 走筆로 崔瑀의 인정을 받고, 이어서 그의 주선으로 崔忠獻을 알현. 역시 그로부터 詩作의 능력을 인정받아 司宰丞(從6品)으로 승진	8월 康宗 별세. 高宗 즉위

李奎報의 사례를 통해 본 崔氏執權期 官制 운영의 실상   119

㉝	1215년 (高宗 2)	48세	6월 崔忠獻의 배려로 右正言(從6品)·知制誥로 승진	
㉞	1217년 (高宗 4)	50세	2월 右司諫(正5品)·知制誥로 승진 가을에 公事로 停職 당함. 晋康侯(崔忠獻)에게 서신을 올려 무죄를 호소	
㉟	1218년 (高宗 5)	51세	正月 左司諫(正5品)에 보임. 나머지는 그 전과 같음	
㊱	1219년 (高宗 6)	52세	봄에 相國 琴儀와의 의견대립으로 被劾 免官 4월 桂陽都護府副使(5品 이상)·兵馬鈐轄에 보임됨 5월 桂陽에 부임	9월 崔忠獻 사망. 崔瑀(崔怡) 집권
㊲	1220년 (高宗 7)	53세	6월 崔瑀의 배려로 試禮部郎中(正5品)·起居注(從5品)·知制誥에 보임됨 7월 桂陽으로부터 還京. 12월 試太僕少卿(從4品)·起居注(從5品)로 轉職	
㊳	1221년 (高宗 8)	54세	6월 寶文閣待制(正5品)·知制誥	
㊴	1222년 (高宗 9)	55세	6월 太僕少卿(從4品)	
㊵	1223년 (高宗 10)	56세	12월 朝散大夫(從5品下)·試將作監(正4品)·待制	
㊶	1224년 (高宗 11)	57세	6월 將作監(正4品) 12월 朝散大夫(從5品下)·試國子祭酒(從3品→正4品)·翰林侍講學士(正4品)·知制誥	
㊷	1225년 (高宗 12)	58세	2월 司馬試 試官 12월 左諫議大夫(正4品) 餘仍舊	
㊸	1226년 (高宗 13)	59세	12월 祭酒(正4品)	
㊹	1228년 (高宗 15)	61세	正月 中散大夫(正5品上)·判衛尉事(正3品) 餘仍. 5월 春場 同知貢擧	
㊺	1230년 (高宗 17)	63세	11월 猬島로 流配됨 12월 入猬島	
㊻	1231년 (高宗 18)	64세	正月 黃驪로 量移됨 7월 黃驪로부터 京師로 돌아옴 9월 胡兵에 대비해 白衣로 保定門을 지킴	8월 蒙古의 第1次 侵寇
㊼	1232년 (高宗 19)	65세	4월 正議大夫(正4品上)·判秘書省事(正3品)·寶文閣學士(視從3品)·慶成府右詹事(正3品)·知制誥에 除拜됨 6월 江華로 移都. 李奎報도 江華로 移徙 9월 留守中軍知兵馬事	9월 蒙古의 第2次 侵寇

㊽	1233년 (高宗 20)	66세	6월 銀青光祿大夫(正3品)·樞密院副使(正3品3品)·左散騎常侍(正3品)·翰林學士承旨(正3品)에 補任 親嫌으로 寶文閣學士(視從3品)로 바꿈 12월 金紫光祿大夫(從2品)·知門下省事(從2品)·戶部尙書(正3品)·集賢殿大學士(從2品)·判禮部事	
㊾	1234년 (高宗 21)	67세	5월 春場 知貢擧 12월 政堂文學(從2品)·監修國史. 勅命으로 松廣社主法 眞覺國師의 碑銘을 지음	
㊿	1235년 (高宗 22)	68세	正月 太子少傅(從2品) 12월 叅知政事(從2品)·修文殿大學士(正2品)·判戶部事·太子太保(從1品)	閏7月 蒙古의 第3次 侵寇
(51)	1236년 (高宗 23)	69세	5월 春場 知貢擧 12월 上表 乞退. 국왕과 崔瑀의 만류로 視事함. 拜 守太尉(正1品)	
(52)	1237년 (高宗 24)	70세	7월 또 上表하여 乞退 12월 金紫光祿大夫(從2品)·守太保(正1品)·門下侍郎平章事(正2品)·修文殿大學士(正2品)·監修國史·判禮部事·翰林院事·太子太保(從1品)致仕 ※그 후에도 여러 차례 蒙古로 보내는 表狀을 지음	
(53)	1241년 (高宗 28)	74세	9월 2일 별세	

별로 정리하면 위와 같다. 아울러 이 자리에는 설명과 이해의 편의를 위해 그 이후의 이력도 함께 적어두도록 하겠다.

앞서 설명했듯이 李奎報는 여러 차례 낙방을 거듭하면서도 예비시험인 司馬試와 本試驗인 禮部試를 차례로 거치고 있는데, 이는 科擧制가 여전히 제대로 준행되고 있음을 우리들에게 알려준다. 그런데 이와 관련된 자료들을 보면 우선 예비시험의 경우 年譜와 墓誌에서는 司馬試라고 칭한 데 비해 『高麗史』 列傳의 傳記에는 監試라고 표기한 사실에 주의할 필요가 있다. 그리고 李奎報가 네 차례 응시한 司馬試의 시행에 관한 기사는 『高麗史』 卷74, 選擧志 2, 科目 國子試之額條에 정리되어 있는 내용과 일치한다. 뿐 아니라 낙방에 즈음해서는 앞서 도 인용했던바 "科擧之文을 조금도 익히지 않았으므로 연달아 赴試하 였으나 합격하지 못했다"고 설명하고 있고, 또 합격한 사실에 대해서 는 "座主 柳公權이 嗟賞하기를 마지않으며 드디어 第一로 발탁하였 다"고 年譜에 소개하고 있는 것이다. 이는 司馬試와 監試・國子試(國子 監試)가 동일한 시험의 명칭으로, 그것은 곧 科擧의 예비시험이었음을 입증해주는 자료들이라 할 수 있거니와, 종래 국자감시를 국자감에의 입학자격시험이라고 이해하였던 바와는 정면으로 배치되는 내용들이 다. 이 점은 許興植에 의하여 재차 확인된 것인데[9] 李奎報의 사례만 가지고도 분명하게 알 수 있다고 하겠다.

李奎報가 司馬試에 합격한 것은 22세 때였다. 당시 예비고사 합격 의 평균 연령이 18.7세 정도였다는 점에 비추어 볼 때 매우 늦은 나이 이다. 하지만 그는 연이어 이듬해인 23세 때 본고사에 及第함으로써 그것의 평균 연령인 24・5세 정도보다는[10] 오히려 빠른 편이었다. 그 런데 이렇게 李奎報처럼 예비고사에 합격한 이듬해에 연달아 본고사 에 及第하는 일은 그리 흔한 사례가 아니었거니와, 이 역시 예비고사 에 합격한 이후 일정한 기간이 경과한 다음에야 본고사에 응시할 수 있었다는 일부의 견해와 배치되는 자료라는 점에서 눈길이 가는 대목 이다. 아울러 그의 及第 등급이 末科인 同進士여서[11] 사퇴하려고 하였 으나 아버지의 꾸지람이 엄하고 또 "舊例가 없으므로" 그리할 수 없 었다는 데서 당시 과거제 운영의 일면을 엿볼 수 있을 것 같다. 이에

---

9) 許興植, 「1377년 國子監試 同年錄의 分析」 『書誌學報』 제17호, 1996.
10) 朴龍雲, 「高麗時代의 科擧-製述科의 運營」 『高麗時代 蔭敍制와 科擧制 研究』, 一志社, 1990, 304쪽.
11) 당시의 급제 등급은 乙科・丙科・同進士의 순이었다.

크게 취한 李奎報가 賀客들에게 말하기를, "科第는 비록 아래지만 어찌 3~4차 門生을 다루지 못하리라는 것을 알겠는가"라고 하자 坐客들이 입을 가리고 몰래 웃었다는 일화가 전해지고 있다. 그는 벼슬길에 오른 후 과연 司馬試 試官 1차례(위의 표 ㊷번)와 春場의 同知貢擧 1차례(㊹)·知貢擧 2차례(㊾·㊶) 등 모두 4차례 科試를 담당했었다.

요컨대 武人들 사이에 권력의 다툼이 계속되던 당시에도 科試만은 정상적으로 시행되었다고 하겠는데, 그러나 정작 문제는 及第한 다음의 登仕에 있었다. 武臣執權期에는 비록 及第者라 하더라도 오랫동안 就官하지 못하는 경우가 허다했던 것이다. 李奎報는 당시의 상황을 그전과 비교하여 다음과 같이 말하고 있다.

> 만약 지방에 보내 써보지 않고 京官에 直補하려 하셨다면 이전에는 그런 예가 없으므로 반드시 詔旨가 필요하였겠지만, 만약에 郡縣을 맡기시려 했던 것이라면 국가의 成例를 고찰컨대 "무릇 登科者는 年紀에 제한을 받지 않고 外寄에 直補한다" 하였습니다. 그러므로 中古 이래로 黃紙 이상은 그 해에 出補하기도 하고, 그 다음도 역시 3·4년을 넘지 않고 보임되었습니다.
>   한데 근래에는 文吏들 중 옆길로 재빨리 진출하는 사람은 많고, 맡길 州縣의 자리는 그 전에 비해 증가하지 않은 까닭에 어수룩하게 기다리기만 하는 사람은 진출하지 못하고 밀리어 앞길이 막힌 채, 30년 혹은 28·29년이 되도록 취임하지 못하는 사람이 있습니다.(『東國李相國集』 卷26, 上趙太尉書).

及第者들이 통상적으로 진출하던 지방관의 경우 그 전에는 及第한 그 해나 또는 3·4년 이내에 就官들을 했었는데, 지금은 손을 써서 옆길로 진출하는 사람이 많아 그렇지 않은 경우는 마냥 기다리기만 할 뿐 登仕가 되지 않고 있다는 것이다. 이 같은 그의 발언은 대체적으로 사실과 부합되는 것이었거니와,[12] 李奎報는 후자에 해당하는 사람이었다.

 그 동안에 그는 父親을 여의고 天磨山에 寓居하기도 하고, 얼마 뒤에는 집권자 李義旼이 살해되고 崔忠獻이 새로 집권하는 정변 속에서 姉夫가 黃驪로 유배되는 시련을 겪기도 하지마는, 7년 6개월을 기다렸으나 就官의 소식은 오지 않았다. 그러자 이규보는 요로에 求官하는 詩를 써보내게 되는데, 그 대상자는 당시 門下侍郎平章事・判吏部事로 冢宰(首相)였던 趙永仁(橫川趙氏)과 재상인 中書侍郎平章事 任濡(定安任氏)・崔讜(鐵原崔氏), 그리고 知樞密院事 崔詵(鐵原崔氏)이었다.13) 이 네 사람은 하나같이 名門 출신들로 崔忠獻 兄弟와는 특별한 관계에 있어 그의 집권과 동시에 요직을 맡았던 인물들로서, 모두가 及第者라는 공통점 위에 이른바 '文儒四相'으로 알려진 사람들이었다.14) 그렇기 때문에 이규보는 이들이 자신을 이해하고 천거해주리라 믿었던 모양이다. 求官하는 詩는 及第한지 8년이 지나 나이가 30이 되도록 就官하지 못해 어렵게 지내고 있으니 恩德을 베풀어 仕官의 기회를 주선해 달라는 것이었는데, 거기에는 물론 당사자들을 칭송하는 내용도 빠뜨리지 않았다.15)

 李奎報의 이 같은 예측은 적중되어 神宗이 즉위한 해(1197, 30세) 12월에 趙永仁 등 네 재상은 聯名으로 箚子를 올려 일단 그를 外任에 補했다가 장차 文翰官으로 敍用하는게 좋겠다고 천거하게 된다. 이 소식을 전해들은 그는 就官의 희망에 크게 부풀어, 추천하여 준 데 대해

---

12) 朴龍雲, 주 10) 논문 280~292쪽.
13) 『高麗史節要』 卷13, 神宗 卽位年 12月.
14) 『高麗史』 卷99, 列傳 趙永仁傳・同 崔惟淸 附 崔讜傳과 崔詵傳・『高麗史』 卷95, 列傳 任懿 附 任濡傳.
15) 『東國李相國集』 卷7, 古律詩 上令公趙永仁詩・同 上任平章事幷序・同 上平章事 崔讜・同 上樞密崔詵.

사례한다는 것을 명분으로 삼아 재차 趙永仁에게 글을 보내 임금께서 可하다고만 하면 "각하의 손으로 專斷하기에 달렸으니 나의 일은 기필할 수 있을 것"이라고 다짐하고 있다.16) 그리하여 임금의 允可가 나기에 이르렀으나, 그러나 결국은 成事가 되지 못하였다. 그에게 유감을 가지고 있던 掌奏承宣이 箚子를 빼앗아 吏部에 보내지 않고 잃어버렸다고 거짓말을 했기 때문이다. 그러자 冢宰 역시 箚子가 붙여지지 않았다는 것을 이유로 등용하지 않았던 것이다.17)

이 같은 일의 시말을 놓고 볼 때 당해 掌奏承宣은 崔忠獻의 심복으로서 그의 묵인하에 그처럼 일을 처리하였던 것 같다. 그 뒤의 기사에 의하면 崔忠獻은 箚子를 탈취한 일을 분명히 알고 있었거니와,18) 冢宰가 천거를 하고 국왕의 允可까지 난 사안을 일개의 承宣이 중간에 멋대로 중지시킬 수는 없었으리라고 판단되는 것이다. 이를 趙永仁이 어찌할 수 없었던 것 역시 그 때문으로 짐작된다. 이 같은 전후의 사정을 아는지 모르는지 李奎報는 또다시 趙永仁에게 詩와19) 장문의 書信을20) 올려 箚子의 奪取件을 비판하면서 한번 더 就官을 위해 힘써 줄 것을 간청하고 있다. 하지만 그것이 받아들여질 리 없었다.

여기에서 우리는 무신정권기에 널리 시행되고 있던 薦擧制와 그리고 人事權의 소재에 대해 다시 한번 생각해보게 된다. 그 중 천거제는 본래 '遺逸之薦'21)이라 하여 학식과 재능·덕행이 뛰어났으면서도 家貧·勢微하여 세상에 알려지지 않은 인물을 천거에 의해 등용하는

---

16) 『東國李相國集』 卷27, 書 謝趙相國上箚子薦進啓.
17) 年譜 丁巳條.
18) 年譜 己未條.
19) 『東國李相國集』 卷7, 古律詩 又上趙令公.
20) 『東國李相國集』 卷26, 書 上趙太尉書.
21) 『高麗史』 卷73, 選擧志 1 序.

제도를 말한다. 그러나 이전에도 없었던 것은 아니지만 특히 무신정권기에 들어와 이 제도는 주로 及第者들이 登仕를 위해 高官들의 추천을 받는 변질된 형태로 운영되고 있었거니와,22) 李奎報도 그 같은 과정을 밟았던 것이다. 하지만 崔忠獻과 같은 武人獨裁者가 전권을 휘두르는 상황에서는 그것조차 별로 의미를 지니지 못하였다. 인사권은 오로지 그에게 장악되어 있었던 것이다. 몇 년 뒤의 기사이긴 하지만 崔忠獻의 傳記에 보면

(神宗) 5년에 (崔)忠獻이 비로소 私第에 있으면서 內侍·吏部員外郎인 盧琯과 더불어 文·武官을 注擬하여 아뢰면 王은 머리를 끄덕끄덕 하였으며 2部判事도 政堂에 앉아 다만 檢閱할 뿐이었다(『高麗史』 卷129, 列傳 崔忠獻傳).

고 했듯이 그에 의한 文·武官의 注擬에 대해 인사권자인 判吏部事(家宰·首相)와 判兵部事(亞相·二宰)는 말할 것 없고 국왕조차 별다른 발언권이 없었다고 전하거니와, 이는 최충헌이 집권한 초기 이래의 상황으로 우리들은 이규보의 사례를 통해 직접 확인할 수 있다고 하겠다.

이 일이 있은 이후 李奎報는 실망과 좌절 속에서 1년 6개월을 보냈다.23) 그러던 어느 날 그에게도 마침내 仕宦을 성사시킬 수 있는 좋은 기회가 찾아왔다. 그가 32세이던(1199년, 神宗 2) 5월 某日에 崔忠獻이 자기 집에 千葉榴花가 만발하자 당시에 이름이 나 있던 詩人인 內翰 李仁老와 金克己, 留院 李湛之, 司直 咸淳과 함께 李奎報도 불러 그에 대해 詩를 짓게 함으로써24) 최고의 권력자와 대면할 수 있게 된

---

22) 金翰奎, 「高麗時代의 薦擧制에 대하여」 『歷史學報』 제73집, 1977 ; 柳浩錫, 「武人執權期 科擧制의 運營과 薦擧制」 『全北史學』 제14집, 1991.
23) 朴菖熙, 「李奎報의 본질에 대한 연구-그의 30代에서의 官僚指向性에 대하여-」 『外大史學』 창간호, 1987, 17·18쪽.

것이다. 이규보는 이 詩會가 있은 뒤에 곧바로 그 자리에 불러준 데 대해 사례하는 詩를 다시 써 보내는데 그 '幷序'에서 최충헌을 가리켜 "무지개처럼 기운 솟는 담력이요, 옥같이 신통한 자품이라, 일찍이 동해를 기울여 저절로 濁流를 몰아내는 파도가 되었으니, 남산의 대를 모두 벤다 하더라도 어찌 功을 기록하는 붓을 다 충당하겠습니까"라고 했는가 하면 그 말미에서 자신은 "비로소 선비가 귀한 것을 알았고, 다시 공부할 마음을 채찍질하였습니다. 아내와 자식들도 다시 보고, 벗들도 축하해 줍니다. 몸을 떨쳐나설 길이 가까워졌으니 삼천리를 나는 붕새와 같이 되길 바라고, 장수를 비는 정이 깊으니 6만 년을 사는 자라와 같기를 기원합니다"25)라고도 하였다. 최충헌에게 칭송하는 정도를 훨씬 넘어선 말을 하면서 노골적으로 벼슬길에 나가고자 하는 의사를 비치고 있는 것이다. 이러한 언동이 마침내는 최충헌의 마음을 움직였다. 그리하여 그 해 6월의 頒政에서 全州牧司錄兼掌書記(7品 이상)를 補任받는 것이다. 실로 及第한 지 9년이 지난 뒤의 일이었다.

이런 과정은 물론 누구나 한결같이 겪어야 했던 것은 아니었다. 閥族의 자손이거나 執權武將들과 연결되어 있는 사람들은 어쩌면 그 전보다 初入仕가 더 수월한 면까지 있었다. 하지만 그렇지 못했던 李奎報와 같이 7년 6개월이 경과한 뒤에 冢宰 등 4명 재상의 천거와 국왕의 윤허를 받고도 집권자 최충헌의 의지에 따라 就官이 무산되었다가 9년이 지났을 때 듣기 좋은 말로 그의 마음을 움직임으로써 비로소 그것이 가능하게 되었다는 데서 우리들은 初入仕에 이르기까지에 대한 당시 관제운영의 일면을 엿볼 수 있는 것이다. 그전 시기의 경우

---

24)『東國李相國集』卷9, 古律詩 己未年五月日知奏事崔公宅.
25)『東國李相國集』卷9, 古律詩 謝知奏事相公見喚命賦千葉榴花幷序.

司錄兼掌書記는 及第者들이 얼마 동안 대기하면 통상적으로 제수받게 되어 있는 직위였다.

3) 考課와 官職의 陞黜

李奎報는 及第 후 9년여라는 짧지 않은 기간의 苦難을 겪은 끝에 全州牧司錄兼掌書記를 제수받아 부임하였지만 그 업무가 적성에 맞지 않을[26] 뿐더러 淸白하면서도 하고 싶은 말은 속에 담아두지 못하고 직설적으로 표현하는 성격의 소유자였던 그는 곧 상급자인 通判과 충돌을 일으켰다. 그리하여 그는 결국 通判의 모함을 받고 취임한 지 1년이 조금 넘는 이듬해(1200년, 神宗 3) 12월에 罷職당하고 말았다. 그래서 開京으로 되돌아온 이규보는 또다시 2년 동안 고초의 나날을 보내지 않으면 안되었다. 그러던 차 東京(慶州)에서 民亂이 일어나 三軍을 출동시키자 그는 남들이 꺼리는 修製員을 자원하여 從軍하였다. 그리하여 兵馬錄事兼修製員으로써 1년 3개월 여 동안 東京의 軍幕에서 활동을 하고 兵馬가 개선함에 따라 그도 京師로 돌아왔으나 많은 軍士들이 受賞한 것과는 달리 그에게는 별다른 포상이 없었다. 고초의 생활은 끝나지 않았던 것이다.

그러는 동안 파직된 지 어언 5년이라는 기간이 지났다. 그러자 이규보는 38세가 되던 熙宗 元年(1205) 12월에 다시 한번 相國 崔詵에게 글을 올려 求官하게 된다. 글의 내용인즉 全州에서의 일을 해명함과

---

26) 朴菖熙, 주 23) 논문 20~23쪽 : 金晧東, 「高麗 武臣政權時代 地方統治의 一斷面 －李奎報의 全州牧 '司錄兼掌書記'의 活動을 中心으로－」 『嶠南史學』 제3집, 1987, 92~98쪽.

동시에 자신의 어려운 처지를 설명하면서 한번 더 恩顧를 베풀어 就官케하여 달라는 간청이었다.27) 당시 崔詵은 趙永仁의 뒤를 이어 神宗 3년 12월에 門下侍郞同中書門下平章事·判吏部事로써28) 首相·冢宰에 취임한 이래 줄곧 그 자리를 지키고 있었다. 그렇지만 이 역시 헛수고 였다.

　이제 李奎報는 완전히 失意에 빠져 杜門不出하였다. 그러기를 2년의 세월이 더 흐른 뒤에야 비로소 그에게 새로운 전기가 마련되었다. 이번에도 崔忠獻이 茅亭을 만들고 이름있는 儒官인 李仁老와 李元老·李允甫 등과 함께 그를 불러 시를 짓도록 한 것이었다. 그 글을 '儒官宰相' 4人에게 심사토록 한 결과 역시 이규보의 것이 제일이었다.29) 그는 茅亭記에서 "物은 天地에서 나는 것인데 公이 능히 변화시키고 移易하기를 造物主와 함께 표리가 되므로 物 중에는 公에게 使役되어 公을 위해 쓰인 것이 많다. 비단 物뿐 아니라 사람의 身心을 닦아 기르는 데 있어서도 또한 두루 갖추었다고 할 수 있으니 누가 公에게 쓰임을 원하지 않겠는가"30)라고 하여 崔忠獻을 극도로 추켜세움과 동시에 자신이 그에게 쓰일 수 있게 되기를 바라는 마음도 잊지 않고 써넣었다. 崔忠獻이 李奎報를 그 자리에 부른 것 자체가 다시 그를 起用할 뜻이 있음을 보인 것이라 할 수 있겠거니와, 어떻든 이것이 계기가 되어 이규보는 그 해 12월 直翰林院(權務→8品)에 權補되었다. 傳記와 墓誌에는 禁省의 儒官들이 상서해 번갈아 그를 천거하였으므로 直翰林院에 權補하였다고 전하고 있으나 실은 거기에 崔忠獻의 의

---

27)『東國李相國集』卷26, 書 上崔相國書.
28)『高麗史』卷21, 神宗 3年 12月 ·『高麗史』卷99, 列傳 崔惟淸 附 崔詵傳.
29) 年譜 丁卯條.
30)『東國李相國集』卷23, 記 晋康侯茅亭記.

지가 반영되어 비로소 결실을 맺은 것이었다. 파직된 지 7년이 지난 뒤의 일로, 그의 나이 40세 때였다.

이렇게 李奎報는 初入仕 때와 매우 유사한 과정을 밟아 다시 벼슬길에 올랐다. 그런데 이번에도 그 계기를 마련해주고 또 취임이 되도록 조처한 사람이 집권자인 崔忠獻이었다는 데서 당시 官制運營의 실상을 재삼 확인하게 되는 것이다.

재취임에 성공한 李奎報는 崔忠獻·崔瑀(崔怡) 父子의 신임에다가 언동까지도 조심하느라고 노력하여 이후는 비교적 무난하게 관직생활을 해 갔다. 물론 그 사이 사이에 잠시동안씩이긴 했지만 세 차례나 관직에서 물러나기도 하나 앞 절에서 표로 제시한 바와 같이 叅知政事(從2品)·判戶部事를 거쳐서 70세에 이르러 門下侍郎平章事(正2品)·判禮部事로 致仕할 때까지 착실히 승진하였던 것이다.

이제 그 과정을 검토하여 보면 당시에도 官制의 일정한 부분은 정상적으로 운영된 모습이 찾아진다. 그 하나가 試職·權職의 사례이다. 고려 때는 한 品階 높은 직위로 승진시킬 경우에 곧바로 임명하기도 했으나 흔히는 일단 試職 등으로 발령했다가 얼마의 기간이 지난 뒤 본래의 직위에 임명하는 방식을 채택하고 있었다. 權職도 의미가 좀 달랐지만 이와 유사한 형식의 하나이었거니와, 이렇게 試職 등에 임명했다가 본래의 정식 직위로 발령하는 것을 '卽眞'·'眞差'·'眞拜' 등으로 표현하였는데[31] 이규보 역시 이 예를 따르고 있는 것이다. 그 첫 번째가 좀 다른 경우이긴 하나 "直翰林院에 權補되었다"는 사례이지마는(표 ㉘), 이것은 곧 '權直翰林院'에 임명되었다는 뜻이다. 글자 그대로 '임시의 直翰林院職을 제수받은 것이다. 그러므로 그는 6개월

---

31) 이에 대해서는 朴龍雲, 「고려시대의 官職 – 試·攝·借·權職에 대한 검토」, 『震檀學報』 제79집, 1995 ; 『高麗時代 官階·官職 硏究』, 高麗大出版部, 1997 참조.

뒤에 '權'字를 떼어낸 直翰林院을 다시 임명받고 있다(㉙). 이를 年譜에서는 '除權 卽眞'으로, 傳記는 '爲眞', 墓誌는 '卽眞'이라 쓰고 있다.

試職은 여러 차례 거치고 있다. 그 첫째가 高宗 7년 6월에 試禮部郎中을 제수받은 것인데(㊲), 그러나 李奎報는 崔瑀의 특별 배려로 이 직위의 眞職을 받는 절차를 거치지 않고 그 해 12월에 다시 從4품인 試太僕少卿을 임명받았다가(㊲) 1년 6개월 뒤에는 眞職에 나아가고[卽眞] 있다(㊴). 이어서 그로부터 1년 6개월 뒤에 試將作監(正4품)으로 승진했다가(㊵) 6개월 뒤에 將作監으로 '卽眞'하고 있으며(㊶), 다시 6개월 뒤인 이해 12월에 試國子祭酒(從3품→正4품)를 제수받았다가(㊶) 2년 뒤에 '卽眞'하고도 있는(㊸) 것이다. 첫번째 사례는 경우가 다르지만 이규보가 대체적으로 試職과 眞職을 차례차례 밟고 있는 데서 종래부터 시행되어 오던 관직의 승진 질서가 당시에도 준행되고 있는 일면을 살필 수 있다고 하겠다.

그 다음은 親嫌의 제도가 이행되고 있는 사례이다. 이는 相避制라고 하여 일정한 親族의 범위 내에 있는 사람들을 동일한 관서에 근무하지 못하도록 규정한 제도를 말하는데,32) 李奎報가 64세 되던 高宗 20년에 樞密院副使·左散騎常侍·翰林學士承旨로 임명되면서 당시에 마침 아들 涵이 直翰林院으로 在任중이었던 때문에 여기에 저촉되게 되었다(㊽). 그러자 이규보의 翰林學士承旨職을 바꿔 寶文閣學士로 임명하고 있는 것이다. 이 역시 관제 운영의 원칙을 따른 한 사례라 하겠다.

다음으로 눈길이 가는 대목은 李奎報의 관직 임명이 대체적으로 12月과 6月에 행해지고 있다는 부분이다. 고려 때의 官員들에 대한 人

---

32) 『高麗史』 卷84, 刑法志 1, 公式 相避. 이 제도에 대해서는 金東洙, 「高麗時代의 相避制」 『歷史學報』 102, 1984 참조.

事는 大政이라 하여 매해의 12月에 행하는 都目政을 원칙으로 하여 미진한 것은 다시 權務政이라고 해서 6月에 시행하도록 되어 있었다는 점에서이다.33) 앞서 제시한 표에 드러나 있듯이 李奎報는 蒙古의 침입에 즈음하여 수도가 江華로 옮겨지는 난리통에 일시 留守中軍知兵馬事를 맡은 것을(㊼) 제외할 경우 모두 28차례 관직을 제수받고 있는데, 그 중 12月에 받은 게 13차례(㉘·㉜·㊲·㊴·㊵·㊶·㊷·㊸·㊽·㊾·㊿·㈤·㈥)이고, 6月에 받은 게 8차례(㉑·㉙·㉛·㉝·㊲·㊳·㊶·㊽)로서 이 둘을 합하면 모두 21차례이며, 그렇지 않은 경우는 파직되었다가 복직된 3차례(㉟·㊱·㊼)를 포함하여 모두 7차례(㉛·㉞·㊹·㊿)인 것이다. 이와 같은 결과를 가지고 崔忠獻·崔瑀 父子도 관직의 임명 시기만은 지키려고 노력했다는 평가를 내려서 좋을는지 모르겠으나 긍정적인 일면이 있었던 것은 사실이다.

그렇지만 史料 가운데는 이 부분에 대해서도 매우 비판적으로 보고 있는 기사가 찾아진다.

(熙宗 5年) 秋9月에 崔忠獻이 賓客들을 모아놓고 重陽節의 잔치를 베풀고 都房의 有力者들로 하여금 手搏을 하게 하고 이긴 자에게 곧장 校尉·隊正에 임명하는 것으로 賞주었다. 史臣 任翊이 말하기를, "國家의 頒政하는 예를 살피건대, 6月에 하는 것을 權務政이라 일컫고, 12月에 하는 것을 大政이라 불렀는데, 吏·兵部의 判事와 여러 同僚들이 各司에 모여 앉아 功있는 자를 올리고 罪있는 자를 罷黜하되 하나하나의 陟陞·罷黜도 모두 王의 명을 받게 되어 있었으며, 이 때가 지나면 비록 결원이 있더라도 임명할 수 없는 법이었으니, 하물며 공이 없는 사람에 있어서랴. 忠獻의 威勢가 한 나라를 기울게 하면서 政柄을 오로지 하여 만약에 결원이 있은즉 官爵이 公

---

33) 이 점에 대해서는 朴龍雲, 「高麗時代 官員의 陟黜과 考課」, 『歷史學報』 제145집 ; 『高麗時代 官階·官職 硏究』, 高麗大出版部, 1997 참조.

器인 것을 돌보지 아니하고 눈앞의 작은 놀이로써 나라의 법을 어지럽혔고, 또 좌우가 부탁하면 혹 東班의 權務職을 주며, 만약에 뇌물을 바침이 뜻에 맞으면 곧 (관직을) 허락하기도 하여 領政이 無常하고 專恣·弄法함이 이보다 심한 때가 없었다" 하였다(『高麗史節要』卷14).

이전에는 12月과 6月의 정규 인사이동이 끝나면 비록 결원이 생기더라도 도중에 임명할 수 없도록 되어 있었는데 崔忠獻이 그 법을 무시하고 아무 때나 함부로 하였다는 것이다. 위에서 李奎報의 경우에도 정규 인사이동 이외의 기간에 임명을 받은 때가 얼마간 있었다고 하였거니와, 아마 그 같은 사례는 다른 사람들의 경우에 역시 자주 있었던 모양이다. 하지만 이러한 비판에도 불구하고 그전이라 하여 위에서 언급한 것처럼 12月과 6月 이외의 기간에 관직의 임명이 없었느냐 하면 그렇지는 않았다. 고려전기에도 필요에 따라서는 정규 인사이동이 아닌 시기에 행하는 사례가 적지 않았던 것이다.[34] 그런 점에서 인사의 시기만 가지고 논한다면 崔忠獻도 그렇게 심한 비난을 받아야할 입장은 아니었다고 판단된다.

하지만 그렇다고 하여 崔忠獻과 그 뒤의 崔瑀도 정치기강을 문란케 하고 官制를 비정상적으로 운영했다는 비난에서 자유로울 수 있는 처지는 결코 아니었다. 위의 기사에서 지적하고 있듯이 이들은 人事權을 장악하고 入仕나 陞進·罷黜을 자신의 의지에 따라 멋대로 행하였던 것이다. 본래 인사는 주무 부서인 吏部와 兵部에서 考課의 성적을 비롯한 자료를 정리하여 작성된 政案을 참작하여 그 책임자인 判事와 담당관들이 협의해 시안을 만들어 그것을 왕에게 아뢰고 재가를 얻어 시행하였던 것인데,[35] 저들은 그 같은 절차를 무시했을 뿐만 아

---

34) 朴龍雲, 위의 논문 33쪽 ; 위의 저서 148쪽.

니라 陸贄의 규정 자체도 지키지 않은 것이었다. 이러한 측면은 이미 李奎報의 初入仕와 再任用에서 보아온 터이지만, 그 후에도 계속하여 드러나고 있다.

다음의 사례는 그 같은 상황을 생생하게 전하여 주고 있다. 즉, 李奎報가 46세이던 康宗 2년(1213) 12월에 崔瑀가 夜宴을 베푼 자리에서 그의 走筆 능력에 크게 감탄하고, 이튿날 아버지 崔忠獻을 만나도록 주선하였는데 그 역시 탄복하기를 마지않으며 말하기를, "그대가 만약에 바라는 벼슬이 있으면 뜻대로 이야기하라" 하였다. 이에 이규보가 "저는 지금 8품이니 7품을 제수하여 주시면 족합니다"라고 답변하였다. 이 때 崔瑀가 눈짓을 하면서 곧장 叅官을 희망하도록 하려 했으나 뜻대로 되지 않자 그 날 이규보를 집으로 불러 나무라기를, "그대의 희망하는 벼슬이 왜 그리 낮은가. 어찌하여 叅官을 희망하지 않았는가"라고 하였고, 이규보는 "저의 뜻이 그러할 뿐입니다"라고 대답하고 있는 것이다. 그렇지만 이 해의 頒政에서 이규보는 8品 벼슬에서 7品을 뛰어넘어 從6品의 司宰丞으로 승진하였고,[36] 다시 1년 6개월 뒤에 詩를 지어 叅職을 구하자 崔忠獻은 그 詩를 가지고 가서 자기 府의 典籤인 宋恂에게 이르기를, "이 사람은 뜻이 높아 품계 올려주기를 바라지 않을 텐데 임시로 굽혀 말한 것 같다. 만약 임금께 아뢰어 곧바로 叅官을 제수하면 그가 어떻게 생각하겠는가" 하니 宋恂이 대답하기를, "그렇게 하면 그 기쁨은 말로 다할 수 없을 것이며, 또한 여러 사람의 바람이겠습니다"라고 하자 右正言·知制誥로 임명하고도 있는 것이다.[37]

---

35) 위의 논문과 저서 참조.
36) 年譜 癸酉條.
37) 年譜 乙亥條.

여기에서 자주 입에 오르내리고 있는 叅官(叅職)은 朝會에 참여하여 자기의 의사를 국정에 반영시킬 수 있는 직위로서, 관직체계상 매우 중요한 界線이 되기도 하였다.38) 이 같은 직위로 올릴 것인가의 여부를 놓고서 조차 崔氏 父子는 마치 그것이 자기 주머니의 물건인양 말하고 있으며, 또 그렇게 처리하고 있는 것이다. 더구나 崔忠獻은 이 일의 처리를 국가의 공식기구가 아니라 자신의 府인 晋康府에서 논의하여 결정하고 있는 대목도 주목할 필요가 있는 부분이다.

유사한 사례는 아버지의 뒤를 이어 집권한 崔瑀에게서도 찾아볼 수 있다. 그는 집권하자 아버지 때에 좌천되어 지방관으로 가 있던 李奎報를 試禮部郎中(正5品)・起居注(從5品)・知制誥로 발탁하여 開京으로 불러 올리는데, 불과 6개월만에 다시 試太僕少卿(從4品)・起居注로 승진시키고 있는 것이다.39) 流配나 다름없는 좌천 뒤의 일이긴 하지만 試禮部郎中에서 禮部郎中으로의 '卽眞' 과정을 거치지 않은 것은 말할 것 없고, 비록 잘 지켜지지는 않았다 하더라도 한 품계에서 3년간을 근무한 뒤에 考課 성적을 참작해 진급시키던 규범에 비추어 볼 때 6개월 만의 승진은 파격적인 조처에 틀림이 없는 것이었다.

李奎報의 사례는 또한 崔氏 父子가 자기네의 권위나 비위에 조금이라도 거슬리는 경우 그 직함이나 직책이 무엇이든간에 罷黜을 자행한 실상도 보여주고 있다. 그 하나가 50세이던 高宗 4년(1217)의 일로, 그가 右司諫에 在任 중일 때였다. 마침 그 때 諫官 가운데 누군가가 최충헌의 論斷을 비판하였는데, 이를 못마땅하게 생각한 그가 屬官에

---

38) 朴龍雲,「高麗時代의 文散階」『震檀學報』제52호, 1981 ;『高麗時代 官階・官職 硏究』, 高麗大出版部, 1997 : 金塘澤,「高麗時代의 叅職」『省谷論叢』20, 1989 : 李鎭漢,「高麗時代 叅上・叅外職의 區分과 祿俸」『韓國史硏究』99・100 합집, 1997 ;『고려전기 官職과 祿俸의 관계 연구』, 一志社, 1999.
39) 年譜 庚辰條.

게 당해자를 밝히도록 강요하였고, 이에 屬官이 당해자가 누구인지를 알고 있으면서도 평소 유감이 있던 이규보를 지목함으로써 그는 가을 10월에 停職당하고 마는 것이다.40) 이규보는 곧 崔忠獻에게 서한을 보내 자신의 무죄를 호소하였고, 그래서인지 이듬해 正月에 左司諫으로 복직됨으로써41) 사태는 3개월만에 일단락되지만, 이 같은 상황하에서 본래 時政의 得失을 논하도록 하기 위해 설치한 간관의 제도가 제 기능을 할 수 없으리라는 점은 더 말할 나위가 없는 것이었다.

그런데 李奎報는 左司諫에 복직된 그 해(高宗 5) 12월에 다시 崔忠獻의 신임이 가장 두터운 재상 중 한 사람이던 琴儀와42) 의견의 대립으로 충돌하였다. 내용인즉 八關會에 賀表를 올리지 않은 지방의 수령이 있어 이규보가 탄핵하려는 것을 琴儀가 굳이 저지하고 나선 데 따른 것이었다. 당시의 관행에 비추어 이규보의 행위는 정당한 직무수행이었는데, 하지만 그 이듬해에 사유를 조사해 본 崔忠獻은 일단 두 사람을 모두 징계하여 놓고는, 琴儀는 용서해주고 李奎報는 免官시키는 것이다.43) 주위의 도움으로 李奎報는 4월에 들어와 桂陽都護府副使로 발령을 받지마는 이것도 실은 不法이었다. 諫官들에게는 諫諍이나 彈劾 등의 원만한 직무수행을 위해 그처럼 곧장 지방관으로 좌천당하지 않도록 보장해주게 되어 있었기 때문이다.44) 그러나 최충헌정권 같은 武斷政治下에서는 그런 것들이 별다른 의미를 가지는 제도가 되지 못하였던 것이다.

崔瑀가 집권하면서 李奎報는 승진을 거듭하지만, 그러나 한번 더

---

40) 『東國李相國集』卷27, 上晋康公書 및 年譜 丁丑條.
41) 年譜 戊寅條.
42) 『高麗史』卷102, 列傳 琴儀傳·『高麗墓誌銘集成』, 359쪽, 琴儀墓誌銘.
43) 年譜 己卯條.
44) 朴龍雲,「臺諫의 職制」『高麗時代 臺諫制度 硏究』, 一志社, 1980, 100·101쪽.

시련을 겪지 않으면 안되었다. 그가 63세이던 高宗 17년(1230)에 樞密인 車公이45) 주재한 八關會의 侍宴이 舊例에 어긋난다 하여 知御史臺事 王猷가 執事者를 크게 꾸짖었고, 이에 車公은 王猷가 宰相을 꾸짖었다고 소송하였는데, 마침 이규보도 그 자리에 같이 있었으므로 王猷를 도왔을 것이라는 의심을 받아 결국 猬島로 유배를 당하게 된 것이었다.46) 이번의 사건에 崔瑀가 개입했는지의 여부는 언급되어 있지 않지만 당시 전권을 장악하고 있는 그였던만큼 이규보의 유배가 그의 결정에 의한 것이라는 점은 충분히 예상할 수 있다. 아마 이규보의 행위가 그의 심사를 건드렸던 모양이다.47) 그리하여 그는 8개월의 유배 생활을 하고 이듬해 7월에 開京으로 돌아오지마는, 이 때부터 蒙古의 침입이 시작된다. 이 같은 사태의 전개에 즈음하여 李奎報는 蒙古에 통지하는 書表·文牒을 맡아 작성하게 되는데, 이런 필요성에 따라 崔瑀는 다시 그를 등용하는 것이다.

요컨대 李奎報의 사례를 통해서 볼 때 人事權을 비롯한 전권을 장악하고 있던 崔忠獻·崔瑀의 집권기에도 試職을 거쳐 眞職으로 진급한다거나 親嫌이 되었을 때 다른 직위로의 改授 및 頒政 시기의 준수와 같은 측면은 부분적으로 지켜지고 있었다. 하지만 官員을 새로이 등용한다거나 考課를 통한 官職의 승진과 罷黜 등에 있어서는 王權조차 도외시하고 자신들의 의지에 따라 恣行하여 원칙과 절차가 무시되기 일쑤였다. 이와 같은 상황은 이미 여러 논자들에 의하여 지적이 되어온 터이지만 우리들은 이규보의 경우를 통하여 보다 생생한 모습을

---

45)「高宗十七年春正月 以車倜爲樞密院副使·御史大夫」(『高麗史』 卷22)라고 한 것으로 보아 이곳의 車公은 곧 車倜를 말하는 것 같다.
46) 年譜 庚寅條.
47) 이 점에 대해서는 朴菖熙,「李奎報의 본질에 대한 연구(Ⅱ)-그의 40대 이후의 의식의 변용에 대하여-」『外大史學』 제2집, 1989, 32쪽 참조.

다시 확인할 수 있었다고 하겠다.

4) 散官과 致仕

李奎報의 사례에는 散官과 致仕에 관한 자료들도 얼마간 보이고 있다. 이 중 散官은 官人들의 지위와 신분을 나타내는 公的秩序體系의 하나인 散階와 동일한 것으로서, 現職에 있을 때뿐 아니라 休職과 退官 등 어느 경우를 막론하고 일단 官界에 발을 들여놓은 사람이면 누구나 받게 되어 있었다. 고려에서는 이를 공식적으로 부를 때 文散階라 하였는데, 달리 散階·散官이라고도 칭했던 것이다.

그런데 몇몇 자료들에서는 散官이 散階가 아니라 관직의 일종인 散職과 같은 뜻으로 쓰인 경우도 찾아져 혼란을 일으키고 있다. 하지만 散官은 어디까지나 '階'를 일컫던 용어였지 '職'을 나타내는 말은 아니었다.[48]

李奎報의 年譜에서 이 용어가 처음으로 나오는 것은 그가 全州牧司錄兼掌書記로 부임했다가 罷職당하여 집에 머물고 있던 2년째의 해였다. 마침 이 때 東京에서 民亂이 있어 3軍을 출동시킴에 즈음해 "軍幕에서 散官·及第 등을 압박하여 修製員으로 충당시키려 했으나 세 사람을 거치도록 모두 꾀로 피하여 나아가지 않았는데" 이규보는 "國難을 피하는 것은 대장부가 아니다'라고 하면서 드디어 從軍하였다"[49]는 것이다. 여기에서 散官은 李奎報만을 두고 한 말은 아니지만 그처

---

48) 朴龍雲, 「高麗時代의 文散階」 『震檀學報』 제52호, 1981, 24~27쪽 ; 『高麗時代의 官階·官職 研究』, 高麗大出版部, 1997, 90~94쪽.
49) 年譜 壬戌條.

럼 현직에 있지 않은 사람을 가리킨 것은 확실한 것 같다. 더구나 이 자리에는 及第者도 같이 논의되고 있는 것이다. 이들 及第者는 李奎報의 傳記에 "以及第未官者 充修製"로 되어 있듯이 及第는 하였으나 아직 就官하지 못한 사람들이었다.

한데 年譜에는 보다시피 이들 '散官·及第'가 同格으로 취급되어 각각 논의되고 있으나 실은 及第未官者들도 散官이었다. 穆宗 元年 12月에 제정된 改定田柴科 제16과의 '製述·明經登科將仕郎'과 同 제17과의 '諸業將仕郎' 같은 예나,50) 또 李奎報가 「同年宰相書名記」에서 자기의 同年중에 宰相位에 오른 이가 여럿임을 자랑한데 이어 "그 나머지 사람은 혹 3품 4품에 오르고, 혹 制誥·臺諫·郞官을 지내는 이가 무릇 11人이니, 비록 叅官에는 오르지 못했다 하더라도 혹 7품·8품·9품에 이른 6人까지 계산에 넣고 나면 그 散官에서 마친 나머지 사람은 몇이나 되겠는가"51)라고 한 서술 등으로 미루어 짐작할 수 있다.52) 그러니까 年譜의 '散官·及第'는 李奎報처럼 일단 관직에 취임했다가 退官당하여 散階만을 지니고 있거나, 及第를 하여 散階는 받았으나 아직 就官하여 보지 못한 散官들을 대상으로 修製員을 충당하려 했던 사실을 그 같이 표현한 것이라 하겠다.

李奎報는 左司諫에 재임중 宰相 琴儀와 충돌했다가 崔忠獻에 의해 免官당하였으나 다행히 崔瑀의 도움으로 桂陽都護府副使로 나갔다 함은 이미 앞 節에서 언급한 바와 같다. 그 뒤에 그가 任地에서 崔瑀에게 보낸 서신 가운데는 그 사실을 두고 "제가 省에 있은 지 5년에 홀연히 非罪임에도 有司의 탄핵을 받았으나 각하께서 힘을 다하여 구해

---

50) 『高麗史』 卷78, 食貨志 1 田制 田柴科.
51) 『東國李相國集』 卷25, 記·膀文.
52) 朴龍雲, 주 48) 논문 23~25쪽 및 90~93쪽.

주심에 힘입어 散地에 떨어지지 않고 이 고을의 책임을 맡게 되었습니다"53)라고 말하고 있거니와, 이 경우도 유사한 예로 생각된다. 벼슬을 잃고 散階만 지닌 散官의 처지(散地)에 놓일 것을 면하게 하여 준 데 대해 감사하는 내용으로 이해되는 것이다.

　李奎報는 그 뒤에도 한번 더 官職에서 罷黜되어 猬島로 유배를 갔다. 이번은 崔瑀의 집권 때 일인데, 그 후 얼마의 기간이 지나 量移를 거듭해 開京으로 돌아왔으나 散地에 머물 수밖에 없었다. 年譜에는 이 당시의 행적을 "公은 散官에 있었으나 무릇 達旦에 通知되는 書表·文牒을 모두 맡아보았다"54)고 전하고 있거니와, 이 곳의 散官 역시 같은 내용을 보여주는 사례이다. 이처럼 이규보 관계의 자료들은 우리들이 散官에 대하여 정확한 파악을 하는 데 많이 기여하고 있지마는, 동시에 그 마지막의 경우는 崔瑀가 官制를 자의적으로 운영한 사례도 된다. 원칙적으로 외교문서는 현직의 文翰官들이 작성하게 되어 있었기 때문이다. 우리들은 당시의 실정을 전하는 이런 점도 간과해서는 안될 것 같다.

　李奎報가 현직에 있을 때는 당해 관직과 함께 散階(散官)도 帶有하고 있게 마련이다. 하지만 그의 사례는 고위직에 오른 이후의 것들로 朝散大夫(⑩·⑪)·中散大夫(⑭)·正議大夫(⑰)·銀靑光祿大夫(⑱)·金紫光祿大夫(⑱·㊷)만을 보이고 있다. 이와 같이 下位의 散階는 기록하지 않는 경우가 많고, 또 기록한 경우도 '職'보다는 '階'의 품계가 낮게 나타나고 있는데, 이는 당시까지만 하여도 散階制의 未成熟으로 인한 일반적인 현상이었다.55) 李奎報의 경우도 예외가 아니었던 것이다.

---

53) 『東國李相國集』 卷15, 序 上崔相國幷序.
54) 年譜 辛卯條.
55) 朴龍雲, 주 48) 논문 27~34 및 96~105쪽.

관직생활의 도중에 어떤 사유로 인하여 물러나 있으면 散官이 되지마는, 老年으로 停年이 되어 퇴임하는 것을 致仕라 하였다. 고려에서는 그 나이가 69세로 정해져 있어 그 때가 되어오면 글을 올려 '請老'하여야 했으며, 그리하여 70세가 시작되는 해에는 이미 致仕의 상태에 있어야 했다. 따라서 그렇지 않을 경우 69세가 되는 年末에 解職하였던 것이다.56) 그렇지만 예외가 있었다. 致仕의 연령에 도달은 했어도 "天地의 일을 안다"고 할 정도로 지식과 덕망이 뛰어났거나 전쟁에서 큰 공로를 세운 인물 등에게는 몇 년간 더 侍朝하도록 하였으며, 그 표시로 几杖을 하사하는 제도가 있었던 것이다.57)

그런데 李奎報도 나이가 차서 致仕할 때가 다가왔다. 그러자 그는 규정대로 69세가 되던 해 10月에 退職하기를 비는 표[乞退表]를 올렸다.58) 하지만 국왕이 허락하지 않고 內侍를 보내 계속하여 일을 보도록 敦諭하였고, 특히 실권자인 崔瑀도 "戶籍에는 나이가 줄여져 있다고 하여 만류하였다." 그리하여 李奎報는 하는 수 없이 다시 나아가 일을 보았지만, "그러면서도 황공하여 불안한 생각을 갖고 여러 차례 詩를 지어 그 뜻을 나타냈으며, 公은 특히 나이가 줄여져 있음을 다행스럽게 여기지 않고 사실대로 아뢴 것은 물러날 뜻이 간절했었음인데, 그래도 물러날 수 없었다"59)고 말하고 있다. 그렇지만 사실 퇴임을 연장할 구실이 된 "戶籍에는 나이가 줄여져 있다"는 사실을 먼저

---

56) 『高麗史節要』 卷4, 文宗 元年 12月 吏部奏.
57) 『高麗史節要』 卷4, 文宗 7年 12月 制曰・同書 卷5, 文宗 11年 12月 左僕射智猛條. 致仕에 관한 일반적인 내용에 대해서는 李弼相, 「麗朝致仕考」『柳洪烈華甲紀念論叢』, 探求堂, 1971 참조.
58) 연보에는 그 시기가 12月로 되어 있는데, 『東國李相國集』 卷31에 실려 있는 「乞退表」와 묘지에 분명하게 밝혀져 있듯이 그 때는 10月이었다.
59) 年譜 丙申條.

제기한 사람은 李奎報 자신이었다. 그는 첫번째로 올린 「乞退表」에서 "물러감이 늦었사온데 머물러 있어 무엇이 유익하오리까. 臣의 마음을 아는 자는 마땅히 떠나야 한다고 할 것이옵고, 臣의 비위를 맞추려는 자는 한갓 위로하는 말만 할 것이옵니다. 그러나 혹 生年을 숨기는 것은 곧 聖上을 속이는 일인데, 어찌 그 案籍에 나이가 줄여져 써진 것을 요행으로 여겨서, 조정의 告老하는 기한을 폐기할 수가 있겠습니까"60)라고 적어놓았던 것이다. 법적으로 퇴임해야 할 나이가 되었으므로 「乞退表」를 올리면서도 호적상으로는 그렇지 않다는 사실을 은근히 내비친 것이겠다. 겉으로는 국가에 별다른 공로도 없고 또 몸에 병이 있어 물러간다고 했지만 대부분 사람들이 그러하듯 그도 내심으로는 얼마간 더 현직에 남아 있기를 바랐던 모양이다. 그 같은 의사가 崔瑀에게 받아들여져 그는 퇴임의 연장에 성공한 셈이었다.

실제로 李奎報는 致仕를 미룰 만한 위치에 있지 아니하였다. 국왕의 敦諭가 있었다고 하지만 그것은 의례상의 절차에 지나지 않았고, 그러므로 실제적으로는 집권자인 崔瑀에 의탁하여 연장을 한 것이었는데, 그렇다고 하여 제도적인 조처가 있었던 것도 아니었다. 几杖의 下賜가 없었던 것이다. 이런 어정쩡한 상황에서 그에 대한 주위의 시선도 곱지 않았던 것 같다. 그는 늘 읊는 詩에서 "얼굴이 있어도 감히 바로 들 수 없으니, 부끄러운 일 벌써부터 적지 않구나"61)라고 했다는 것이다. 그는 이듬해 7月에 접어들어 참으로 致仕를 결심했던 듯하다. 세 차례나 이어서 「乞退表」를 올리는 것이다.62) 이 같은 의사가 받아들여져 그는 이해 12月에 마침내 致仕하게 된다. 1년간 퇴임이 연장

---

60) 『東國李相國集』 卷31, 表 乞退表.
61) 年譜 丙申條.
62) 『東國李相國集』 卷31, 表 丁酉年乞退表.

된 것이었다. 우리들은 이 과정에서도 崔瑀가 이전과 다름없이 비정상적으로 官制를 운영해간 한 모습을 볼 수 있는 것이다.

5) 맺음말

『東國李相國集』의 기록들, 그 가운데에서도 특히 책의 첫머리에 실려 있는 저작자 李奎報의 年譜는 우리들에게 많은 역사 資料를 제공해 주고 있다. 本稿는 그들을 중심으로 하여 官制 자체와, 그리고 그것이 李奎報가 벼슬을 했던 崔忠獻・崔瑀 父子의 집권 시기에 어떻게 운영되었는가 하는 부분에 초점을 맞추어 살펴보았는데, 내용을 정리하면 대략 다음과 같은 것이었다.

첫째로, 李奎報의 及第 과정이나 在任 중 試官을 맡았던 상황을 참작컨대 당시에도 科擧制는 제대로 준행된 것 같다. 하지만 문제는 정작 及第의 뒤였다. 종래에는 及第 후 3~4년, 늦어도 5년 정도 대기하면 대체적으로 入仕가 가능했으나, 이제는 그 대기 기간이 훨씬 길어졌을 뿐더러 아예 발령을 받지 못하는 경우도 있었기 때문이었다. 그러므로 及第者들은 薦擧라는 이름 아래 有力者를 찾아 就官 운동을 하는 일이 흔히 있게 되었던 것이다. 李奎報 역시 예외가 아니었다. 그리하여 마침내 冢宰를 비롯한 4명 재상의 천거를 받기에 이르렀으나 그의 경우는 이것도 허사였다. 그는 及第 후 9년이 지나 실권자인 崔忠獻을 상면하고 그에게 도를 넘는 칭송이 담긴 글을 올리고서야 비로소 初入仕가 가능했던 것이다. 이 때에는 人事權者인 兩府의 判事나 심지어는 국왕까지도 人事에 그다지 영향력을 미치지 못하는 상황이었음을 알 수 있다.

둘째로, 李奎報의 사례는 試職을 거쳐 眞職으로 옮기거나 親嫌이 되었을 때 다른 직위로의 改授, 그리고 대략 정규 인사이동 시기인 12月과 6月에 遷官하는 상황을 보여주고 있어서, 이 당시에도 종래의 官制가 정상적으로 운영된 일면을 살필 수 있게 한다. 하지만 崔忠獻 父子는 관직체계상 중요한 의미를 지니는 祭官의 제수조차 마치 자기네 주머니의 물건인양 멋대로 처리하는 등 官員들의 陞進과 罷黜을 恣意로 행하고 있기도 하다. 이들은 考課制나 3년간의 임기 등과 같은 절차와 규정을 무시하기가 일쑤였던 것이다. 뿐 아니라 정당한 직책의 수행에도 불구하고 이들은 또한 자기네의 권위나 비위를 건드리는 언행이 있을 경우 누구를 막론하고 가만히 두지를 않았다. 李奎報가 세 차례나 罷職당하는 시련을 겪는 것도 그 때문이었다. 이 기간은 官制의 운영에서도 遵法보다 不法이 훨씬 많은 시기였다.

셋째로, 李奎報는 몇 번 罷職을 당하여 散官에 머물기도 하고, 또 69세가 되어서는 致仕를 청하는 글[乞退表]을 올리고 있어 이 방면에 대한 이해를 하는 데도 좋은 자료들을 제공해 주고 있다. 그런데 이때에 일이 처리되어 가는 과정을 보면 崔瑀 역시도 散官의 처지에 있는 李奎報에게 文翰官들이 담당해야 할 외교문서를 작성케 하는가 하면, 致仕도 절차를 무시하고 연장시켜 주고 있다. 官制의 비정상적 운영은 이 부분에서도 여전했다고 하겠다.

이상의 논의는 官制 一般이나 崔氏政權을 다루는 자리에서 대략 언급되었던 것들이다. 本稿는 그것들을 李奎報의 事例를 통해 좀더 구체적으로 확인해 보는 작업이었다고 할 수 있다. 이 논의가 고려 때의 官制와 崔氏執權期의 실상을 이해하는 데 다소나마 와닿는 게 있었으면 한다.

(『史叢』 53, 2001)

4.
高麗·宋 交聘의 목적과 使節에 대한 考察

1) 序 言

韓國史는 中國大陸의 情勢와 밀접한 관련을 가지면서 전개되어 왔다. 중국은 中原을 차지하고 문화생활을 즐기는 농경민족인 漢族과 그렇지 못한 遊牧民族들과의 사이에 투쟁이 심하여 그 여파가 우리에게까지 밀려왔고, 이 때 우리나라가 어떠한 對外政策을 취하느냐에 따라 저들도 또한 영향을 받지 않을 수 없는 그런 관계에 있었다. 이 같은 상호의 관련 속에서 우리는 매우 어렵고도 복잡한 外交交涉을 벌이며 역사를 전진시켜 왔던 것이다.

韓半島에 高麗가 건국되어(918) 後三國의 통일전쟁을 수행하는 동안은 中國 역시 5代의 혼란기였다. 이렇게 당시에는 쌍방이 모두 좋지 못한 형편에 있었지마는, 그러나 外交交涉만은 원만하여 高麗는 5代 諸國과 차례로 友好的 關係를 맺었으며,[1] 뒤이어 宋이 건국되자 (960) 그와도 곧바로 親善外交를 전개하였다. 그런데 마침 이를 전후하여 大陸의 북방에서 契丹族의 遼, 그리고 얼마 뒤에는 女眞族의 金이

---

1) 이에 대해서는 다음의 논문들이 참고된다. 李基白,「高麗初期 5代와의 關係」『韓國文化研究院論叢』1, 1960;『高麗光宗研究』, 一潮閣, 1981: 金在滿,「五代와 後三國·高麗初期의 關係史」『大東文化研究』17, 1983.

勃興하여 大帝國을 건설하고, 高麗·宋 모두에게 압력을 가하였다. 그리하여 兩國은 저들과 여러 차례 전쟁까지 치르지만, 그런 가운데에서 펼쳐야 하는 高麗의 外交는 매우 어렵고도 중요한 것이었다.

그의 중요성만큼이나 비중도 컸으므로 이 문제는 당연히 여러 학자들의 관심을 끌어 많은 연구성과가 발표되었다. 그 가운데에서 本稿가 主題로 삼고자 하는 高麗와 宋의 관계에 초점을 맞춘 것만 보더라도, 우선 貿易面에 주목해 宋商의 活動과 貿易品 및 航路 등을 깊이 있게 다룬 論稿를 시발로 하여,[2] 使臣의 往來와 그에 따른 文化的·經濟的 관계 등 諸問題를 광범하게 취급한 연구와,[3] 交聘의 性格이나[4] 그 始末을 분석한 것[5] 등 다양한 글들이 찾아진다. 高麗와 宋의 關係는 公的인 使節의 來往이나 私的인 民間貿易을 막론하고 거의 모든 부문이 이미 검토된 셈이다.

그러나 이 같은 사정에도 불구하고 이번에 高麗와 宋의 交聘問題를 다시 擧論하는 이유 가운데 하나는 學者들간에 특히 高麗가 宋에

---

2) 金庠基,「麗宋貿易小考」『震檀學報』7, 1937 ;『東方文化交流史論攷』, 乙酉文化社, 1948. 이러한 民間貿易을 주제로 다룬 논고들은 이밖에도 다음의 것들이 더 찾아진다. 森克己,「日本·高麗來航の宋商人」『朝鮮學報』9, 1956 : 森克己,「日·宋と高麗との私獻貿易」『朝鮮學報』14, 1959 : 金庠基,「해상의 활동과 문물의 교류 - 예성항(禮成港)을 중심으로 -」『국사상의 제문제』4, 국편위, 1959 ;『東方史論叢』, 서울大出版部, 1974.
3) 丸龜金作,「高麗と宋との通交問題(一)(二)」『朝鮮學報』17·18, 1960·1961.
4) 全海宗,「韓中 朝貢關係考」『東洋史學研究』1, 1966 ;『韓中關係史研究』, 一潮閣, 1970 :「高麗와 宋과의 關係」『東洋學』7, 1977 : 鄭起燉·金容完,「麗·宋 關係史 研究 - 그의 性格을 中心으로 -」『忠南大 人文科學研究所 論文集』12-1, 1985.
5) 김상기,「고려와 금(金)·송(宋)과의 관계」『국사상의 제문제』5, 국편위, 1959 ;『東方史論叢』, 서울大出版部, 1974 : 朴漢卨,「麗·宋 關係의 變遷과 그 背景」『江原大 論文集』10, 1976 : 金渭顯,「麗宋關係와 그 航路考」『關東大 論文集』6, 1978 : 羅鐘宇,「高麗時代의 對宋關係」『圓光史學』3, 1984 : 姜吉仲,「南宋과 高麗의 政治 外交와 貿易關係에 대한 考察」『慶熙史學』16·17 合輯, 1990.

使節을 派遣한 目的을 둘러싸고 의견이 크게 엇갈려 있다는 데서 비롯한다. 말하자면 그 주된 目的이 정치적·군사적인 데 있었는가, 아니면 경제적·문화적인 데 있었는가 하는 논쟁인데, 구체적인 史料에 입각하여 다시 검토해 볼 필요가 있는 것이다.

그리고 다른 하나는 기존의 연구에서 交聘의 담당자인 使節에 대해 비교적 대범하게 넘기고 있다는 점이다.[6] 兩國에서 使節로 파견되는 사람이 어떤 일을 보았고, 어느 정도의 지위에 있었으며, 또 어떤 背景과 性格을 지닌 人物들이었던가 하는 점 역시 관계사를 밝히는 데 있어 중요한 한 부분이라 생각되는데, 그에 관한 자세한 논급은 찾아보기가 어려운 것이다.

그러므로 本稿에서는 이상의 두 가지 문제에 한정해서 考察하려고 한다. 小論이나마 高麗와 宋의 交聘史를 이해하는 데 다소라도 보탬이 되었으면 한다.

2) 交聘의 目的

高麗와 宋의 國交는 먼저 高麗側에서 962년(光宗 13, 宋 太祖 3)에 廣評侍郎 李興祐를 파견한 데 대해 宋이 이듬해 冊命使 時贊을 보내 答聘함으로써 열리게 되는데,[7] 그 형식은 처음부터 事大關係였다. 그리하여 高麗는 大國인 宋의 藩國과 같은 위치에서 稱臣하며 저들의 年號 등을 채용한 데 대해 宋은 高麗王을 冊封하여 주는 등의 儀禮를 행했

---

[6] 使節에 대해서는 丸龜金作, 「高麗と宋との通交問題(一)」『朝鮮學報』17, 1960, 1 3~15쪽과 申採湜, 「宋代官人의 高麗觀」『邊太燮華甲紀念 史學論叢』, 三英社, 1985, 1200~1204쪽에서 簡略하게 언급되고 있는 정도이다.

[7] 뒤의 [표 1] 첫머리 참조.

으며, 이를 위해 파견되는 使節을 통하여 朝貢과 回賜가 있어서 자연이 經濟的・文化的 交流도 이뤄졌던 것이다. 이는 事大關係에 있는 한 다분히 儀禮的・通常的으로 행해지던 것이었지마는, 그로써 高麗는 政權의 안정을 꾀함과 동시에 經濟的 이득과 先進文化 수입의 효과를 얻을 수 있었고, 宋도 傳統的인 中華主義를 실현시켜 갈 수 있었다.[8]

그런데 당시에는 이 같은 兩國의 관계에 영향을 미치는 새로운 요소가 대두하였다. 그것은 다시 말할 필요도 없이 大陸의 북방에서 契丹族의 遼와 女眞族의 金이 차례로 발흥하여 두 나라 모두에 軍事的・政治的 壓力을 가하여 온 것이었다. 뒤에 다시 설명하겠지만 거기에 대처하기 위해 宋은 고려에 軍事的・政治的 지원을 요청하였다. 그러므로 宋이 高麗에 使節을 파견한 중요 목적은 오히려 이런 데 있었다고 그간 논의되어 왔으며, 그 점에서 별다른 異見은 없는 듯하다.

그러면 고려의 입장은 어떠했을까. 遼 등에 대비하려는 군사적・정치적인 데 주목적이 있었을까, 아니면 先進文化의 수입과 經濟的 利益을 얻으려는 데 더 중점을 두고 있었을까. 앞서 지적했듯이 이 점에서는 논자들간에 의견이 많이 엇갈려 있는데, 먼저 제시된 것은 후자에 더 무게를 두는 견해였다. 金庠基・李丙燾 두 先學의 주장이 그 대표적인 것으로, 金庠基는 "高麗에 있어서는 宋과 親善關係를 맺음으로써 中間에 있는 契丹과 女眞을 牽制하려던 政治的 意圖도 없지 아니하였던 것이나 그것보다도 高麗에서는 오히려 宋의 先進文物을 輸入하려는 것이 그의 主된 目的이었다"[9]고 말하고 있으며, 李丙燾도 "高麗人의 對宋外交는 무엇보다도 文化的 欲求와 意義가 많았다"[10]고 설

---

8) 이 점에 대해서는 앞에 든 全海宗, 「韓中 朝貢關係考」『東洋史學硏究』 1, 1966 ; 『韓中關係史硏究』, 一潮閣, 1970, 30~32 및 55~58쪽 참조.
9) 金庠基, 『高麗時代史』, 東國文化社, 1961. 73쪽.

명하고 있는 것이다. 그러면서 그것을 뒷받침하는 결정적 사료로 宋末의 학자 馬端臨이 『文獻通考』에서 언급한 바 "高麗가 中朝(宋)를 섬긴 것은 대개 華風을 欽慕하고 歲賜의 利를 얻고자 함이었다"[11]는 기사를 들고 있지마는, 그 후 이 방면에 관심을 가진 논자들 역시 대체적으로 그와 유사한 견해를 표명하여 지금의 韓國學界에서는 이 주장이 정설로 자리를 잡은 듯한 느낌이다.

하지만 그간에도 이와 좀 다른 의견이 없지 않았는데, 그 하나로 "初期의 麗・宋 관계는, 羅・唐의 末期의 관계의 延長이라고 할 수 있으나, 점차로 文化的 經濟的 關係가 더욱 뚜렷하게 되었다"[12]는 全海宗의 주장을 들 수 있다. 꼬집어서 이야기하고 있지는 않지만 거기에 이은 설명으로 미루어 보건대 初期에는 정치・군사면에도 꽤 비중이 두어졌다는 견해로써, 그 역시 기본적으로는 정치보다 경제・문화 관계에 초점을 맞추면서도 시기에 따라 좀 달랐다고 이해하여 차이를 나타내고 있는 것이다.

그런가 하면 얼마 전에는 初期뿐 아니라 그 이후에도 "高麗가 宋과 外交關係를 維持해 온 根本的인 目的은 宋의 그것과 마찬가지로 北方民族을 牽制하기 위한 政治的인 데 있었다"는 견해가 제시되었다.[13] 鄭起燉 등의 주장이 그것으로, 이들은 그 논거로 高麗의 계속된 北進政策 등 몇 가지를 들고 있다.

그러면 이들 가운데 어느 주장이 가장 합당한 것일까. 구체적인 사실에 비추어 결론부터 이야기하면 아마 두번째 견해가 가장 妥當하

---

10) 李丙燾, 『韓國史』 中世篇, 震檀學會, 1961, 392・393쪽.
11) 馬端臨, 『文獻通考』 卷325, 四裔 2 高麗條.
12) 全海宗, 「高麗와 宋과의 關係」 『東洋學』 7, 1977, 258쪽.
13) 鄭起燉・金容完, 「麗・宋 關係史 硏究-그의 性格을 中心으로-」 『忠南大 人文科學硏究所 論文集』 12-1, 1985, 68쪽.

지 않나 생각된다. 麗宋關係史는 대체적으로 크게 세 시기로 나눠진
다.14) 그 第1期는 國交가 처음으로 열리는 962년부터, 契丹의 來侵을
계기로 麗·遼간에 강화조약이 체결되는 한편으로 고려의 군사적 지
원을 宋이 거절하여 두 나라의 公式的인 外交關係가 단절되는 994년
(高麗 成宗 13, 宋 太宗 19)까지라 할 수 있는데, 그 후에도 高麗는 一方的
으로 여러 차례 宋에 使節을 파견하지만 그 기간 역시 考慮에 넣을
필요는 있다. 第2期는 國交가 再開되는 1071년(高麗 文宗 25, 宋 神宗 4)
부터 北宋이 멸망하는 1126년(高麗 仁宗 4, 宋 欽宗 1)까지이며, 第3期는
南宋이 건국되는 1127년(高麗 仁宗 5, 宋 高宗 1)부터 宋使 徐德榮이 마지
막으로 다녀가는 1173년(高麗 明宗 3, 宋 孝宗 9)까지인데, 그 각 시기에
따라 交聘의 目的이나 性格이 조금씩 달랐다고 이해되기 때문이다.

　이에 대한 확인은 무엇보다도 사실의 검증이 첩경이라고 생각된
다. 그러므로 지금부터는 이 작업에 들어가기로 하겠는데, 그를 위해
먼저 파견된 使節의 地位와 姓名 및 그 목적 등을 年次에 따라 간략하
게 圖表로 만들어 제시하고, 설명을 이어가도록 하겠다.

[표 1] 高麗·宋 使節 派遣表

제 1 기 <□= 高麗 ○= 宋>

年·月 王代	高麗側 使節 (典據)		宋側 使節 (典據)	
	地位·姓名	派遣 目的	地位·姓名	派遣目的
918~960	※ 高麗 建國, 五代와 外交關係		※ 宋 建國	
962·冬① □光宗 13 ○太祖 3	廣評侍郎 李興祐 副使 李勵希③ 判官 李彬	獻 方物②(史2·要2· 宋史 高麗傳·宋史1 太祖本紀)		

---

14) 全海宗, 주 12) 論文 258쪽 및 申採湜, 주 6) 論文 1200쪽.

高麗·宋 交聘의 목적과 使節에 대한 考察   151

연대				
963·12 □光宗 14 ○太祖 4		※宋 年號 始行(要2)	時贊④	冊命使(史2·要2·宋史 高麗傳)
965·2 ⑤ □光宗 16 ○太祖 6	大丞·內奉令 王輅	獻方物(史2·要2·宋史2 太祖本紀)		
972·8 □光宗 23 ○太祖 13	內議侍郎 徐熙 內奉卿 崔業 廣評侍郎 康禮 廣評員外郎 劉隱	獻方物(進奉使)(史2·要2·宋史3 太祖本紀)		
976·9 □景宗 1 ○太祖 17	趙遵禮	奉土貢·承襲報告·國王冊封(宋史 高麗傳·宋史3 太祖本紀)		
976·11 □景宗 1 ○太宗 卽位	遣使	宋 太宗 卽位賀禮(史2)	左司禦副率 于延招 司農寺丞 徐昭文	高麗國王 冊封(要2·宋史 高麗傳·宋史4 太宗本紀)
977·12 □景宗 2 ○太宗 2	王子 元輔	獻良馬·甲兵(史2·要2·宋史 高麗傳·宋史4 太宗本紀)		
978·4 □景宗 3 ○太宗 3			太子中允·直舍人院 張洎 著作郎·直史館 句中	高麗國王 加封·北伐通告⑥(史2·要2·宋史 高麗傳·宋史4 太宗本紀)
978·10	遣使	貢物(宋史 高麗傳·宋史4 太宗本紀)		
979·6 □景宗 4 ○太宗 4			閤門祗候 王僎	高麗國王 加封(史2·要2·宋史 高麗傳) ※ 6月~7月 燕雲16州를 회복하기 위해 군사를 일으켰다가 契丹에 大敗
980·6 □景宗 6 ○太宗 6	遣使	貢物(宋史 高麗傳·宋史4 太宗本紀)		
981·4	遣使	貢物(上同)		
982·12 □成宗 1 ○太宗 7	侍郎 金昱⑦	嗣位 報告·國王冊封(史3·要2·宋史 高麗傳·宋史4 太宗本紀)		
983·3⑧ □成宗 2 ○太宗 8			光祿少卿 李巨原⑨ 將作少監 孔維	高麗國王 冊封(史3·要2·宋史 高麗傳)

152 高麗社會의 여러 歷史像

연대			
984·5⑩ □成宗 3 ○太宗 9	韓遂齡	獻 方物(史3·要2·宋史 高麗傳·宋史4 太宗本紀)	
985·5 □成宗 4 ○太宗 10		大常卿 王著⑪ 秘書監 呂文仲	高麗國王 加封(史3·要2·宋史 高麗傳)
985·5⑫		監察御史 韓國華	援兵 要請(史3·要2·宋史 高麗傳)
986·1~5			※北伐의 軍士를 일으켰다가 다시 大敗함
986·10 □成宗 5 ○太宗 11	遣使	貢物(宋史 高麗傳·宋史5 太宗本紀)	
988·10⑬ □成宗 7 ○太宗 13		禮部侍郞 呂端⑭ 左諫議 呂祐之	改元 加恩, 高麗國王 加封(史3·要2·宋史 高麗傳·宋史5 太宗本紀)
988·11	遣使	貢物(宋史5 太宗本紀)	
989·12 □成宗 8 ○太宗 14	侍郞 韓藺卿 兵部郞中 魏德柔 少府丞 李光	貢物(史3·要2·宋史 高麗傳)	
990·6⑮ □成宗 9 ○太宗 15		光祿卿 柴成務 大常少卿 趙化成	高麗國王 加封(史3·要2·宋史 高麗傳)
990·12⑯	兵官侍郞 韓彦恭	謝恩·求 大藏經(史3·要2·宋史 高麗傳·宋史5 太宗 本紀)	
991·10⑰ □成宗 10 ○太宗 16	翰林學士 白思柔	貢 方物·謝賜 藏經(史3·要2·宋史 高麗傳)	
992·6⑱ □成宗 11 ○太宗 17		光祿卿 劉式 秘書少監 陳靖	高麗國王 加封(史3·要2·宋史 高麗傳·宋史5 太宗本紀)
992·10	遣使	貢物(宋史5 太宗本紀)	
993·閏10 □成宗 12 ○太宗 18		※契丹(遼) 第1次 高麗侵入	

高麗・宋 交聘의 목적과 使節에 대한 考察   153

994·6 □成宗 13 ○太宗 19	元郁	前年의 契丹 侵入을 알리고 軍士支援 要請(史3·要2·宋史 高麗傳·宋史5 太宗 本紀)		
999·10⑲ □穆宗 2 ○眞宗 2	吏部侍郎 朱仁紹	至登州 帝特召見 仁紹自陳 契丹刧制之狀(史3·要2·宋史 高麗傳·宋史6 眞宗 本紀)		
1003 □穆宗 6 ○眞宗 6	戶部郎中 李宣古	國境에 군대를 주둔시켜 契丹을 견제해 줄 것을 要請(宋史 高麗傳)		
1004				※契丹과 굴욕적인 澶淵의 盟 締結
1010 □顯宗 1 ○眞宗 13		※契丹 第2次 高麗侵入		
1014·8 □顯宗 5 ○眞宗 17	內史舍人⑳ 尹徵古	貢物·外交關係回復要請(史4·要3·宋史 高麗傳·宋史8 眞宗 本紀)		
1015·11 □顯宗 6 ○眞宗 18	民官侍郎 郭元	獻 方物·契丹의 연이은 侵入을 알리고 도움을 要請(史4·要3·宋史 高麗傳·宋史8 眞宗本紀)		
1016·12		※ 다시 宋 年號使用		
1017·7㉑ □顯宗 8 ○眞宗 20	刑部侍郎 徐訥	獻方物(史4·要3·宋史 高麗傳·宋史8 眞宗本紀)		
1018		※ 契丹 第3次 高麗侵入		
1019·8 □顯宗 10 ○眞宗 22	禮賓卿 崔元信 李守和	貢物·賀正(史4·要3·宋史 高麗傳·宋史8 眞宗本紀)		
1020 □顯宗 11 ○眞宗 23	金猛(史4·要3)			
1021·6 □顯宗 12 ○眞宗 24	禮部侍郎 韓祚	謝恩(史4·要3·宋史 高麗傳·宋史8 眞宗 本紀)		

年·月 王代			
1030 □顯宗 21 ○仁宗 8	民官侍郎 元穎	貢物(宋史 高麗傳· 宋史9 仁宗本紀)	
1036·7 □靖宗 2 ○仁宗 14	尙書右丞 金元冲	進奉兼告奏使·以破 船 途中歸還(史6· 要4)	

제 2 기 <□=高麗 ○=宋>

年·月 王代	高麗側 使節 (典據)		宋側 使節 (典據)	
	地位·姓名	派遣 目的	地位·姓名	派遣 目的
1058·8 □文宗 12 ○仁宗 36		※國王이 通交하려 다가 重臣들의 反對 로 中止		
1068·7㉒ □文宗 22 ○神宗 1			商人 黃愼	宋帝의 國交 再開意 思 傳達(史8·要5· 宋史 高麗傳)
1070·8 □文宗 24 ○神宗 3			商人 黃愼(史8·要5)	
1071·3㉓ □文宗 25 ○神宗 4	民官侍郎 金悌	朝貢(史8·要5·宋史 高麗傳·宋史15 神 宗本紀)		
1072·6			醫官 王愉·徐先 (史9·要5)	
1073·8㉔ □文宗 27 ○神宗 6	太僕卿 金良鑑 中書舍人 盧旦	謝恩兼獻方物·求醫 藥 畫塑工(史9·要5 ·宋史 高麗傳·宋史 15 神宗本紀)		
1074·6			楊州醫助敎 馬世安 (史 9·要 5)	
1076·8 □文宗 30 ○神宗 9	工部侍郎 崔思諒㉕	謝恩兼獻方物(史9· 要5·宋史 高麗傳)		
1078·4 □文宗 32 ○神宗 11			明州敎練使 顧允恭	皇帝의 遣使 通信意 思 傳達(史9·要5)

연도				
1078·6			左諫議大夫 安燾 起居舍人 陳睦	國信物 傳達(史9·要5·宋史 高麗傳)
1079·7 □文宗 33 ○神宗 12			閤門通事舍人 王舜封 翰林醫官 邢慥 等 88人	賜藥(史9·要5·宋史 高麗傳)
1080·3㉖ □文宗 34 ○神宗 13	戶部尚書 柳洪 禮部侍郎 朴寅亮 　　　　 金覲	謝賜 藥材·獻 方物(史9·要5·宋史 高麗傳·宋史16 神宗本紀·史95 朴寅亮傳)		
1080·7			醫官 馬世安 (史9·要5)	
1081·4 □文宗 35 ○神宗 14	禮部尚書 崔思齊 吏部侍郎 李子威	獻 方物·謝賜醫藥 (史9·要5)		
1084·8 □宣宗 1 ○神宗 17			左諫議大夫 楊景略 禮賓使 王舜封 右諫議大夫 錢勰 西上閤門副使 宋球	祭奠使 弔慰使(史10·要6·宋史 高麗傳)
1085·8 □宣宗 2 ○神宗 18 哲宗卽位	戶部尚書 金上琦 禮部侍郎 崔思文 工部尚書 林槩 兵部侍郎 李資仁	弔慰 賀登極·太平御覽等 書籍要求(史10·要6·宋史 高麗傳·宋史17 哲宗本紀)		
1090·7 □宣宗 7 ○哲宗 5	戶部尚書 李資義 禮部侍郎 魏繼廷	謝恩兼進奉(史10·要6·宋史 高麗傳·宋史17 哲宗本紀)		
1091 □宣宗 8 ○哲宗 6	遣使	貢物 (宋史17 哲宗本紀)		
1093·2 □宣宗 10 ○哲宗 8			明州報信使 黃仲 (史10·要6)	
1093·7㉗	兵部尚書 黃宗慤 工部侍郎 柳伸	謝恩·書籍購入要請 (史10·要6·宋史 高麗傳·宋史17 哲宗本紀)		

156 高麗社會의 여러 歷史像

1098·7 □肅宗 3 ○哲宗 13	中書舍人 尹瓘 趙珪 安稷崇	告嗣位·進 方物(史11 ·要6·宋史 高麗傳· 宋史18 哲宗本紀·高 麗墓誌銘集成 59쪽, 安稷崇墓誌銘)		
1100·6㉘ □肅宗 5 ○哲宗 15 徽宗卽位	尙書 任懿 侍郎 白可臣	弔慰(史11·要6·宋 史 高麗傳·宋史19 徽宗本紀)		
1100·7	尙書 王蝦 侍郎 吳延寵 金富佾	賀登極(史11·要6· 宋史 高麗傳·史97 金富佾傳)		
1103·2 □肅宗 8 ○徽宗 3			明州敎練使 張宗閔 (史12·要7)	
1103·6			戶部侍郎 劉逵 給事中 吳拭	物品下賜·醫官派遣 (史12·要7·宋史 高 麗傳)
1104·7 □肅宗 9 ○徽宗 4	樞密院使 崔弘嗣 秘書監 鄭文 鄭克永	謝恩·進 方物(史12· 要7·史98 鄭克永 傳)		
1108·2 □睿宗 3 ○徽宗 8	戶部侍郎 王維(史12 ·要7)			
1108·7	刑部尙書 金商祐 禮部侍郎 韓皦如 愼安之	獻 方物(史12·史13 睿宗4,6·要7)		
1109·12 □睿宗 4 ○徽宗 9			敎練使明州都知兵馬 使 任郭(史13·要7)	
1110·6 □睿宗 5 ○徽宗 10			兵部尙書 王襄 中書舍人 張邦昌	物品下賜·遼와의 關 係 言及(史13·要7)
1111·7	樞密院副使 金緣 少府監 林有文 直翰林院 金富轍(史 13·要7)			
1112 □睿宗 7 ○徽宗 12	遣使	貢物(宋史21 徽宗本 紀)		
1113·9	西頭供奉官 安稷崇	移牒 宋明州(史13· 要8)		

高麗·宋 交聘의 목적과 使節에 대한 考察   157

1114·6 □睿宗 9 ○徽宗 14	樞密院知奏事 王字之 戶部郎中 文公彦	謝 賜樂(史13)		
1115·7 □睿宗 10 ○徽宗 15	吏部尙書 王字之 戶部侍郎 文公美	謝恩兼進奉·金端 等 5人 赴太學(史14· 要8·宋史 高麗傳)		
1116·7 □睿宗 11 ○徽宗 16	李資諒 李永 鄭沆	謝 賜大晟樂(史14· 要8·宋史21 徽宗本 紀·史97 鄭沆傳)		
1118·7 □睿宗 13 ○徽宗 18			閤門祗候 曹誼 翰林醫官 楊宗立 等 7人	醫官派遣 (史14·要8)
1118·8	鄭克永 李之美	權適 等의 制科及第 와 御筆詔書에 대한 感謝(史14·要8)		
1120·7 □睿宗 15 ○徽宗 20			承信郎 許立 進武校尉 林大容(史 14·要8)	
1121·3			姚喜(史14·要8)	
1122·6 □仁宗卽位 ○徽宗 22			進武校尉 姚喜	持牒使(史15·要8)
1122	遣使	告哀(宋史 高麗傳)		
1123·1 □仁宗 1 ○徽宗 23			許立	持牒使(史15·要9)
1123·6 ㉙			禮部侍郎 路允迪㉚ 中書舍人 傅墨卿	弔祭(史15·要9·宋 史 高麗傳·宋史22 徽宗本紀)
1124·7 □仁宗 2 ○徽宗 24	樞密院副使 李資德 御史中丞 金富轍 李軾	謝恩·獻 方物(史15· 要9·宋史22 徽宗本 紀·高麗墓誌銘集成 149쪽 李軾墓誌銘)		
1125 □仁宗 3 ○徽宗 25				※金의 武力을 빌어 遼를 멸망시킴
1126 □仁宗 4 ○欽宗 1		※4月. 金에 대한 事 大를 決定		※正月에 金이 攻擊, 11月 宋의 서울 陷落

年·月	高麗側 使節 (典據)		宋側 使節 (典據)	
	地位·姓名	派遣 目的	地位·姓名	派遣 目的
1126·7			閤門祗候 侯章 歸中孚	欽宗의 嗣位를 알리고 軍士를 일으켜 金을 挾攻할 것을 要請 (史15·要9)
1126·9	樞密院副使 金富軾 刑部侍郞 李周衍	賀 登極(史15·要9) ※明州까지 갔다가 전쟁중이므로 되돌아옴		

제 3 기 <□=高麗 ○=宋>

年·月 王代	高麗側 使節 (典據)		宋側 使節 (典據)	
	地位·姓名	派遣 目的	地位·姓名	派遣 目的
1127				※4月 靖康의 變·北宋 滅亡 5月 高宗이 南宋 建國
1127·7 □仁宗 5 ○高宗 1			敎練使明州副使 張誘 (史15·要9)	
1127			迪功郞 胡蠡	高麗와 金 關係 偵探 (宋史 高麗傳)
1128·3 □仁宗 6 ○高宗 2			綱首 蔡世章	高宗卽位詔(史15)
1128·6㉛			刑部尙書 楊應誠 齊州防禦使 韓衍	假道 要請(史15·要9·宋史 高麗傳·宋史 25 高宗本紀)
1128·8㉜	禮部侍郞 尹彦頤	假道하지 못하는 狀況 解明(史15·要9·宋史 高麗傳·宋史 25 高宗本紀)		
1130·4㉝ □仁宗 8 ○高宗 4			進武校尉 王正忠	來聘 中止 要求(史16·要9·宋史 高麗傳)
1132·2㉞ □仁宗 10 ○高宗 6	禮部員外郞 崔惟淸 閤門祗候 沈起	貢物·舊好 回復 希望 (史16·要10·宋史 高麗傳·宋史27 高宗本紀)		
1132·12	知樞密院事 洪彝叙	貢物·宋 不許 途中 歸還(宋史 高麗傳)		

高麗·宋 交聘의 목적과 使節에 대한 考察   159

1133·2 □仁宗 11 ○高宗 7	韓惟忠 李之氐	謝恩. 遇 海風. 途中 歸還(史16·要10)		
1135·6 □仁宗 13 ○高宗 9			迪功郞 吳敦禮	西京叛亂의 鎭壓에 宋이 兵力支援 意思 傳達(史16·要10)
1135·9	文承美 盧顯庸 (史16·要10)			
1136·9 □仁宗 14 ○高宗 10	金稚規 劉待擧	明州에 牒하여 高麗· 宋·金·夏 關係에서 發生한 誤解 解明 (史10·要10·宋史 高麗傳)		
1138·3 □仁宗 16 ○高宗 12			商人 吳迪	明州牒으로 徽宗 등 의 逝去通報(史16)
1162·3 □毅宗 16 ○高宗 32			都綱 侯林	明州牒으로 金과 싸 워 크게 勝利했다고 虛僞 通報(史18)
1163·7 □毅宗 17 ○孝宗 1			都綱 徐德榮	宋帝 密旨 傳達. 金 銀合 2副 獻納(史 18·要11)
1164·3㉟ □毅宗 18 ○孝宗 2	借內殿崇班 趙冬曦 借右侍禁 朴光通	獻 鍮銅器(史18·要 11·宋史33 孝宗本 紀)		
1173·6 □明宗 3 ○孝宗 9			徐德榮(史19·要12)	
1279 □忠烈王 5 ○衛王 2				※南宋 滅亡

① 『高麗史』와 『高麗史節要』에는 冬으로만 나와 있으나 『宋史』卷487 列傳 高麗傳
  에는 10月로, 『宋史』卷1 太祖本紀 建隆 3年條에는 11月의 사실로 기록되어 있다.
  이들 冊 가운데에서 『高麗史』는 간략하게 '史'로, 『高麗史節要』는 '要'로 표기하였
  으며, 그들 뒤에 나오는 숫자는 卷數, 그리고 王名 다음의 첫번째 숫자는 '年', 다
  음의 숫자는 '月'을 의미한다.
② 『宋史』高麗傳과 本紀에는 '獻方物' 대신에 '來朝貢'으로 표기하고 있다.
③ 副使 이하의 姓名은 『宋史』高麗傳에 보인다.
④ 史와 要에는 時贊이 宋의 冊命使라고 기록되고 있으나 『宋史』高麗傳에는 그와

달리 高麗가 파견한 使節로 되어 있다. 前者가 옳다고 생각된다.
⑤ 『宋史』卷2 太祖本紀 建德 3年條에는 1月의 사실로 기록되어 있다.
⑥ 張洎 등의 파견이 史와 要에는 978년 4月條로 되어 있으나 『宋史』卷4 太宗本紀에는 太平興國 4年, 즉 979년 正月條에 기록되어 있으며, 그 목적도 北伐을 通告하는 것이었다고 보인다.
⑦ 『宋史』高麗傳에는 使臣의 姓名이 金佺으로 되어 있는데, 이는 잘못으로 생각된다.
⑧ 『宋史』高麗傳에는 982년條에 기록되어 있다.
⑨ 『宋史』高麗傳에는 李巨源의 官職이 監察御史로, 孔維의 그것은 禮記博士로 기술되어 있다.
⑩ 史와 要에는 5月條에 실려 있으나 『宋史』卷4 太宗本紀에는 11月의 사실로 기록되어 있다.
⑪ 『宋史』高麗傳에는 王著의 官職이 翰林侍書로, 呂文仲은 侍讀으로 되어 있다.
⑫ 『宋史』高麗傳에는 986년의 사실로 기술되어 있다.
⑬ 『宋史』卷5 太宗本紀에는 4月의 기사로 실려 있다.
⑭ 『宋史』高麗傳에는 呂端의 관직이 考功員外郎兼侍御史로, 呂祐之는 起居舍人으로 되어 있다.
⑮ 『宋史』高麗傳에는 3月의 기사에 나오고 있으며, 職位도 柴成務가 戶部郎中, 趙化成이 兵部員外郎・直史館으로 되어 있다.
⑯ 『宋史』高麗傳에는 淳化 2年, 즉 991년의 기사로 되어 있다.
⑰ 『宋史』高麗傳에는 淳化 4年, 즉 993년의 기사로 되어 있다.
⑱ 『宋史』卷5 太宗本紀와 『宋史』高麗傳에는 淳化 4年, 즉 993년 2月의 기사로 되어 있으며, 劉式・陳靖의 職位도 역시 『宋史』高麗傳에는 각각 秘書丞과 秘書丞・直史館으로 기록되어 있다.
⑲ 『宋史』高麗傳과 同書 卷6 眞宗本紀에는 999년이 아니라 1000년, 즉 咸平 3年에 온 것으로 되어 있는데, 특히 前者에는 吏部侍郎 趙之遴이 牙將인 朱仁紹를 보냈다고 기술되어 있다. 어떤 착오가 있었던 모양 같다.
⑳ 『宋史』高麗傳에는 직위가 工部侍郎으로 되어 있다.
㉑ 『宋史』卷8 眞宗本紀에는 11月의 사실로 기술되어 있다.
㉒ 『宋史』高麗傳에는 1069년, 즉 熙寧 2年의 사실로 기록되어 있으며, 姓名도 黃眞이라 보인다.
㉓ 『宋史』高麗傳에는 1070년, 즉 熙寧 3年의 일로 기록하고 있으나, 同書 卷15 神宗本紀에는 이듬해의 5月과 8月條에 각각 來貢 사실이 기록되어 있다.
㉔ 『宋史』高麗傳과 同書 卷15 神宗本紀에는 1074년, 즉 熙寧 7年의 사실로 기록되어 있다.
㉕ 『宋史』高麗傳에는 使臣의 姓名이 崔思訓으로 되어 있다.
㉖ 『宋史』卷16 神宗本紀에는 1月의 사실로 기록되어 있으며, 또 『宋史』高麗傳에는 이보다 한해 前의 일로 설명되어 있다.

㉗ 『宋史』 高麗傳과 哲宗本紀에는 1092年, 즉 元祐 7年의 사실로 기록되어 있다.
㉘ 『宋史』 卷19 徽宗本紀에는 卽位年 8月의 기사로 되어 있다.
㉙ 『宋史』 高麗傳에는 1122年, 즉 宣和 4年의 사실로 되어 있으며, 同書 卷22 徽宗本紀에도 역시 宣和 4年 9月의 기사에 실려 있다.
㉚ 『宋史』 高麗傳에는 路允迪의 직위가 給事中으로 되어 있다.
㉛ 『宋史』 卷25 高宗本紀에는 3月의 기사에 실려 있다.
㉜ 『宋史』 卷25 高宗本紀에는 11月의 기사에 실려 있다.
㉝ 『宋史』 高麗傳에는 1129年, 즉 建炎 3年의 기사로 되어 있다.
㉞ 『宋史』 高麗傳과 同書 卷27 高宗本紀에는 閏4月의 기사에 보이고 있다.
㉟ 『宋史』 卷33 孝宗本紀에는 4月의 기사에 보이고 있다.

第1期에는 보다시피 高麗側에서 18回, 宋側에서 10回에 걸쳐 상대국에 使節을 파견하고 있다.15) 여기에 양국의 공식적인 외교관계가 끊어진 후 전자가 일방적으로 파견한 10回－1回는 破船으로 途中 歸還－까지 합하면 고려측의 파견 횟수는 물론 더 늘어나게 되지마는, 그 목적은 貢物의 進獻과 回賜, 그리고 새로운 國王의 卽位에 따른 報告・賀禮・冊封 및 加封 등 通常的・儀禮的 交聘이 대부분이었음도 나타나고 있다.

그런데 이 가운데에서도 몇 번은 그와 같은 通常的인 업무가 아니라 특별한 필요에 의해 파견된 일이 있었다. 먼저 宋 太宗이 5代 時期에 契丹에게 넘겨준 燕雲 16州를 수복키 위해 北伐軍을 일으키면서 그의 10년(985)에 韓國華를 高麗에 派遣, 軍隊의 支援을 요청한 것이 그 하나였다. 宋帝는 詔書를 통해 麗・宋間의 특별했던 관계를 상기시키면서 군사를 동원해 같이 契丹을 칠 것을 종용하며, 전투에서 "노획한 生口와 牛・羊・財物・器械 등은 모두 本國 將士에게 賜給하여

---

15) 이 통계는 『高麗史』와 『高麗史節要』, 그리고 『宋史』 本紀와 同書 高麗傳의 기록을 가지고 산출한 것이다. 그러므로 이들 이외의 주변 자료까지 원용하면 그 수는 약간 추가될 수가 있다. 2期・3期의 경우도 마찬가지이다.

勸賞토록 할 것"이라는 말도 덧붙이고 있다.16) 그의 요청이 매우 절실한 것이었음을 알 수 있다. 그러나 고려로서는 망설이지 않을 수 없었다. 그리하여 시일이 遷延되자 韓國華는 '威德으로써' 고려를 설득하였다고 한다.17) 『高麗史』 등에는 이렇게 '威德'이라는 말로 표현되었지만, 실제로 그것은 "마땅히 신속하게 臣節을 지켜야 할 것이며, 그렇지 않아 天兵이 東으로 내려오게 되면 책임을 면할 길이 없으리라"는 脅迫調의 요구였다.18) 이에 고려는 할 수 없이 發兵을 응락하였다고 하는데 그 뒤에 그것이 실행에 옮겨졌는지의 與否는 잘 알 수가 없다.19) 하지만 어떻든 宋은 곧 北伐軍을 일으켰고, 그 결과는 오히려 宋側의 패배로 끝이 났다 함은 잘 알려진 이야기이다.

그런데 사실 宋의 비슷한 支援要請은 그 전에도 더 있지 않았나 짐작된다. 宋 太宗은 979年(高麗 景宗 4, 宋 太宗 4)에 北伐軍을 일으키기에 앞서 太子中允 張洎를 使節로 고려에 파견하였다. 이에 대해 高麗側의 기사는 단순히 '來聘'하였다고만 전하고 있으며,20) 『宋史』高麗傳에는 高麗國王에 대한 加封의 사실을 싣고 있으나,21) 同書 太宗本紀에는 본래의 目的이 "北伐을 告하는 것이었다"고 보인다.22) 北伐을 通告

---

16) 『高麗史』 卷3・『高麗史節要』 卷2, 成宗 4年 夏5月・『宋史』 卷487, 高麗傳 雍熙 3年.
17) 『高麗史』 卷3・『高麗史節要』 卷2, 成宗 4年 夏5月.
18) 『宋史』 卷277, 列傳 韓國華傳.
19) 金庠基는 주 9)의 著述 75쪽에서 "실제로 고려에서는 출병을 하지 아니하였다"고 이해한 데 비해, 李丙燾는 주 10) 著述 386쪽에서 "부득이한 출병이었으므로, 혹시 형식적으로 국경지대나 혹은 安州 부근에 이르러 형세를 관망하다가, 宋의 패전을 듣고 되돌아온 것이 아니었던가 推察된다"고 말하고 있고, 또 全海宗도 주 12) 論文 260쪽에서 "고려는 그 청에 응하여 원병을 보냈으나 고려의 원병은 적극적인 활동을 피하였던 것이다"라고 언급하고 있다.
20) 『高麗史』 卷2・『高麗史節要』 卷2, 景宗 3年 夏4月.
21) 『宋史』 卷487, 高麗傳 太平興國 3年.
22) 『宋史』 卷4, 本紀 太宗 太平興國 4年 春正月.

했다고만 하였으므로 어떤 종류의 지원 요청이 있었는지는 확실하지가 않다. 그러나 使節의 파견이 매우 어려운 일 가운데 하나였음에도 불구하고 北伐을 告하기 위해 그 같은 조처를 취한 점을 감안할 때 꼭 軍事的인 支援은 아니었다 하더라도 政治的인 도움 등을 청했을 가능성은 충분히 있다고 생각되는 것이다.

당시에 있어서 이러한 軍事的·政治的인 지원의 필요성은, 그러나 비단 宋에만 있었던 것은 아니었다. 같이 契丹의 위협을 받았던 高麗 역시 마찬가지 사정에 있었던 것이다. 그러므로 그도 宋에 여러 차례 군사적·정치적 지원을 요구하였다. 契丹의 대대적인 第1次의 침입을 받은 이듬해인 994년(高麗 成宗 13, 宋 太宗 19)에 元郁을 派遣, 前年의 戰役을 알리고 군대를 요청한 것은 그 하나의 예라 할 수 있다. 하지만 당시 宋은 契丹과의 전쟁에서 패배한 후 많은 歲幣를 지불하고 겨우 안정을 찾고 있던 때이므로 가벼이 움직일 수 없다고 하여 고려의 使節을 優禮하여 되돌려 보냈을 뿐 그에 응하지 않고 있다.23) 이 때로부터 양국간의 공식적인 外交關係는 끊어지지만, 高麗는 여전히 999년(高麗 穆宗 2, 宋 眞宗 2)과 1003년(高麗 穆宗 6, 宋 眞宗 6)에 朱仁紹와 李宣古를 연이어 보내 契丹의「劫制之狀」을 陳情하는가 하면, 宋이 국경지대에 군대를 주둔시켜 契丹을 견제해줄 것을 요청하기도 하였다.24) 그러나 宋은 이번에도 高麗의 그 같은 요청을 모두 묵살하고 있다. 高麗·遼의 紛爭에 휘말려들지 않으려는 그의 입장을 잘 엿볼 수 있다.

宋의 이러한 태도는 1010년(高麗 顯宗 1, 宋 眞宗 13)에 契丹의 第2次

---

23) 『高麗史』 卷3·『高麗史節要』 卷2, 成宗 13年 6月·『宋史』 卷487, 高麗傳 淳化 5年.
24) 『高麗史』 卷3·『高麗史節要』 卷2, 穆宗 2年 冬10月·『宋史』 卷487, 高麗傳 咸平 3年 및 6年條.

高麗 侵入이 있자 그는 高麗의 청원이 있으리라 짐작하고, 그 같은 요청이 있다 하더라도 宋은 契丹과 和議를 맺고 있는 만큼, 高麗가 여러 해 동안 朝貢을 하지 않았다는 것을 핑계삼아 거절하기로 미리 對備策을 마련하고 있는 데서도25) 잘 드러난다. 이러한 분위기였음에도 불구하고 高麗는 다시 1015년(高麗 顯宗 6, 宋 眞宗 18)에 民官侍郞 郭元을 파견하여 方物을 進獻하면서, 契丹의 계속된 來侵을 告하고 支援을 요청하였다.26) 하지만 宋은 이번 역시도 "卿의 本道(本國)를 생각할 때 진실로 마음에 깊이 걱정되는 바이나 저 이웃나라(契丹)를 돌아보건대 또한 盟好를 맺은 지 오랜지라 바라는 바는 서로 和睦하여 백성들을 편안하게 할 것이다"27)라는 말로 회피하고 있다.

요컨대 高麗는 宋과의 通常的인 交聘을 통하여 大藏經을 구하거나 學生의 宋 國子監 入學 및 朝貢과 回賜 등으로 先進의 文物을 받아들이는 데도 힘썼다고 할 수 있다. 그러나 通交 第1期에 있어 보다 더 무게를 둔 것은, 특히 宋이 그러하였지만, 高麗 역시 軍事的・政治的 支援을 얻어 契丹을 견제하는 데 있었다고 판단되는 것이다.

契丹의 壓力으로 중단되었던 高麗・宋의 通交는 1071년(高麗 文宗 25, 宋 神宗 3)에 再開된다. 그리하여 北宋이 멸망하는 1126년까지의 第2期에 있어 高麗側은 24回, 宋側은 19回-그 중 7回는 醫官이나 地方官-使節을 파견하여 交聘이 가장 활발하였다. 그런데 이번의 國交 再開는 먼저 宋의 제의에 따른 것이었다는 점에서 주목된다.28) 즉 당시

---

25) 『續資治通鑑長編』 卷74, 大中祥符 3年 11月條.
26) 『高麗史』 卷4・『高麗史節要』 卷3, 顯宗 6年 冬11月.
27) 『高麗史』 卷4・『高麗史節要』 卷3, 顯宗 7年 春正月.
28) 『宋史』 卷487, 高麗傳에는 국교 재개가 고려측의 제의에 의한 것처럼 서술되어 있으나 그것은 잘못으로 생각된다. 고려에서는 그 10년 전에 당시의 국왕인 文宗에 의해 시도된 일이 있으나 중신들의 반대로 이미 좌절된 바 있을 뿐더러(『高麗

의 宋帝 神宗은 江淮兩浙荊湖南北路都大制置發運使 羅拯에게 지시해 商人 黃愼으로 하여금 그 뜻을 전달케 하여 두 차례나 往來하였고,[29] 고려가 이에 적극 호응, 1071년에 民官侍郎 金悌를 파견하여 朝貢함으로써[30] 양국의 국교가 다시 열리게 되었던 것이다.

그렇다면 宋이 이처럼 國交의 再開를 먼저 희망한 이유는 무엇이었을까. 그것은 여전히 高麗와 結盟하여 이미 國勢가 기울어져 가고 있는 契丹을 圖謀하려는 데 있었다.[31] 聯麗制遼策의 再採擇이었거니와, 이와 같이 宋의 目的은 처음부터 政治的・軍事的인 것이었다. 그 뒤 文宗이 逝去하자 宋은 錢勰 등을 弔慰使로 파견하지만, 그 裏面의 목적 가운데 하나는 역시 高麗와 結盟하여 이른바 北伐을 하려는 데 있었다는 것으로[32] 미루어 그는 기회 닿을 때마다 이를 실현시켜 보려고 努力하였던 것 같다.

하지만 그 의도가 여의치 않자 다시 宋은 고려를 통하여 새로이 일어나는 女眞族의 金과 손을 잡고 宿敵인 遼를 치려하였다. 그 같은 의도는 1116년(高麗 睿宗 11, 宋 徽宗 16)에 入宋한 李資諒에게 친히 宋帝가 "다음의 來朝 때 女眞人 몇 명을 招諭하여 함께 올 것을 이르고" 있는 데서 잘 드러나거니와, 이에 대해 李資諒은, "女眞은 人面獸心이라 夷獠중에서 가장 貪醜하므로 上國이 通交하는 것은 옳지 않다"[33]고 아뢰고 있다. 그러나 宋은 이 같은 충고를 무시하고 직접 金과 교섭하여 그의 武力을 빌어서 마침내 遼를 멸망시키지마는, 곧바로 자

史』卷8・『高麗史節要』卷5 文宗 12年 8月) 상인을 통해 국왕의 의사를 전달한 예는 없었기 때문이다. 그러나 宋의 경우는 그와 반대였다.
29) 『高麗史』卷8・『高麗史節要』卷5, 文宗 22年 秋7月 및 同 24年 8月條.
30) 『高麗史』卷8・『高麗史節要』卷5, 文宗 25年 3月.
31) 『宋史』卷487, 高麗傳 熙寧 3年條.
32) 『宋史』卷317, 列傳 錢勰傳.
33) 『高麗史』卷95, 列傳 李子淵傳 附 資諒傳.

신도 공격을 받아 위기에 처한다. 그러자 宋은 또다시 고려에 侯章 등을 파견하여 金을 挾攻하여 줄 것을 요청하지만, 이번 역시 고려는 자기가 처한 어려운 사정을 설명하면서 그 청을 완곡하게 거절하고 있다.34)

이상에서 살펴본 것처럼 宋의 對高麗 접촉은 줄곧 정치적·군사적 목적에서였다. 그러나 고려는 第1期와 달리 그 목적이 저들과 판이하였다. 그는 遼와 平和關係를 유지하기 위해 宋·遼間의 外交紛爭에는 介入치 않으려 하는 한편으로 宋의 先進文物을 받아들이는 데 주력하였던 것이다. 이는 고려가 國交를 再開하면서 맨 먼저 醫官의 파견을 요청했다고 생각된다는 점에서 우선 짐작할 수 있다. 기록에는 國交의 再開를 위해 派宋한 金悌가 朝貢하였다고만 보이나 그에 대한 宋의 첫 조처가 醫官 王愉와 徐先 등의 파견이었던 점으로35) 미루어 그러했을 가능성은 충분히 있다고 추측되는 것이다. 그에 대한 謝恩使로 入宋한 金良鑑 등은 다시 醫藥과 畵塑工을 구하고 있으며,36) 宋은 그에 답하여 楊州醫助敎 馬世安 등 8인을 고려에 보내고도 있다.37) 이 같은 高麗의 醫藥과 醫官에 대한 깊은 관심은 당시의 국왕 文宗이 風疾을 앓고 있었다는 사실과도 관련이 많다고 생각되지마는, 圖表에 대략 드러나듯이 어떻든 그 후에도 使節들이 자주 藥材와 書籍을 求得해오고 있는가 하면 學生들의 宋 國子監 入學 또는 樂器의 傳來 등도 그들 역할의 큰 비중을 차지하고 있다.38) 유명한 大晟樂이 들어오는 것도 바로 이 시기의 일인 것이다. 이러한 고려측의 先進文物 수입

---

34) 『高麗史』 卷15・『高麗史節要』 卷9, 仁宗 4年 秋7月.
35) 『高麗史』 卷9・『高麗史節要』 卷5, 文宗 26年 6月.
36) 『宋史』 卷487, 高麗傳 熙寧 7年.
37) 『高麗史』 卷9・『高麗史節要』 卷5, 文宗 28年 6月.
38) 이 점에 대해서는 丸龜金作, 주 6) 論文 25~47쪽 참조.

은 宋側의 적극적인 호응에 힘입은 바가 컸거니와, 그도 나름대로 필요한 政治的 지원을 얻기 위해 고려의 歡心을 사두고자 하는 데 따른 배려를 하지 않을 수 없었기 때문이었다. 이와 같이 양국은 입장과 목적이 달랐지만 서로의 필요성에 의해 어느 때보다 활발하게 外交를 전개한 것이 第2期였다.

　제3기 高麗・宋 交聘의 목적도 제2기와 비슷했다고 생각된다. 우선 宋은 高麗와 金의 關係에 유의하면서 1128년(高麗 仁宗 6, 宋 高宗 2)에는 刑部尙書 楊應誠 등을 파견해 假道를 요청하고 있는 데서 종래의 정책에 변함이 없음을 확인할 수 있다. 假道란 高麗를 경유하여 金과 교섭해 靖康의 變 때 포로가 되어 북으로 잡혀간 徽宗・欽宗 등을 모셔오고자 하니 길을 빌리라는 요청으로써,39) 金과의 분쟁에 여전히 고려를 끌어들이려 하고 있는 것이다. 이에 대해 고려는 국방상・외교상의 이유를 들어 완곡하게 거절하고 곧이어 禮部侍郞 尹彦頤를 派宋해 假道하지 못하는 狀況을 解明하였으나 宋은 노골적으로 섭섭함을 드러내었다. 이러한 좋지 못한 감정은 전쟁 중이라는 핑계도 곁들여 高麗 使節의 來聘을 中止시키겠다는 사태까지 나타났고,40) 이에 고려는 禮部員外郞 崔惟淸 등을 파견해 舊好의 회복을 바란다는 의사를 전달하였지만,41) 곧이어 보낸 朝貢使 洪彝敍를 받아들이지 않아 途中에 귀환하고 있다.42) 이후에도 高麗는 몇 차례 더 使節을 파견한다. 그리고 宋도 下位官僚나 都綱 등이긴 했지만 高麗에 사절을 보낸다. 하지만 그것은 상대방에게 자기네 입장이나 사정을 전달하는 정도로

---

39) 『高麗史』 卷15・『高麗史節要』 卷9, 仁宗 6年 6月 및 『宋史』 卷487, 高麗傳 高宗 2年條.
40) 『高麗史』 卷16・『高麗史節要』 卷9, 仁宗 8年 夏4月.
41) 『高麗史』 卷16・『高麗史節要』 卷10, 仁宗 10年 2月.
42) 『宋史』 卷487, 高麗傳 紹興 2年 12月.

써, 양국간의 관계는 계속 원만치 못하였다.[43] 그런 과정에서 1173년 (高麗 明宗 3, 宋 孝宗 9)에 宋 都綱 徐德榮이 다녀간 것을 마지막으로 두 나라 조정간의 交聘은 아예 끝나 버리고 마는 것이다. 요컨대 제3기에 있어 宋은 이전과 마찬가지로 고려를 정치적으로 이용하려 한 데 대해, 고려는 역시 그 같은 宋의 요구를 회피한 채 저들의 先進文物을 수입하려는 데 힘을 썼으나, 宋도 그에 비판적인 입장을 취하여 양국 모두가 자기네 목적을 제대로 이루지 못하는 시기였다고 하겠다.

高麗・宋 交聘의 전체 기간을 놓고 볼 때 宋의 목적은 일관되게 고려의 군사적・정치적 지원을 얻어 契丹・女眞을 견제하기 위한 것이었다는 종래의 이해를 다시 확인할 수 있었다. 그렇지만 고려는 契丹의 威脅을 받던 初期의 경우 역시 宋의 군사적 정치적 지원을 얻는 데 外交의 초점을 맞추고 있었으나, 契丹・女眞과 平和關係를 맺은 이후의 제2기・제3기 對宋교섭에서는 저들의 先進文物을 수입하는 데 주목적을 두고 있었다고 판단된다. 앞서 지적했듯이 고려의 입장은 이처럼 시기에 따라 달리 파악하는 것이 정확한 이해라고 생각된다.

3) 高麗側 使節에 대한 檢討

고려나 宋을 막론하고 상대국에 대한 外交는 매우 중대한 일이었다. 그러므로 그 임무를 잘 수행할만한 능력있는 인물들이 발탁되어 파견되었으리라는 것은 능히 짐작할 수 있다.

高麗側의 宋 使行은 60回 안팎이었다. 그 때마다 正使와 副使를 비

---

[43] 이 과정에 대해서는 김상기, 주 5) 論文 53~78쪽에 자세하게 설명되어 있다.

롯하여 判官·錄事 또는 書狀官·都押衙[44] 등 여러 명의 使節이 파견 되었지마는, 그러나 이들 중 몇몇 사람만을 알 수 있는 경우가 대부분 이고, 또 어떤 때는 전혀 알 수 없는 경우도 있어서 현재 姓名이 전해 지는 人員은 91명-그 중 4명은 중복-에 그치고 있다. 그러면 먼저 이들은 使行 당시 어느 정도의 지위에 있었으며, 또 어떤 일을 맡았던 인물들이었던가를 가능한 한 조사하여 도표를 작성하면 다음의 [표 2] 와 같다.

[표 2] 高麗側 使節의 所屬官署와 品階 (○表는 正使, △表는 副使)

姓 名	使行時 官職	所屬官署	品階	職 任	典 據
○ 李興祐	廣評侍郎	廣評省		摠領百官	史76 尙書省
△ 李勵希					
李 彬					
○ 王 輅	內奉令	內奉省			史76 尙書省
○ 徐 熙	內議侍郎	內議省		百揆庶務	史76 門下府
△ 崔 業	內奉卿	內奉省			前出
康 禮	廣評侍郎	廣評省		前出	前出
劉 隱	廣評員外郎	廣評省		〃	〃
○ 趙遵禮					
○ 元 輔					
○ 金 昱	侍郎	尙書6部	正4品		史76
○ 韓遂齡					
○ 韓藺卿	侍郎	尙書6部	正4品		史76
△ 魏德柔	兵部郎中	尙書兵部	正5品	武選 軍務 儀衛 郵驛之政	史76 兵曹
李 先	少府丞	小府寺	從6品	工技 寶藏	史76 小府寺
○ 韓彦恭	兵官侍郎	尙書兵部	正4品	前出	前出
○ 白思柔	翰林學士	翰林院	正4品	詞命制撰	史76 藝文館
○ 元 郁					
○ 朱仁紹	吏部侍郎	尙書吏部	正4品	文選 勳封之政	史76 吏曹
○ 李宣古	戶部郎中	尙書戶部	正5品	戶口 貢賦 錢粮之政	史76 戶曹

---

44) 「(李軾)遷京市署丞·試司宰主夫 甲辰年(仁宗 2) 以都押衙 奉使大宋」(『高麗墓誌銘集成』, 149쪽, 李軾墓誌銘).

○ 尹徵古	內史舍人	中書門下省 從4品	諫諍 封駁 署經	史76 門下府
○ 郭 元	民官侍郎	尙書戶部 正4品	前出	前出
○ 徐 訥	刑部侍郎	尙書刑部 正4品	法律 詞訟 詳讞之政	史76 刑曹
○ 崔元信	禮賓卿	禮賓寺 從3品	賓客燕享	史76 禮賓寺
△ 李守和	左補闕?①	中書門下省 正6品	前出	前出
○ 金 猛	給事中?②	中書門下省 從4品	〃	〃
○ 韓 祚	禮部侍郎	尙書禮部 正4品	禮儀 祭享 朝會 交聘 學校 科擧之政	史76 禮曹
○ 元 穎	民官侍郎	尙書戶部 正4品	前出	前出
○ 金元忠	尙書右丞	尙書都省 從3品	摠領百官	史76 尙書省
○ 金 悌	民官侍郎	尙書戶部 正4品	前出	前出
○ 金良鑑	太僕卿	大僕寺 從3品	輿馬廐牧	史76 司僕寺
△ 盧 旦	中書舍人	中書門下省 從4品	前出	前出
○ 崔思諒	工部侍郎	尙書工部 正4品	山澤 工匠 營造之事	史76 工曹
○ 柳 洪	戶部尙書	尙書戶部 正3品	前出	前出
△ 朴寅亮	禮部侍郎	尙書禮部 正4品	〃	〃
金 覲				
○ 崔思齊	禮部尙書	尙書禮部 正3品	前出	前出
△ 李子威	吏部侍郎	尙書吏部 正4品	〃	〃
○ 金上琦	戶部尙書	尙書戶部 正3品	〃	〃
△ 崔思文	禮部侍郎	尙書禮部 正4品	〃	〃
○ 林 槩	工部尙書	尙書工部 正3品	〃	〃
△ 李資仁	兵部侍郎	尙書兵部 正4品	〃	〃
○ 李資義	戶部尙書	尙書戶部 正3品	〃	〃
△ 魏繼廷	禮部侍郎	尙書禮部 正4品	〃	〃
○ 黃宗慤	兵部尙書	尙書兵部 正3品	〃	〃
△ 柳 伸	工部侍郎	尙書工部 正4品	〃	〃
○ 尹 瓘	中書舍人③	中書門下省 從4品	〃	〃
△ 趙 珪				
安稷崇				
○ 任 懿	尙書	尙書6部 正3品		史76
△ 白可臣	侍郎	尙書6部 正4品		〃
○ 王 嘏	尙書	尙書6部 正3品		〃
△ 吳延寵	侍郎	尙書6部 正4品		〃
金富佾				
○ 崔弘嗣	樞密院使	樞密院 從2品	出納 宿衛 軍機之政	史76 密直司
△ 鄭 文	秘書監	秘書省 從3品	經籍 祝疏	史76 典校寺
鄭克永				
○ 王 維	戶部侍郎	尙書戶部 正4品	前出	前出
○ 金商祐	刑部尙書	尙書刑部 正3品	〃	〃

△ 韓皦如 愼安之	禮部侍郎	尙書禮部	正4品	〃	〃
○ 金　緣	樞密院副使	樞密院	正3品	前出	前出
△ 林有文	少府監	小府寺	正4品	〃	〃
金富轍	直翰林院	翰林院	權務	〃	〃
○ 安稷崇	西頭供奉官	南班職	從7品		史77 掖庭局
○ 王字之	樞密院 知奏事	樞密院	正3品	前出	前出
△ 文公彦	戶部郞中	尙書戶部	正5品	〃	〃
○ 王字之	吏部尙書	尙書吏部	正3品	〃	〃
△ 文公美	戶部侍郎	尙書戶部	正4品	〃	〃
○ 李資諒					
△ 李　永	禮部侍郎?④	尙書禮部	正4品	前出	前出
鄭　沆					
○ 鄭克永					
△ 李之美					
○ 李資德	樞密院副使	樞密院	正3品	前出	前出
△ 金富轍	御史中丞	御史臺	從4品	論執時政 矯正風俗 糾察 彈劾之任	史76 司憲府
李　軾					
○ 金富軾	樞密院副使	樞密院	正3品	前出	前出
△ 李周衍	刑部侍郎	尙書刑部	正4品	〃	〃
○ 尹彦頤	禮部侍郎	尙書禮部	正4品	前出	前出
○ 崔惟淸	禮部員外郎	尙書禮部	正6品		
△ 沈　起	閤門祗候	閤門	正7品	朝會 儀禮	史76 通禮門
○ 洪彝叙	知樞密院事⑤	樞密院	從2品	前出	前出
○ 韓惟忠	承制⑥	樞密院	正3品	〃	〃
△ 李之氐	國子司業⑦	國子監	從4品	儒學 敎誨之任	史76 成均館
○ 文承美					
△ 盧顯庸					
○ 金稚規					
△ 劉待擧					
○ 趙冬曦	借內殿崇班	南班職	正7品		前出
△ 朴光通	借右侍禁	南班職	正8品		〃

① 李守和가 宋에 使行했던 顯宗 10年 8月 당시의 관직은 전해오지 않는다. 그러나 그는 顯宗 7年 春正月에 正6品인 左補闕을 제수받고, 이어서 11年 春正月에 從5品 인 起居郞에 임명되고 있다(『高麗史』 卷4). 따라서 使行時의 관직은 분명하진 않 으나 左補闕로 보는 게 온당하다고 생각된다.

② 金猛이 宋나라에 使節로 간 것은 顯宗 11年인데, 당시의 관직은 역시 전해오지 않는다. 그러나 그는 顯宗 7年 6月에 中樞直學士(正3品)로 임명되고 있으며(『高麗 史』 卷4), 다시 9年 5月에는 給事中(從4品)에 在任한 사실이 나타나고(『高麗』 卷

73 選擧志 科目 選場), 이어서 12年 12月에 吏部侍郎(正4品), 13年 冬10月에 中樞副使(正3品)를 제수받고 있다(『高麗史』卷4). 이것은 官品 體系上 좀 不合理한 면이 있는데, 하지만 11年 당시의 관직은 給事中으로 보는 게 順理일 듯하다.

③『高麗史』卷11・『高麗史節要』卷6 肅宗 3年 秋7月條에는 姓名만이 나오나, 그와 同行했던 安稷崇의 墓誌銘(『高麗墓誌銘集成』59쪽)에는 당시 그의 職位가 中書舍人이었다고 보인다.

④ 그는 睿宗 8年 10月에 禮部侍郎으로 在任한 사실이 나타나고(『高麗史』卷13), 다시 12年 6月에는 右諫議大夫에 임명되고 있는데(『高麗史』卷14), 따라서 그가 宋에 使行한 11年 秋7月 당시에는 직위가 여전히 禮部侍郎이었다고 생각된다.

⑤『宋史』高麗傳에는 그가 使行했던 仁宗 10年의 官職이 從2品인 知樞密院事였다고 전해지나, 『高麗史』등에는 仁宗 11年에 正3品인 知奏事였다고 보여서 당시의 직위에 의문시되는 점이 많다.

⑥『高麗史』등에는 使行時의 職位가 나타나 있지 않으나, 墓誌銘(『高麗墓誌銘集成』87쪽)에는 그 때의 官職이 承制, 곧 承宣이었다고 보인다.

⑦『高麗史』등에는 仁宗 11年 2月의 使行 때 직위가 나타나 있지 않으나, 그는 仁宗 10年 5月에 國子司業으로 在任하였던만큼(『高麗史』卷10) 당시에도 이 官職에 있었다고 생각된다.

國交가 처음 열리고부터 얼마 동안은, 正使는 廣評侍郎과 內議侍郎・內奉令으로, 副使는 內奉卿이 충당되고 있다. 이들이 소속한 廣評省과 內議省은 百官을 摠領하고 庶務를 관장하던 高麗初의 최고 官府로 뒤에 內史門下省(中書門下省)으로 轉移되며, 內奉省 역시 바로 그들 다음에 위치한 주요 官府로 뒤에 尙書省이 되거니와, 侍郎은 그곳의 제2위 직급이며 令・卿 또한 제1・제2의 직급이었다. 이들은 모두 宰相級으로, 초기에는 高位者가 使節에 임명되었음을 알 수 있다.

그러다가 3省 6部를 근간으로 하는 관직체제가 자리 잡힌 成宗朝 이후에는 正使의 경우 尙書6部의 正4品인 각 侍郎을 주축으로 하여 역시 正4品인 翰林院 學士와 從3品인 尙書都省의 丞・禮賓寺의 卿, 그리고 中書門下省 郞舍의 從4品인 內史舍人・給事中 등이 일부 섞이고, 副使는 그 수가 극히 적어 잘 알 수 없으나 尙書6部의 正5品인 郞中級이 주축을 이루고 있었던 것 같다. 이것이 제1기 고려측 사절의 대략적인 지위와 소속 官署인데, 점차 尙書6部의 侍郞과 郎中을 각기 正·副使로 하는 체제로 굳혀 갔음을 엿볼 수 있다.

　제2기로 들어서서도 이러한 체제는 그대로 유지된다. 그러나 지위는 한 단계 높아져 正使는 正3品인 尙書가 되는 게 상례로 되며, 여기에 역시 正3品인 樞密院副使와 知奏事, 그리고 從3品인 太僕寺卿, 正4品인 尙書6部 侍郞, 從4品인 中書門下省 郎舍의 中書舍人 등이 일부 섞이며, 副使 역시 한 단계 높아져 尙書6部의 正4品인 侍郞이 주축이 되고, 小府寺의 正4品인 監, 郎舍와 御史臺의 從4品인 中書舍人·御史中丞, 尙書6部의 正5品인 郎中 등도 일부 임명되고 있다. 그러나 이 시기에는 從2品 宰相인 樞密院使와 從7品의 南班職이 正使로 충당되고도 있어 이채를 띠고 있는데, 이는 예외로 생각된다.

　제3기에는 양국간의 원만치 못한 관계를 반영한 듯 正使로 正3品인 承制, 正4品인 禮部侍郞이 임명되고 있기도 하나, 그 외에 正6品인 禮部員外郞, 심지어 正7品 南班職인 借內殿崇班으로 충당된 사례도 보이고 있다. 그리고 副使로는 從4品인 國子司業과 正7品인 閤門祗候, 正8品 南班職인 借右侍禁 등이 임명되고 있는데, 뒤에 설명하듯이 宋側도 그러하였지만, 非正常的 外交關係에 따라 종래와 달라진 양상을 使節의 地位面에서도 찾아볼 수 있다고 하겠다.

　지금 살펴본 것처럼 사절의 지위는 이렇게 시기에 따라 좀 달라져 왔는데, 하지만 그들은 어디까지나 尙書6部의 尙書와 侍郞·郎中을 주축으로 하고 거기에 비슷한 品階의 郎舍와 御史臺·翰林院·樞密院·尙書都省·國子監 및 일부 寺·監의 官員들로 대략 충당되었다고 할 수 있다. 그런데 이들을 다시 각자가 소속한 官署의 측면에서 보면 매우 다양했다는 표현이 가능할 것 같다. 위에서 尙書6部의 官員이 주축이 되었다고 했지만 그 중에서 交聘問題를 관장한 部署는 尙書禮部

였으며, 나머지 官署들은 도표에 하나 하나 명시했듯이 물론 업무가 매우 달랐다. 그럼에도 불구하고 戶部에서 가장 많은 인원이 使節로 임명되고 있으며, 그 다음이 禮部, 그리고 吏部·兵部·刑部·工部에서도 나오고 있다. 여기에다가 御史臺로부터 諸寺監까지 감안한다면 使節은 交聘을 전문으로 다루는 部署가 아닌 다른 官署에서도 비교적 고르게 임명되었다고 할 수가 있는 것이다.

그렇다면 使節이 이렇게 여러 官署에서 임명된 이유가 무엇이었을까. 그것은 앞서도 강조했듯이 외교의 중요성이 매우 컸던만큼 人物本位로 선발했기 때문이 아닐까 짐작된다. 이 점을 확인하기 위해 그들에 관한 人的 事項을 역시 도표로 제시하고 설명을 이어가도록 하겠다.

[표 3] 高麗側 使節의 人的 事項

姓名	科擧·蔭叙	家門 關係	重要 官歷	特記事項	典 據
李興祐					
李勵希					
李 彬					
王 輅					
徐 熙	及第	·內議令 徐弼의 子 ·門下侍中 徐訥의 父 ·利川徐氏	兵官御事→內史侍郎平章事→太保·內史令	·性嚴恪 ·契丹과 談判	史94 列傳
崔 業					
康 禮					
劉 隱					
趙遵禮					
元 輔?	王子				史2·要2 景宗2·12
金 昱					
韓遂齡					
韓藺卿	壯元 及第	·顯宗 宮人 韓氏의 父	平章事		史3·要3·穆宗10·7, 史88 顯宗 宮人韓氏
魏德柔					

高麗·宋 交聘의 목적과 使節에 대한 考察   175

李光					
韓彥恭	不合格	·光祿少卿 聰禮의 子 ·湍州韓氏	刑官侍郎→兵官侍郎→判禮賓省事→中樞院副使→叅知政事→內史侍郎平章事→門下侍中	·性敏好學	史93 列傳, 史3 穆宗7·6
白思柔	壯元及第	·稷山白氏	知貢擧		史73 選擧志 科目 選場 成宗10·閏2
元郁					
朱仁紹					
李宣古					
尹徵古	及第	·樹州尹氏	監察御史→侍御史→內史舍人→中樞使·右散騎常侍	·性沈重嚴毅 ·美風儀善楷書 ·裁決平允	史94 列傳, 史4 顯宗12·12
郭元	壯元及第	·淸州郭氏	刑部侍郎·諫議大夫→翰林學士→散騎常侍→中樞使→刑部尙書→叅知政事	·性淸廉 ·工文詞	史94 列傳, 史5 顯宗20·11
徐訥	及第	·內史令 徐熙의 子 ·顯宗妃 元穆王后의 父 ·利川徐氏	吏部侍郎·諫議大夫→國子祭酒·知吏部事→中樞使·散騎常侍→叅知政事→平章事·判吏部事→門下侍中		史94 列傳
崔元信	壯元及第	·平章事 崔亮의 子 ·慶州崔氏	戶部侍郎·禮賓卿		史93 崔亮傳
李守和			左補闕→起居郎→戶部侍郎→禮部尙書→尙書左僕射		史6 靖宗 元年·5, 史7 文宗 元年·7, 同 5·3
金猛	及第	·給事中 金贊의 子 ·梁州金氏	中樞直學士→給事中→吏部侍郎→中樞副使→中樞使		史94 列傳
韓祚			諫議大夫→知西京留守事		史4 顯宗13·10, 史5 顯宗21·10
元穎			試兵部員外郎→工部尙書		史127 康兆傳, 史6 靖宗6·9
金元忠		·靖宗 德妃의 父 ·慶州金氏	知中樞院事→內史侍郎平章事→門下侍郎平章事·判刑部事		史88 后妃傳 靖宗 容節德妃金氏, 史7 文宗4·正月
金悌			禮賓卿·同知中樞院事→左散騎常侍·知中樞院事→中樞院使·刑部尙書→吏部尙書·叅知政事		史9 文宗29·7, 同31·11, 同32·6, 同33·2
金良鑑	及第	·平章事 金廷俊의 子 ·同知中樞院事 金義元의 父 ·光陽金氏	尙書右丞·諫議大夫→尙書左丞·知御史臺事→大僕卿·散騎常侍→知中樞院事·戶部尙書→叅知政事·判兵部事→左僕射→門下侍郎平章事		補閑集 上 慶源李氏, 高麗墓誌銘集成 133쪽, 金義元墓誌銘, 史10 宣宗3·4 등

盧旦	及第		侍御史→中書舍人→禮部侍郎·諫議大夫→翰林學士→直門下省→禮部尙書→右僕射·翰林學士承旨→中樞院使→左僕射·叅知政事		史8 文宗19·6, 史9 文宗2·8, 同28·7, 同29·8, 同35·8, 同35·12, 史10 宣宗3·4 등
崔思諒	及第	·門下侍中 崔冲의 孫 ·僕射 崔惟吉의 子 ·海州崔氏	中樞院使→叅知政事→修國史→左僕射·叅知政事	·儀表端雅 ·主文柄名重一時	史95 列傳
柳洪		·叅知政事 柳仁著의 父 ·貞州柳氏	給事中·左承宣→知中樞院事·吏部尙書→戶部尙書→中樞院使→叅知政事→門下侍郎平章事·判兵部事		史97 柳仁著傳, 史10 宣宗 卽位·12, 同7·2 등
朴寅亮	及第	·叅知政事 朴景仁의 父 ·平山朴氏	副承宣→禮部侍郎→侍講學士→翰林學士承旨→同知中樞院事→右僕射·叅知政事	·文詞雅麗·南北朝告奏表狀皆出其手·古今錄編撰	史95 列傳
金覲	及第	·新羅 宗姓 ·金富軾 兄弟의 父 ·慶州金氏	國子祭酒·左諫議大夫		史95 朴仁亮傳, 史97 金富佾傳
崔思齊	及第	·門下侍中 崔冲의 孫 ·平章事·判吏部事 崔惟善의 子 ·海州崔氏	散騎常侍→中樞院使→叅知政事→平章事·判吏部事		史95 崔惟善傳, 史10 宣宗6·6, 同7·2
李子威	及第		刑部侍郎→吏部侍郎→副承宣→中樞院副使→同知中樞院事→右僕射·叅知政事→門下侍郎平章事		史9 文宗30·4, 同35·4, 史73 選擧志 科目 選場 宣宗3·5, 史10 宣宗4·12, 同7·2, 同獻宗 卽位年 6月
金上琦	及第	·僕射 金陽의 子 ·門下侍中 金仁存의 父 ·江陵金氏	補闕→吏部侍郎→戶部尙書→散騎常侍→吏部尙書→政堂文學→叅知政事→門下侍郎 同中書門下平章事		史96 金仁存傳, 史10 宣宗6·6, 同8·7, 史10·5, 史11 肅宗 卽位·10
崔思文					
林檗		·平章事 林有文의 父 ·沃溝林氏	衛尉卿·知御史臺事→工部尙書→御史大夫→中樞院使→叅知政事→左僕射·判刑部事→中書侍郎平章事·判刑部事	·淸直廉謹·有大臣風	史97 列傳, 史10 宣宗4·2, 同10·5, 同獻宗 卽位·6, 同 元年7, 史11 肅宗 卽位·10

高麗·宋 交聘의 목적과 使節에 대한 考察　177

李資仁	及第	·門下侍中 李子淵의 孫 ·門下侍中 李頲의 子 ·慶源李氏	侍御史→兵部侍郎→諫議大夫→尙書左丞→殿中監·中樞院副使		史95 列傳, 史10 宣宗8·4
李資義	蔭叙	·李資仁의 弟 ·慶源李氏	大僕卿→戶部尙書→知中樞院事→中樞院使	·謀亂伏誅	史127 列傳, 史10 獻宗元年·7
魏繼廷	及第		補闕→禮部侍郎→御史中丞·承宣→禮部尙書·翰林學士承旨→吏部尙書→平章事→門下侍中	·以文章名 ·清儉寒直	史95 列傳, 史12 睿宗卽位·11
黃宗慤			尙書左丞→衛尉卿→兵部尙書→同知樞密院事→知樞密院事		史10 宣宗3·5, 同4·11, 同10·7, 同獻宗元年·9, 史11 肅宗卽位·12
柳伸 (柳仁)	及第	·全州柳氏	禮賓少卿→工部侍郎→承宣·給事中→起居舍人→禮部尙書·同知樞密院事→吏部尙書→僕射·政堂文學	·以清謹名	史95 列傳, 史11 肅宗7·12, 史12 肅宗8·6 등
尹瓘	及第	·政堂文學 尹彦頤의 父 ·坡平尹氏	補闕→左司郎中→中書舍人→諫議大夫·翰林侍講學士→知奏事·御史大夫→吏部尙書·同知樞密院事→樞密院使→叅知政事→平章事→門下侍中	·少好學 ·女眞征伐	史96 列傳
趙珪			副承宣→承宣		史11 肅宗6·6, 史12 肅宗9·2
安稷崇	及第		西頭供奉官→權知祗候→監察御史→吏部郎中→中書舍人→刑部侍郎→國子祭酒·諫議大夫→直門下省→工部尙書	·少好學	高麗墓誌銘集成 59등 安稷崇墓誌銘, 史13 睿宗8·9, 史16 仁宗·11, 同9·9
任懿	及第	·門下侍中 任元敱의 父 ·定安任氏	承宣→刑部侍郎→諫議大夫·尙書→御史大夫→兵部尙書→樞密院使·吏部尙書→左僕射·叅知政事→中書侍郎平章事	·爲人廉正謹愼	史95 列傳, 高麗墓誌銘集成 43등 任懿墓誌銘
白可臣			侍郎→兵部侍郎→左諫議大夫		史11 肅宗6·12, 史95 任懿傳
王嘏			兵部員外郎·右副承宣→尙書→左承宣→樞密院副使→知樞密院事·兵部尙書→吏部尙書·樞密院使		史11 肅宗3·12, 同5·7, 同6·6, 史12 肅宗8·2, 同10·6, 同睿宗卽位·11

吳延寵	及第	·海州吳氏	起居郎→兵部郎中→侍郎→承宣→樞密院副使·翰林學士→知樞密院事·御史大夫·尙書左僕射·叅知政事·平章事·判吏部事	·力學 善屬文 ·女眞征伐	史96 列傳, 史12 睿宗卽位·11, 同3·4, 史13 睿宗7·9, 同9·3
金富佾	及第	·門下侍中 金富軾의 兄 ·慶州金氏	國子司業·起居注→中書舍人→知奏事→知樞密院事→政堂文學·翰林學士承旨→平章事·判兵部事	·爲人寬厚儉約 ·文章華瞻 ·凡辭命必命潤色	史97 列傳
崔弘嗣	及第		補闕→知奏事→吏部尙書→右僕射→樞密院使→叅知政事→平章事·判吏部事	·以文行聞	史97 列傳, 史12 肅宗9·8, 同10·6, 同 睿宗2·7
鄭 文	及第	·中樞使 鄭倍傑의 子 ·草溪鄭氏	刑部員外郎→翰林學士→秘書監→刑部尙書·政堂文學	·爲人恭儉朴訥	史95 列傳
鄭克永	壯元及第		國子祭酒·左諫議大夫→中書舍人→翰林學士→判衛尉事·翰林學士	·工文詞	史98 列傳
王 維					
金商祐	及第		御史大夫→刑部尙書→戶部尙書·翰林學士→禮部尙書→吏部尙書		史12 睿宗2·12, 同3·7, 史13 睿宗4·7, 同5·6, 同6·12
韓皦如 (韓安仁)	及第	·端州韓氏	直翰林院→禮部侍郎→承宣→散騎常侍·同知樞密院事·翰林學士承旨→刑部尙書·知樞密院事·叅知政事·判工部事→中書侍郎平章事	·好學 善屬文 一時名流	史97 列傳, 史15 仁宗卽位·5 등
愼安之		·宋 開封府人	兵部尙書→三司使	·曉漢語 凡移南北朝文牒 多出其手	史97 列傳, 史13 睿宗4·6
金 緣 (金仁存)	及第	·平章事 金上琦의 子 ·江陵金氏	禮部侍郎→諫議大夫→樞密院副使→兵部尙書·知樞密院事→禮部尙書·政堂文學→門下侍中	·好學 老不釋卷 ·一時詔誥多出其手	史96 列傳
林有文	及第	·平章事 林槩의 子 ·沃溝林氏	散騎常侍→御史大夫→右僕射·知門下省事→叅知政事→門下侍郎平章事		史97 林槩傳, 史13 睿宗7·9, 同9·3, 史14 睿宗15·6, 同17·3, 史15 仁宗 卽位·5

高麗·宋 交聘의 목적과 使節에 대한 考察   179

金富轍 (金富儀)	及第	·門下侍中 金富軾의 弟 ·慶州金氏	直翰林院→御史中丞→大司成→翰林學士承旨→禮部尚書→吏部尚書→知樞密院事	·詩文豪邁 膾炙人口	史97 列傳, 史16 仁宗 13·12
安稷崇	前出		前出	前出	前出
王字之 (王紹中)			吏部侍郎·左承宣→禮賓卿·樞密院知奏事→殿中監→吏部尚書→左散騎常侍·同知樞密院事→樞密院使→吏部尚書·叅知政事·判戶部事		史92 王儒傳 附 王字之傳, 史13 睿宗7·2, 同8·12, 史14 睿宗10·7, 同12·2, 史14·6, 同17·3
文公彦			禮賓少卿→戶部郎中		史13 睿宗6·11, 同9·6
王字之			前出		前出
文公美 (文公仁)	及第	·門下侍中 崔思諏의 婿 ·南平文氏	戶部員外郎→戶部侍郎→右副承宣→吏部尚書→同知樞密院事→叅知政事→中書侍郎平章事→判吏部事		史125 列傳, 史14 睿宗10·7, 同11·11, 史15 仁宗5·4, 同5·12, 史16 仁宗8·12, 同9·9, 同11·11
李資諒 (李資訓)	蔭叙	·門下侍中 李子淵의 子 ·中書令 李資謙의 弟 ·慶源李氏	刑部侍郎·知奏事→樞密院副使→刑部尚書·樞密院使→中書侍郎平章事		史95 李子淵傳 附 李資諒傳, 史14 睿宗12·6, 同17·3, 史15 仁宗 卽位·5 등
李 永	及第	·戶長의 子 ·叅知政事 韓安仁의 妹婿	禮部侍郎→諫議大夫→知御史臺事·寶文閣學士	·以廉謹聞	史97 列傳, 史13 睿宗8·10, 史14 睿宗12·6, 同17·3
鄭 沆	及第	·東萊鄭氏	正言→司諫→右承宣·禮部侍郎·翰林侍讀學士→吏部侍郎→國子祭酒·翰林學士→國子監大司成		史97 列傳, 高麗墓誌銘集成 61등 鄭沆墓誌銘
鄭克永	前出	前出	前出	前出	前出
李之美	及第	·中書令 李資謙의 子 ·慶源李氏	秘書監·樞密院副使→試禮部尚書·同知樞密院事→知樞密院事→判樞密院事		要 9 仁宗2·7, 同3·4, 史73 選擧志 科目 選場 仁宗3·5, 史15 仁宗·12, 同4·4
李資德	蔭叙	·門下侍中 李子淵의 孫 ·知中樞院事 李顓의 子 ·慶源李氏	刑部侍郎→樞密院副使→工部尚書·知樞密院事→叅知政事→中書侍郎平章事	·喜讀 書	史95 李資玄傳 附 李資德傳, 史13 睿宗6·10, 史15 仁宗 元年·12, 同2·12, 同3·12, 史16 仁宗16·8
金富轍	前出	前出	前出	前出	前出

李軾	蔭叙	·門下侍中 李頲의 孫 ·兵部郎中 李資孝의 子 ·慶源李氏	戶部員外郎→侍御史→右司郎中→吏部郎中→刑部尙書→尙書左僕射·叅知政事		高麗墓誌銘集成 149쪽 李軾墓誌銘, 史16 仁宗12·11, 史17 毅宗5·7
金富軾	及第	·平章事 金富佾의 弟 ·慶州金氏	禮部侍郎→御史大夫·樞密院副使→知樞密院事→戶部尙書→翰林學士承旨→叅知政事→中書侍郎同中書門下平章事→門下侍中	·以文章名世 ·三國史記 編撰	史98 列傳
李周衍			刑部侍郎→知御史臺事→尙書左僕射		史15 仁宗4·9, 史16 仁宗8·4, 高麗墓誌銘集成 570쪽 李公遂墓誌銘
尹彦頤	蔭叙·及第	·門下侍中 尹瓘의 子 ·坡平尹氏	起居郎→吏部郎中→國子司業·御史大夫→禮部侍郎·寶文閣直學士→諫議大夫·政堂文學	·博學無所不通 ·工文章	史96 列傳, 高麗墓誌銘集成 110쪽 尹彦頤墓誌銘
崔惟淸	蔭叙·及第	·平章事 崔奭의 子 ·鐵原崔氏	右正言→殿中內給事→禮部員外郎→左司諫→御史中丞→翰林學士·御史大夫·同知樞密院事→叅知政事→中書侍郎平章事	·經史子集靡不該通	史99 列傳, 高麗墓誌銘集成 221쪽 崔惟淸墓誌銘
沈起			閤門通事舍人		史16 仁宗10·2, 高麗圖經 8 人物
洪彝叙	及第		知奏事→知樞密院事		史16 仁宗11·5, 史73 選擧志 科目 選場 仁宗11·8
韓惟忠	及第	·平章事·判吏部事 韓文俊의 父 ·淸州韓氏	副承宣→內侍→承制→樞密院副使→工部尙書→左僕射·樞密院使→叅知政事→中書侍郎平章事		高麗墓誌銘集成 87쪽 韓惟忠墓誌銘, 史16 仁宗11·4, 史17 仁宗20·12, 同22·12, 同23·12
李之氐	壯元及第	·門下侍中 李壽의 子 ·慶源李氏	禮部郎中→國子司業→起居注→中書舍人→樞密院副使→御史大夫·同知樞密院事→政堂文學·判翰林院事→叅知政事	·文章事業爲一時傑	史95 列傳, 史16 仁宗10·3, 同10·5, 要10 仁宗13·11, 史16 仁宗16·8, 同16·12, 史17 仁宗19·12, 同21·12
文承美					
盧顯庸	壯元及第				史12 睿宗3·6, 史16, 要10 仁宗13·9
金稚規					
劉待擧					
趙冬曦			耽羅按撫使→兵部侍郎		史18 毅宗18·3, 同22·11, 要11 毅宗24·9
朴光通					

고려에서 宋에 파견할 人物을 선발할 때에 가장 중시한 사항은 學問的 能力이 아니었던가 생각된다. 詩文에 能하고 文章力을 겸비해야 하는 게 당시 官人의 필수적인 소양이었던만큼 그 점에서 宋人에 뒤지지 않아야 고려의 文化的·學問的 체면에 손상을 가져오지 않게 될 뿐더러, 그것이 곧 使命을 원만히 수행할 수 있는 기반이 되기도 하였기 때문이다. 그러므로 이 같은 능력의 필요성은 使節의 上·下에 구분이 있을 수 없었다. 肅宗 3년에 尹瓘을 派宋할 때, "詔하여 名士를 뽑아 下節에 補하게 하였는데, 公(安稷崇)이 천거되어 수행하였다"45)는 기사가 그 같은 사실을 잘 말해 준다.

당해인의 학문적 능력을 외형상으로 나타내주는 것 가운데 하나가 科擧의 及第 與否인데, 매우 제한된 자료임에도 불구하고 도표에 밝혀 두었듯이 使臣으로 뽑힌 인물 가운데 及第人員은 43명에 이르고 있으며, 그 중 7명은 壯元及第者이다. 그리고 각자를 설명하는 대목에서는 '好學'했다느니, 또는 '工文詞'·'主文柄 名重一時'·'文詞雅麗'·'少好學'·'力學 善屬文'·'以文行聞'·'詩文豪邁 膾炙人口'·'博學 無所不通'·'經史子集 靡有不該通'·'文章 事業 爲一時傑'했다는 기사 등도 찾아진다. 모두가 그들의 학문수준이 높았음을 일러주는 자료들이 아닌가 생각된다.

使行 때의 구체적인 행적과 관련해서도, 예컨대 文宗 34年에 入宋하였던 朴寅亮의 경우 "이르는 곳마다 詩를 남겼다"46)거나 또는 "宋人들이 (朴)寅亮과 (金)覲이 지은 바의 尺牘과 表狀·題詠을 보고 稱嘆하기를 마지아니하며 2人의 詩文을 간행까지 해 小華集이라 불렀다"47)고

---

45) 『高麗墓誌銘集成』, 59쪽, 安稷崇墓誌銘.
46) 『補閑集』 卷上, 朴參政寅亮.
47) 『高麗史』 卷95, 列傳 朴寅亮傳·『高麗史節要』 卷6, 肅宗 元年 9月.

전한다. 그밖에 肅宗 5年에 王嘏를 수행했던 金富佾에 대해 "지은 表의 辭가 雅麗하여 皇帝가 두 번이나 內臣을 보내 獎諭하였다"[48]고 한 것과 同 9年에 崔弘嗣를 수행했던 鄭克永의 "著述이 中國人의 稱許를 받았다"[49]고 한 것, 그리고 睿宗 11年에 使行한 李資諒이 徽宗皇帝의 詩에 和答하여 커다란 稱賞을 받은 것과,[50] 수행원 鄭沆의 表章 역시 館伴學士의 稱嘆을 자아냈다는 것[51] 등도 비슷한 사례들이다. "文章으로 명성이 높던" 金富軾의 경우 이름이 宋에까지 알려져 그가 使節로 들어갔을 때 "이르는 곳마다 禮待하였다"는 기록도[52] 보이지만, 高麗 使節의 높은 學識이 宋에서 잘 발휘되었음을 살필 수 있다고 하겠다.

다음으로 使節의 선발에서 또 하나 중시한 것은 人品과 함께 儀禮를 아는가의 여부였던 것 같다. 그들의 평가에 있어 '性嚴恪'하다든가 '性沈重嚴毅'·'美風儀'·'儀表端雅'·'爲人恭儉'했다는 표현 등이 이런 면모와 관련된 기록들이다. 구체적인 사례로서는 光宗 23년에 使行한 徐熙에 대해 "容儀가 中度하여 宋 太祖가 가상하게 여겼다"[53]고 한 것과, 成宗 12年에 入宋한 韓彦恭에 대해서 "儀容이 中度하였으므로 金紫光祿大夫·檢校兵部尙書·兼御史大夫를 제수했다"[54]고 한 것, 그리고 肅宗 5년과 同 9年에 각각 使行한 任懿와 崔弘嗣의 경우에도 "擧止가 中矩하여 宋人들이 目敬했다"[55]거나 "儀度가 中規하여 보는 이들이

---

48) 『高麗史』 卷97, 列傳 金富佾傳.
49) 『高麗史』 卷98, 列傳 鄭克永傳.
50) 『高麗史』 卷95, 列傳 李子淵 附 資諒傳·『高麗史節要』 卷8, 睿宗 12年 5月·『補閑集』 卷上, 天慶 元年.
51) 『高麗史』 卷97, 列傳 鄭沆傳.
52) 『高麗史』 卷98, 列傳 金富軾傳·『高麗史節要』 卷11, 毅宗 5年 春2月.
53) 『高麗史』 卷94, 列傳 徐熙傳.
54) 『高麗史』 卷93, 列傳 韓彦恭傳.
55) 『高麗墓誌銘集成』, 44쪽, 任懿墓誌銘.

칭송했다"56)고 한 기사 등이 찾아져 그 점을 뒷받침하여 주고 있다.

　淸廉度도 사절의 선발에 참고 사항이 되지 않았던가 짐작된다. 使臣으로 다녀온 인물들을 소개하는 기사에 '性淸廉'·'淸直廉謹'·'淸儉蹇直'·'以淸謹名'·'以廉謹聞' 등의 표현이 자주 등장하는 것은 그와 관련이 깊다고 생각되기 때문이다. 異國의 값지고 珍奇한 物品을 대하여 마음 한쪽으로 유혹이 없을 수 없었겠지만 그것을 뿌리친 魏繼廷57)·任懿58)·鄭文59) 등의 행적이 特記되어 있는 것을 통해서도 그 같은 면모를 짐작하는 데 역시 많은 도움을 받는다. 물론 使節 가운데는 그 반대로 행동한 李資義의 예가 있고60) 청렴치 못한 것으로 알려진 王字之·文公仁 등의 이름도61) 보인다. 그러나 대체적으로 그들은 청렴한 인물이 선발되었다고 이해된다.

　이렇게 使節은 학식과 인품·청렴도 등을 고려하여 선발되었지마는, 그러나 여기에 한 가지 조건이 더 뒤따랐다. 家門이 좋아야 한다는 게 바로 그것이었다. 특히 門閥貴族的 성격이 강했던 고려전기 사회에서 어떻게 보면 이것은 당연한 조건이기도 한 듯싶거니와, 이에 따라 사절이 한 집안에서 여러 명 배출되는 특징도 나타나고 있다. 예컨대 고려의 최대 門閥家였던 慶源李氏 집안에서62) 李資仁·李資義·李資諒·李資德·李之美·李之氏·李軾 등 7명이 나온 것을 비롯하

---

56) 『高麗史』 卷97, 列傳 崔弘嗣傳.
57) 『高麗史』 卷95, 列傳 魏繼廷傳.
58) 『高麗史』 卷95, 列傳 任懿傳·『高麗史節要』 卷6, 肅宗 6年 5月·『高麗墓誌銘集成』, 44쪽, 任懿墓誌銘.
59) 『高麗史』 卷95, 列傳 鄭文傳·『高麗史節要』 卷7, 睿宗 卽位年 12月.
60) 『高麗史』 卷95, 列傳 魏繼廷傳.
61) 『高麗史』 卷125, 列傳 文公仁傳.
62) 藤田亮策, 「李子淵と其の家系」 『靑丘學叢』 13·15, 1933·1934 ; 『朝鮮學論考』, 1963.
　　李萬烈, 「高麗 慶源李氏 家門의 展開過程」 『韓國學報』 21, 1980.

여, 海州崔氏인 崔思諒·崔思齊는 4寸兄弟間이고,63) 그밖에 利川徐氏인 徐熙와 徐訥,64) 江陵金氏인 金上琦와 金緣,65) 慶州金氏인 金覲과 金富佾·金富轍·金富軾,66) 坡平尹氏인 尹瓘과 尹彦頤,67) 沃溝林氏인 林槩와 林有文은68) 父子間으로, 그 집안은 한결같이 명문들인 것이다. 뿐 아니라 비록 한 명을 배출하기는 했어도 慶州崔氏(崔元信)·光陽金氏(金良鑑)·貞州柳氏(柳洪)·平山朴氏(朴寅亮)·定安任氏(任懿)·南平文氏(文公美)·東萊鄭氏(鄭沆)·鐵原崔氏(崔惟淸)·淸州韓氏(韓惟忠) 등도 역시 名門으로 알려진 집안들이다.69) 앞서 설명했듯이 使命을 수행함에는 많은 어려움이 수반되었던 만큼 경우에 따라서는 집안이 그렇게 뛰어났다고 할 수 없는 출신도 더러 보인다. 그러나 대체적으로는 名門이거나 또는 그에 준하는 집안에서 임명되었다고 생각되는 것이다.

 요컨대 宋에 파견되는 고려의 使節은 家門的 背景과 함께 학식과 人品 등을 두루 갖춘 인물들이 선발되었다고 할 수 있다. 그러므로 交聘을 관장하는 부서에서의 근무 여부와는 별반 관계없이 人物本位로 뽑았던 것이라 짐작되지마는, 사실 그들의 근무처인 尙書6부나 中書門下省 郎舍·御史臺·樞密院·翰林院 등은 고려의 핵심이 되는 官署이기도 하였다. 뿐 아니라 이들의 官歷 역시 주로 그 같은 官署의 要職을 거치고 있으며, 또 그들의 압도적 다수가 뒤에 宰相級으로까지 승진하고 있다.70) 이런 점도 새삼 강조할 것 없이 使節의 지위가 매우

---

63) 朴龍雲, 「高麗時代 海州崔氏와 坡平尹氏 家門 分析」『白山學報』 23, 1977.
64) 『高麗史』 卷94, 列傳 徐熙傳·同附 徐訥傳.
65) 藤田亮策, 주 62) 論文.
66) 『高麗史』 卷97, 列傳 金富佾傳·同附 金富儀傳·『高麗史』 卷98, 列傳 金富軾傳.
67) 朴龍雲, 주 63) 論文.
68) 『高麗史』 卷97, 列傳 林槩傳.
69) 고려시대의 명문에 대해서는 朴龍雲,「臺諫의 身分」『高麗時代 臺諫制度 硏究』 一志社, 1980, 117·118쪽 참조.

중시되었다는 사실의 한 반증으로써 주목할 필요가 있다고 생각된다.

4) 宋側 使節에 대한 檢討

宋側에서 高麗에 使節을 파견한 회수는 30회 안팎이며, 그 인원은 46명 정도가 알려지고 있다. 회수, 인원 모두 고려의 약 반에 해당하는 숫자이다. 그러면 이번에도 먼저 그들은 어떤 官署에 소속한 관원들이었으며, 또 지위는 어느 정도였는가에 대해서부터 알아보기로 하자. 아래에 그 내용을 간략하게 도표로 제시하면 다음과 같다.

[표 4] 宋側 使節의 所屬官署와 品階 [○表는 正使, △表는 副使]

姓名	使行時 官職	所屬官署	品階	職 任	典 據
○ 時 贊	左司禦副率	東宮官	從8品	官存而無職司	宋史162·168
○ 于延招	司農寺丞	司農寺	正8品	供籍田九種 大中小祀供豕及蔬果	宋史165·168
△ 徐昭文	太子中允·	東宮官	從7品①		宋史162·168
○ 張 洎	直舍人院				
△ 句 中	著作郎	秘書省	從7品	古今經籍圖書 國史實錄 天文曆數之事	宋史164·168
○ 王 僕	閤門祇候	東西上閤門	從8品	朝會宴幸 供奉贊相禮儀之事	宋史166·168
○ 李巨原	光祿少卿	光祿寺	正6品	祭祀 朝會 宴饗酒醴膳羞之事	宋史164·168
△ 孔 維	將作少監	將作監	從6品	京都繕修 隸三司修造案	宋史165·168
○ 王 著	大常卿	太常寺	正4品	禮樂 郊廟 社稷 … 陵寢之事	宋史164·168
△ 呂文仲	秘書監	秘書省	正4品	前出	前出
○ 韓國華	監察御史	御史臺	從7品	分察六曹及百司之事 糾其謬誤	宋史164·168
○ 呂 端	禮部侍郎	禮部	從3品	國之禮樂 祭祀 朝會 宴饗 學校 貢擧之政令	宋史163·168
△ 呂祐之	左諫議	門下省	從4品	規諫諷諭	宋史161·168
○ 柴成務	光祿卿	光祿寺	從4品	前出	前出
△ 趙化成	大常少卿	太常寺	從5品	前出	前出

---

70) 丸龜金作도 주 6) 논문 14쪽에서 이들이 "정무상의 중요한 지위에 나아가고 있다"고 말하고 있다.

○ 劉 式	光祿卿	光祿寺	從4品	前出	前出
△ 陳 靖	秘書少監	秘書省	從5品	前出	前出
顧允恭	明州教練使				
○ 安 燾	左諫議大夫	門下省	從4品	前出	前出
△ 陳 睦	起居舍人	中書省	從6品	記天子言動	宋史161·168
○ 王舜封	閤門通事舍人	東西上閤門	從7品	前出	前出
○ 楊景略	左諫議大夫	門下省	從4品	前出	前出
△ 王舜封	禮賓使	客省	從5品②	國信使見辭宴賜 及四方進奉 四夷朝覲 貢獻之儀	宋史166·168
○ 錢 勰	右諫議大夫	中書省	從4品		宋史161·168
△ 宋 球	西上閤門副使	東西上閤門 6品?③		與門下省同	前出
黃 仲	明州報信使			前出	
黃宗閔	明州教練使				
○ 劉 逵	戶部侍郎	戶部	從3品	軍國用度 以周知其出入盈虛之數	宋史163·168
△ 吳 栻	給事中	門下省	正4品	讀中外出納 及判後省之事 若政令有失當 除授非其人 則論奏而駁正之	宋史161·168
任 郭	教練使明州都知兵馬使				
○ 王 襄	兵部尙書	兵部	從2品	兵衛 武選 … 廄牧之政令	宋史163·168
△ 張邦昌	中書舍人	中書省	正4品	行命令爲制詞 分治六房 隨房當制 事有失當 及除授非其人 則論奏封還詞頭	宋史161·168
○ 曹 誼	閤門祗候	東西上閤門	從8品	前出	前出
許 立	承信郎	文散官	從9品		宋史169
林大容	進武校尉	武散官	?		宋史169
姚 喜	進武校尉	〃	〃		〃 〃
○ 路允迪	禮部侍郎	禮部	從3品	前出	前出
	中書舍人	中書省	正4品	前出	前出
△ 傅墨卿	閤門祗候	東西上閤門	從8品	前出	前出
○ 侯 章					
△ 歸中孚	〃	〃	〃		〃
張 詵	教練使明州副使				
胡 蠡	迪功郎	文散官	從9品		宋史169
○ 楊應誠	刑部尙書	刑部	從2品	天下刑獄之政令	宋史163·168
△ 韓 衎	齊州防禦使				
王正忠	進武校尉	武散官	?		宋史169
吳敦禮	迪功郎	文散官	從9品		宋史169

① 『宋史』卷162 職官志 2 東宮官條에 太子中舍人은 보이나 太子中允은 찾아지지 않는다. 그러나 『舊唐書』卷42 職官志 1 正第五品上·下階에 의하면 太子中允과 中舍人이 同一 品階로 되어 있다. 그러므로 여기서도 中舍人의 品階에 따라 從7品

으로 처리하였다.
② 『宋史』職官志에는 禮賓省(禮賓寺)의 명칭이 보이지 않는다. 그러나 그것은 客省이라고도 불리었으므로 禮賓使 역시 客省使와 同一한 官職으로 看做하였다.
③ 西上閤門副使의 品階는 확인되지 않는다. 그러나 그것은 從7品인 西上閤門通事舍人의 바로 윗 職位였으므로 6品 정도 되었을 것이다.

　보다시피 제1기에 있어서는 17명중 10명이 寺·監의 官員들로, 그 가운데 4명은 卿·監, 4명은 少卿·少監, 2명은 그보다 하위의 사람들이 임명되고 있다. 여기에 東宮官이 2명, 그리고 東西上閤門·御史臺·禮部·門下省에서 각각 1명씩 임명되고 있지마는, 그들 중 禮部侍郞과 門下省의 左諫議 및 寺監의 卿·監과 상급의 少卿·少監은 고려와 비교하여 볼 때, 양국의 관직체계에 따라 品階上 약간의 高下가 나타나기는 해도 비슷한 수준이었다고 할 수 있다. 하지만 고려에서 다수를 차지하였던 尙書6部에 비하여 諸寺監은 상대적으로 덜 중요한 위치에 있었고, 또 6品이나 7·8品의 官員들까지도 여러 명 제수받고 있어서 전체적으로 보아 宋의 使節은 고려의 그들에 비하여 지위가 낮았음을 알 수 있다.

　제2기에 있어서는 地方官 4명을 제외하면 19명이 되는데, 그들 가운데 高麗와 동일한 수준의 尙書와 侍郞이 3명이고, 또 中書省과 門下省의 中書舍人·給事中·左右諫議大夫 등 6명은 역시 고려와 비슷한 위치의 관원들이었다고 할 수 있다. 그러나 그밖에 客省이나 東西上閤門에서 선발된 인원은 상대적으로 品階가 낮을 뿐더러 下級의 文·武散官도 3명이나 끼어 있어서 여전히 宋의 사절은 고려의 그들에 비하여 지위가 낮았음이 확인된다.

　제3기에는 고려측 사절의 지위도 낮아지지만 宋의 경우 刑部尙書였던 楊應誠 이외에 使節다운 使節이 파견된 일은 없었다. 그러므로 이 기간의 저들은 비교조차 하기가 어려운 것이다. 요컨대 宋側의 사절은 고려의 그들에 비해 파견 회수나 인원이 절반 정도에 그치고 있고, 또 지위도 대체로 낮았음을 쉽게 파악할 수 있는 일이라 하겠다.

그런데 양국 사절의 이 같은 차이에도 불구하고 한가지 공통점이 눈에 띄기도 한다. 그것은 宋의 사절 역시 여러 官署에서 선발되고 있다는 사실이다. 구체적으로 그들은 東宮官과 司農寺・秘書省・光祿寺・將作監・太常寺 등의 諸寺・監, 그리고 東西上閣門・御史臺・禮部・門下省・中書省・戶部・兵部・刑部 등에서 선발되고 있으며, 거기에다가 文・武散官 및 地方官까지도 임명되고 있는 것이다. 이는 宋에서도, 일정한 한계가 있기는 했으나 고려와 마찬가지로 사절을 人物本位로 뽑았기 때문이 아닌가 짐작된다. 즉, 특별히 醫官을 파견하거나, 또는 양국의 관계가 원만치 못하였을 때 단순한 持牒使로 하위의 관원을 보내는 경우 등을 제외하고는 역시 學識과 人品・淸廉度・家門 등의 여러 면을 고려하여 신중히 선발해 파견하곤 했다고 생각되는 것이다.71) 이제 그 점을 확인하기 위해 『宋史』列傳에 立傳되어 비교적 많은 자료를 남기고 있는 17명의 人的 事項을 도표로 작성하여 제시하면 다음의 [표 5]와 같다.

[표 5] 宋側 使節의 人的 事項

姓名	科擧・蔭叙	家門 關係	重要 官歷	特記 事項	典據
張洎	進士及第	祖:蘊 上轉運巡官 父:煦 滁州司法掾	監察御史→太子中允→直舍人院→戶部員外郎→禮部郎中→太僕少卿→右諫議大夫→中書舍人・翰林學士→給事中→叅知政事	・少有俊才 博通墳典 ・文采淸麗 博覽道釋書 ・好攻 人之短 ・有 文集 50卷	宋史 267

---

71) 이 점에 대해서는 앞서 주 6)에서 지적한 丸龜金作의 논문 14・15쪽 및 申採湜의 논문 1200~1204쪽에 간략하게 언급되어 있다.

姓名	科擧	出身/家系	官歷	特記事項	出典
孔 維	九經及第	開封 雍丘人	太子左贊善大夫→國子博士→國子司業→國子祭酒·工部侍郎	·通經術 ·使行時 高麗王 問禮 ·儒林傳 所載	宋史 431
王 著	明經及第	祖:賁 雅州刺史 父:景曠 萬州別賀	衛寺丞·史館祇候→著作佐郎→翰林侍書與侍讀→左拾遺→殿中侍御史	·善攻書 筆迹甚媚	宋史 296
呂文仲	進士及第	父:裕 歙州錄事參軍	小府監丞→著作佐郎→翰林侍讀→左正言→左諫議大夫→起居舍人→兵部員外郎→工部郎中→御史中丞→工部侍郎·翰林侍讀學士→刑部侍郎	·預修太平禦覽 ·久居禁近 頗周密銳愼 ·富詞學 器韻淹雅 ·使高麗 善於應對 淸淨無所求	宋史 296
韓國華	進士及第	相州 安陽人	大理評事→右贊善大夫→著作佐郎→監察御史→右拾遺→直史館→左司諫→刑部員外郎→兵部員外郎→都官郎中→太常少卿→右諫議大夫	·偉儀觀 性純直 有時譽	宋史 277
呂 端	蔭補	父:琦 兵部侍郎	國子主簿→秘書郎→著作佐郎→直史館→太常丞→侍御史→戶部郎中→右諫議大夫→樞密直學士→叅知政事→戶部侍郎·平章事→宰相→門下侍郎·兵部尚書→右僕射	·少敏悟好學 ·姿儀瓌秀 有器量 寬厚多恕 ·善與人交 輕財好施	宋史 281
呂祐之	進士及第	父:文贊 本州錄事參軍	大理評事→右贊善大夫→殿中侍御史→右補闕→直史館→起居舍人→直昭文館·知制誥→右諫議大夫→給事中→工部侍郎·翰林侍讀學士	·純謹長者 不喜趨競 ·備顧問 不能有所啓發	宋史 296
柴成務	進士甲科	父:自牧 兵部員外郎	太理寺丞→太常丞→殿中侍御史→戶部員外郎→直史館→戶部郎中→光祿少卿→左諫議大夫→給事中→判尙書刑部	·有詞學 博聞稽古 ·士人重其文雅 ·太宗實錄 撰修 ·文集 20卷	宋史 306
劉 式	三傳中第	袁州人	大理寺丞→贊善大夫→秘書丞→工部員外郎→刑部員外郎		宋史 267
陳 靖		父:仁璧 泉州別駕	將作監丞→秘書丞→直史館→太常博士→刑部員外郎→太常少卿→太僕卿→集賢院學士→左諫議大夫→秘書監	·多建畫 而於農事尤詳 ·循吏傳 所載	宋史 426
安 燾	登第	開封人 父:曄 三班院史	太常丞→秘閣校理→起居注→左諫議大夫→龍圖閣直學士→判軍器監→戶部尙書→同知樞密院→知院事→門下侍郎	·幼警悟	宋史 328

錢勰	蔭補	祖:易 左司郎中· 翰林學士 父:彥遠 知諫院	流內銓主簿→左司郎中→中書舍人→給事中→知開封府→工部侍郎→戶部侍郎→戶部尚書·龍圖閣直學士→兼翰林侍讀	·十三歲 制擧之業 成 ·勳貴 從孫 ·使高麗 不取贈物	宋史 317
宋球	蔭補	父:守約 步軍副都 揮使·威武 軍留後	通事舍人→西上閤門使→樞密副都承旨	·爲人謹密	宋史 349
劉逵	進士 高第		太常博士→考功員外郎→國子司業→秘書少監→太常少卿→中書舍人→給事中→戶部侍郎→尚書→同知樞密院事→中書侍郎	·無他才能 附蔡京故躐進	宋史 351
王襄	進士 及第	鄧州 南陽人	軍器監主簿→庫部員外郎→光祿少卿→吏部侍郎→禮部尚書→兵部尚書→吏部尚書→同知樞密院事		宋史 352
張邦昌	進士 及第	永靜軍 東光人	大司成→禮部侍郎→尚書右丞→左丞→中書侍郎→少宰→太宰兼門下侍郎	·卽僞位 僭號大楚 ·叛臣傳 所載	宋史 475
張慤	進士 及第	建州 浦城人	越州通判→轉運判官→直集賢院→知秦州→天章閣待制→知熙州→龍圖閣直學士→知成都府→正議大夫	·性孝友 廉於財	宋史 331

　　우선 學識面에서 보면, 列傳에 立傳된 17명만을 대상으로 하였다는 제약성을 지니기는 하나 그들의 압도적 다수가 科擧及第者라는 것과, 또 대부분이 文翰職을 거치고 있다는 데서 뛰어난 人物들이었음을 짐작할 수 있다. 이들의 특성을 설명하여 '少有俊才 博通墳典'·'文采淸麗 博覽道釋書'하였다거나, 또는 '通經術'·'富詞學 器韻淹雅'·'少敏悟好學'·'有詞學 博聞稽古'·'士人重其文雅'·'幼警悟' 등의 서술도 보이지마는, 이 역시 저들의 그 같은 면모를 일러주는 문구들이다. 그런데 사료 가운데는 그 점을 보다 직접적으로 설명하여 주는 기사도 찾아진다. 즉,

　　　帝가 高麗는 文을 崇尙한다 하여 매번 詔書를 賜할 때에는 반드시 詞臣을

뽑아서 著撰토록 하고 그 가운데 잘된 것을 가렸으며, 파견할 使者와 書狀官은 반드시 中書省에 불러들여 文을 시험하고야 이에 보냈다.[72]

는 것이다. 이는 일시 단절되었던 國交가 宋의 적극적인 聯麗政策에 따라 再開되는 第2期初의 기사인데, 宋이 高麗에 파견하는 사절의 學問이나 文章力 등에 대해서 얼마나 신중했던가를 잘 보여주고 있다.

人品과 관련하여서는 "久居禁近 頗周密兢愼"하였다는 呂文仲이나, "偉儀觀 性純直"하였다는 韓國華, "姿儀瓌秀 有器量 寬厚多恕" 또는 "純謹長者 不喜趨競"・"爲人謹密" 등으로 표현된 呂端・呂祐之・宋球 등의 예에서 그 면모를 살필 수 있다. 그리고 淸廉度에 대해서는 "善與人交 輕財好施"하였다는 呂端과 "廉於財"하였다는 張誡에게서 역시 엿볼 수 있다. 이처럼 宋側의 사절도 淸廉하면서 儀禮를 알고 學識을 갖춘 能力있는 인물들로 충당되었음을 대략 확인할 수 있는 것이다.

그런 한 대표적인 사람으로 앞서 들었던 呂文仲이 흔히 거론되곤 한다. 그는 제1기인 成宗 4年(985)에 副使로 왔던 인물인데, "高麗의 使行에서 應對를 잘 하였으며, 淸淨하여 求하는 바가 없었으므로 遠俗이 기뻐하였다. 후에 高麗로 使行하는 자는 반드시 그 出處를 諮問하였다"[73]고 전하는 것이다. 또 다른 한 예로 呂文仲보다 2년 앞서 역시 副使로 왔던 孔維의 경우 "高麗의 使行에 왕이 禮에 대하여 묻자 維가 君父・臣子의 道와 升降・等威의 序로 대답하니, 왕이 기뻐하며 칭찬해 말하기를 "今日에 다시 中國의 夫子를 보는도다"[74]라고 하였다는 기록에도 접할 수가 있다. 물론 그들 가운데 文宗 32年(1078)에 使行하

---

72) 『高麗史』 卷9, 世家 文宗 26年 6月條. 유사한 기사가 『宋史』 卷487, 高麗傳 熙寧 9年條에도 실려 있다.
73) 『宋史』 卷296, 列傳 呂文仲傳.
74) 『宋史』 卷431, 列傳 孔維傳.

였던 安燾 같은 사람은 선물로 받은 물품이 너무 많아 배에 다 실을 수 없자 그것을 銀으로 바꾸어 가지고 가서 빈축을 사기도 하였다.75) 그러나 이런 예는 드물고 대체적으로는 그렇지 아니한 인물들이 파견 되었다고 이해된다.

　그들의 家門的 背景에 대해서는 "勳貴의 從孫으로서" 1084년에 高麗에 오는 錢勰에게 宋 皇帝가 파견에 즈음하여, "高麗는 好文하고 또 士大夫家世를 중히 여기므로 卿을 선발한 것이지 다른 뜻은 없다"76) 고 말하고 있는 게 참고된다. 使節을 뽑을 때 家勢도 고려의 대상이 되었음을 대략 짐작할 수가 있는 것이다. 물론 이 점에서도 더러 그렇지 못한 예가 없지는 않았다. 1120년에 詔使로 온 承信郞 許立과 進武校尉 林大容은 商人 出身이었기 때문이다. 거기에다가 우리의 市井人과 어울려 販賣를 하는가 하면 品秩도 낮아서 그들에 대한 대우가 지나치다는 朝廷의 논의가 있기까지 하였던 것이다.77) 이렇게 수준에 미달하는 使節의 경우는 좀 문제가 되겠지마는, 冊封使나 弔慰使 등 格式을 갖춘 正式 使節일 때에는 앞서 살핀 것처럼 家門 등을 고려하여 파견한 것도 어느 정도 확실하다. 圖表에서 검토한 17人은 모두가 士大夫家의 자제들이었다.

　이렇듯 송측의 사절들 역시도 대부분이 士大夫家 출신들이었음은 확인이 되는데, 그러나 고려의 그들은 名門家의 자손들이 큰 비중을 차지했던 점과 비교할 때 상대방은 家門面에서 좀 못한 편이었다고 할 수 있다. 그리고 使行 후에 승진한 정도도 17명중 宰相級에 오른 인물은 張洎·呂端·安燾·劉逵·王襄·張邦昌 등 6人에 그치고 있어

---

75)『高麗史』卷9 ·『高麗史節要』卷5, 文宗 32年 秋7月.
76)『宋史』卷317, 列傳 錢勰傳.
77)『高麗史節要』卷8, 睿宗 15年 秋7月 ·『高麗史』卷97, 列傳 韓冲傳.

서, 압도적 다수가 宰相이 되었던 고려의 경우와 비교하여 또한 못한 편이었음도 드러난다.

요컨대 宋에서는 使節을 인물본위로 선발하여, 얼마간 예외가 있기는 했지만 대체적으로 청렴하면서도 學識과 人品을 갖춘 士大夫家의 자손들이 임명되었음을 확인할 수 있었다. 이 점은 고려의 경우도 여러 면에서 공통성을 나타내고 있는데, 하지만 상대적인 의미에서 가문 정도나 使行 당시의 그들 品階 등은 宋이 高麗의 사절에 비하여 좀 낮은 편이었다. 이것은 高麗가 宋에 대하여 줄곧 事大關係를 맺어왔던만큼 그 같은 입장의 차이가 使節面에도 반영되어 나타난 결과가 아닌가 생각된다.

5) 結 語

지금까지 高麗·宋 交聘과 관련된 여러 문제 가운데에서 그의 目的과 담당자였던 使節을 주제로 삼아 검토하여 보았다. 이제 그 내용을 정리하면 다음의 몇 가지로 요약될 수 있을 것 같다.

첫째로, 宋은 高麗와 事大關係를 맺음으로써 전통적인 中華主義를 실현시켜 감과 동시에 현실적으로 정치적·군사적 지원을 얻어 자신에게 위협이 되고 있는 대륙 북방의 契丹族인 遼와 女眞族의 金을 견제하려는 데 목적이 있었다는 종래의 주장을 다시 확인할 수 있었다. 한편 고려의 주목적에 대해서는 先進文化의 수입과 經濟的 利益을 얻으려는 데 있었다는 주장과, 宋처럼 정치적·군사적 지원을 얻는 데 있었다는 주장, 그리고 시기에 따라 그것이 좀 달랐다는 주장 등으로 엇갈려 왔었는데, 구체적인 사료를 검토해본 결과 그 중 마지막 견해가 가장 타당한 것으로 생각되었다. 高麗·宋 交聘의 제1기에 해당하는 北宋前期까지는 고려도 契丹의 위협에 대처하기 위하여 宋의 정치적·군사적 지원을 얻는데 外交의 큰 비중을 두고 있었던 데 비해 北宋後期와 南宋 때까지의 제2기·제3기에는 先進 文物의 수입에 주력하였음을 확인할 수 있었기 때문이다.

둘째로, 고려측의 使節은 宋과의 관계가 원만치 못했던 제3기에는 좀 양상이 달랐지만 제1기의 경우 尙書6部의 正4品인 侍郞과 正5品인 郞中이, 제2기에는 正3品인 尙書와 역시 正4品인 侍郞이 각각 正使와 副使를 맡아 주축적 역할을 담당하였으며, 그 이외에 다른 몇몇 官署에서 品階가 같거나 또는 비슷한 지위의 관원들이 선발되어 분담하기도 하였다. 이에 비해 宋의 그들은 혹 諸寺監에서, 또는 中書省과 門下省에서 좀 많이 선발되기도 하여 차이점을 보이고 있으며, 지위도 高麗側의 그들보다 좀 낮은 편이어서 역시 차이를 드러내고 있다.

그러나 한가지 공통점은 있었다. 양국의 사절 모두가 현재 交聘을 담당하는 部署에서 근무하고 있었느냐의 여부와는 별반 관계없이 선발되고 있는 것이다. 고려의 경우 交聘의 주무부서는 尙書禮部였지만, 그보다는 오히려 戶部에서 더 많은 숫자가 선발되고 있으며, 그밖에 吏部·兵部·刑部·工部, 그리고 中書門下省 郞舍·御史臺·翰林院·尙書都省·樞密院·禮賓寺·小府寺·太僕寺·秘書監·閤門·國子監 등의 관원이 비교적 골고루 임명을 받고 있다. 宋의 경우도 禮部와 함께 司農寺·秘書省·光祿寺·將作監·太常寺 등의 諸寺監을 비롯하여 東宮官·東西上閤門·御史臺·中書省·門下省·戶部·兵部·刑部 등 여러 官署의 요원이 임무를 맡고 있다. 전문 부서 이외의 각 官署에서 使命을 담당할 인원이 임명되고 있는 것은 前近代社會에 있어서의 業務分掌 불철저라는 면과 더불어 그것의 중요성에 따라 人物本位로 선발한 데 원인이 있지 않았나 생각된다.

　셋째로, 使節을 人物本位로 선발함에 있어 주요한 고려의 대상이 된 것은 學識과 人品・淸廉度 및 家門 程度 등이었다. 그리하여 이들은 얼마간 예외가 있기는 했으나 대부분이 士大夫家 출신으로 淸廉하면서도 學識과 人品을 갖춘 人物들이 임명되었던 것인데, 이 점에서는 고려와 宋 양국간에 하등의 차이가 없었다. 다만 門閥貴族的 성격이 보다 강했던 고려의 경우에 名門 출신들이 宋과는 비교가 되지 않을 정도로 큰 비중을 차지하고 있으며, 使行 뒤에 고위직으로 승진한 숫자의 비율도 훨씬 높다. 말하자면 고려측의 使節이 宋의 그들에 비하여 家門的 배경이 낫고, 그 뒤의 승진에서도 보다 좋은 대우를 받았다는 이야기이거니와, 이는 使行 당시의 직위가 높았다는 사실과 함께 고려가 宋에 대하여 事大의 입장을 취하였던 결과의 반영이 아닐까 짐작되며, 동시에 高麗・宋 交聘의 중요성도 그만큼 컸음을 엿볼 수 있게 하는 대목이라고 할 것이다.

　이상과 같은 결론을 내기는 했지만 그 검증과정에 불충분한 부분도 없지 않았다. 예컨대, 우리나라와 宋側의 史料 사이에 차이를 보이는 기록이 많은데, 그 원인이나 내용의 실제 등을 일일이 분석・검토하지 못하였다. 뿐 아니라『宋史』등 중국측의 史書를 면밀하게 조사하여 이용하는 작업도 게을리 한 면이 많다. 그런 이유로 하여 어떤 잘못이 초래되지 않았을까 무척 염려가 되는데, 이런 점은 앞으로 기회 닿을 때 수정할 것을 기약하며 이만 줄이기로 한다.

　　(『韓國學報』81・82, 1995・1996 : 이 글은 中國 北京大學 韓國學硏究中心
　　에서 발간하는『韓國學論文集』第4輯, 1995에 中文으로 발표했던 것임)

5.
고려시대 중앙정치체제의 권력구조와 그 성격

1) 중앙정치체제의 권력구조

(1) 국왕과 재추와 상서6부

　전근대 왕조국가에 있어서 흔히 '萬化之源이며 出理之本'으로 묘사되는 국왕의 권력은 절대권에 가까운 것이었다. 근대적인 의미의 입법권과 사법권·행정권 등을 모두 장악하고 있던 국왕의 권한은 아무리 강조해도 지나치지 않을 정도로 강했던 것이다.
　하지만 그렇다고 하여 국가가 국왕 한 사람의 의지에 의해서 전적으로 운영된 것만은 아니었다. 국왕 밑에는 당연히 그의 여러 보필기구가 마련되어 있었지마는, 그들에 의한 보필은 거기에 그치지 않고 왕권에 대해 제약하는 구실을 할 수도 있었기 때문이다. 주로 儒敎政治理念에 입각하고 있던 동양 내지 한국사회에 있어서 天子·國王은 하늘의 뜻(天意)에 따라 정사를 펴야만 한다는 책무가 주어졌던만큼 그에 의해 제약을 받기도 했지만, 그 같은 사상·이념에서 뿐 아니라 실제로 통치기구들을 담당하고 있던 臣僚群에 의해서도 왕권은 어느 정도 규제를 받았던 것이다. 정치권력 구조의 문제는 바로 이런 점에 핵심이 있다고 생각되거니와, 그것은 물론 각 사회가 자리한 역사적 위치나 여건에 따라 차이가 났으리라 짐작된다. 그러면 고려왕조의 경우는 어떠했을까.

고려에서 정치의 중심기구는 흔히들 3省 6部로 일컬어지는 中書門下省과 尙書省, 그리고 中樞院(樞密院)이었다. 이 중에서도 핵심이 되는 기구는 중서문하성의 상층부를 구성하고 있던 宰府였거니와, 여기에는 省宰·宰臣·宰相으로 불리는 2품 이상의 門下侍中 이하 諸平章事·叅知政事·政堂文學·知門下省事 등 '宰五'(宰臣 5職)가 소속하여 국왕과 더불어 국정을 의논하는 의정의 기능을 담당하고 있었던 것이다. 품계상 상서성의 상층기구인 尙書都省 역시 이 같은 재상의 司로써 여기에는 정2품인 左·右僕射 등이 있어 일을 보았다. 하지만 이 기구는 앞 대목에서도 설명했듯이 정무를 처리하는 데 발언권이 있는 권력기구가 되지 못하고 사무관청적인 성격이 강하였으며, 따라서 그곳의 관원들 역시 자신의 지위에 합당한 대우를 받지 못하였다.[1] 이에 비해 오히려 중서문하성의 재부와 어깨를 견줄 수 있는 기구는 중추원의 상층부인 樞府였다. 이 곳 소속의 樞密·宰相인 判院事 이하 直學士까지가 '樞七'(樞密 7職)로서 이들도 의정기능을 담당하였던 것이다. 史書에 자주 보이는 '兩府'·'宰樞兩府'니, 또는 '宰樞'·'宰五樞七'·'兩府宰相'이니 하는 서술들이 바로 이들을 지칭하는 말이었다.

그리하여 고려에서는 국가의 중대사가 이들 宰樞의 협의에 의해 처리되었다. 그렇다면 이렇게 유사한 위치에 있는 재상의 司인 재부와 추부를 함께 설치해 놓고 국사를 같이 보게 한 이유는 무엇이었을

---

1) 邊太燮,「高麗宰相考-3省의 權力關係를 중심으로-」『歷史學報』35·36, 1967 ;『高麗政治制度史硏究』, 一潮閣, 1971, 70~74쪽. 그 내용에 관한 설명은 「관직과 관계」『한국사』13, 1993, 국사편찬위원회 115쪽의 주 29) 참조.

까. 그것은 아무래도 재·추 상호간의 견제적 작용에 본뜻이 있었던 것 같다. 말하자면 국가의 중대사가 재부의 독단으로 처리되는 것을 막는 하나의 제동기적 조처로 같은 재상의 위치에 있는 추부를 따로 설치한 게 아닌가 생각되는 것이다. 더구나 재추회의는 議合이라 하여 만장일치제를 채택하고 있다는 데서 더욱 그러한 뜻을 짐작할 수 있다. 이러한 재·추간의 견제작용은 재상권의 분화를 뜻하며, 그것은 곧 왕권의 안정과 관계가 깊다.[2] 하지만 귀족사회체제였던 고려사회에서 중추원 추부가 현실적으로 과연 어느 정도 그 본래의 취지에 맞게 기능하였을까는 의문시되는 점이 많다.[3] 양부재상은 모두 귀족의 대표적 존재들이었기 때문이다. 만약에 재신과 추밀이 상호 견제하는 작용보다는 같은 귀족의 입장에서 긴밀히 협조하는 면이 많았다고 했을 때 왕권은 오히려 이들에 의해 제약을 받았을 가능성이 높다. 아마 고려의 정치적 실정은 후자의 경우가 더 현실에 가까운 이해일 것 같다는 생각이 많이 드는 것이다.

그런데 고려시대에는 정치권력이 이들 재추에게 집중되도록 짜여져 있었다. 그 같은 사실은 무엇보다 兼職制에서 잘 드러나고 있다.[4] 중서문하성의 재신은 三司와 翰林院의 판사 및 史館의 監修國史·修國史·同修國史를 겸직하도록 제도화되어 있었고, 또 비록 그와 같이 법제화되어 있지 않은 경우라 하더라도 여러 요직을 겸임하는 예가 많았으며, 중추원의 추밀 역시 臺諫의 최고직 등을 두루 겸직하였던

---

2) 邊太燮,「高麗의 政治體制와 權力構造」,『韓國學報』 4, 1976, 29쪽.
3) 朴龍雲,「高麗의 中樞院 硏究」,『韓國史硏究』 12, 1976, 97~98·136~138쪽 ;『高麗時代 中樞院 硏究』, 高麗大 民族文化硏究院, 2001.
4) 兼職制에 대해서는 張東翼,「高麗前期의 兼職制에 대하여 (上)·(下)」,『大丘史學』 11·17, 1976·1979 및 崔貞煥,「高麗 中書門下省의 祿俸規定」,『韓國史硏究』 50·51, 1985 ;『高麗·朝鮮時代 祿俸制硏究』, 慶北大出版部, 1991, 96~99쪽 참조.

것이다.

그러나 권력구조상 더욱 커다란 의미를 지니는 것은 재신이 정무집행기관인 상서6부의 判事를 겸직하도록 제도화되어 있었다는 점이다. 상서6부는 문선과 勳封의 정사를 관장한 吏部와, 무선·군무·우역 등의 정사를 관장한 兵部, 호구와 貢賦·錢粮의 정사를 관장한 戶部, 법률·詞訟 등을 맡은 刑部, 예의와 祭享·조회·交聘·학교 등을 맡은 禮部, 그리고 산택과 工匠·營造를 맡은 工部를 말하거니와, 이들 각 부서의 장관인 尙書는 정3품으로 재상의 모임인 재추회의에는 참석할 수가 없었다. 그러므로 고려시대에는 상서 위에 판사를 따로 두고 중서문하성의 재신으로 하여금 겸직하게 하였다. 즉, 그들은 상서6부의 서열에 따라 首相이 判吏部事, 亞相은 判兵部事, 三宰는 判戶部事와 같이 차례로 내려가 六宰가 判工部事를 겸직하도록 법제화되어 있었던 것이다.5) 거기에다가 상서직도 중추원의 추밀이 겸직하는 예가 많았으므로, 상서6부는 자연히 재추양부, 그 중에서도 특히 재부의 통제에 놓이게 마련이었다. 이 점에 대해서는 『高麗史』권 76 백관지 서문에서도 "그 입법한 처음의 시기에 재상은 6부를 통할하고, 6부는 寺·監·倉·庫를 통할하였다"는 설명을 붙여놓고 있다.

고려 때의 재추는 이처럼 의정기능을 하였을 뿐 아니라 행정의 실무를 담당하는 집행기구인 상서6부를 장악했던만큼 그들의 권한은 그만큼 강화되어 있었다고 할 수 있다. 그리고 그것은 더 말할 필요도 없이 왕권에 대해 제약적인 요소로 작용하였을 것이다. 물로 관점에 따라서는 상서6부가 자기의 소관 사무를 국왕에게 직접 아뢰고 처리하는 直奏制가 강조되고 있기도 하다.6) 하지만 재신이 겸하는 6부 판

---

5) 邊太燮, 앞의 책, 79~82쪽 ; 「高麗時代 中央政治機構의 行政體系-尙書省機構를 中心으로-」『歷史學報』47, 1970[위의 책, 17·18쪽].

사제가 따로이 마련되어 있는 당시에 있어서 직주제가 어느 정도의 실효성을 갖는 제도였을까에 대해서는 의문이 없지 않다. 판사제가 없는 조선에서 6曹直啓制를 채택함으로써 얻을 수 있었던 왕권의 강화와 같은 효과를[7] 고려에서는 거두기가 어려웠으리라 생각되는 것이다.[8]

고려시대의 정치체제는 재추중심이었다는 이해가 가능할 듯싶다. 그리하여 왕권도 이들에 의해 상당한 제약을 받았으리라 짐작할 수 있었지만, 그 같은 점은 이미 처음으로 국가의 기틀을 잡아가던 성종조부터 논의된 바 있었다. 즉 崔承老가 時務策을 올리는 가운데 왕권의 전제화에 반대하면서, 군주는 신하들을 예우하며 넓은 포섭력을 가지고 아랫 사람의 의견에도 귀를 기울일 줄 알아야 한다고 설명하고 있는 것이다.[9] 그리하여 국왕과 귀족관료가 권력의 조화를 이루면서 원만하게 국가를 운영해 갈 것을 건의하고 있거니와, 고려의 정치체제는 그런 점에서는 비교적 잘 균형잡힌 권력구조였다고 생각된다.

(2) 국왕과 재추와 대간

고려시대의 권력구조에서 큰 비중을 차지하고 있던 또 하나의 조직으로 대간이 있었다. 대간이란 臺官과 諫官을 합하여 부르는 명칭으로, 이 중 간관은 중서문하성의 하층부를 이루는 郎舍 소속의 散騎常侍(常侍)와 直門下・諫議大夫(司議大夫)・給事中・中書舍人・起居注・

---

6) 邊太燮, 앞의 글(1976), 25・26쪽.
7) 末松保和,「朝鮮議政府考」『朝鮮學報』9, 1956;『靑丘史草』1, 笠井出版社, 1965, 269쪽.
8) 姜晉哲,「邊太燮著『高麗政治制度史研究』書評」『歷史學報』52, 1971, 134쪽.
9) 『高麗史』 권 93, 列傳 6 崔承老.

起居郎・起居舍人・補闕(司諫・獻納)・拾遺(正言) 등을 말하며, 대관은 御史臺(監察司・司憲府) 소속의 判御史臺事・御史大夫・御史中丞・雜端・侍御史・殿中侍御史・監察御史 등을 일컫는다.

『高麗史』권76 백관지에 의하면 이들 가운데 간관은 군주의 불가한 처사나 과오에 대하여 힘써 간언하는 諫諍과 부당한 조직을 봉환하여 駁正하는 封駁을 담당했다고만 전하고 있다. 그러나 구체적인 활동 사항을 검토해 보면 이들에게는 署經權도 부여되어 있었다는 사실이 확인된다. 서경은 다시 문무관의 임명에 있어서 비록 국왕의 재가가 있었다 하더라도 이들이 심사, 동의하는 서명을 해야 비로소 효력을 발생하게 한 告身署經과, "신법을 세우고 구법을 고치며 喪 중에 있는 인원을 起復시키는데" 있어서도 같은 절차를 밟게 한 依牒署經으로 나뉘어져 있었지만, 언뜻 보더라도 간관의 직능이 결코 가볍지 않았다는 것을 알 수 있다.

이러한 간관의 직임에 비하여 대관의 그것에 대해서는 역시 동일한 백관지에 "時政의 論執과 풍속의 矯正, 그리고 규찰・탄핵을 관장하였다"고 보인다. 이들은 그때 그때의 정치나 시책에 대한 집요한 언론과 常道를 벗어난 풍속의 단속 및 백관의 비위・불법을 규찰 탄핵하는 일을 맡았던 것이다. 아울러 이들에게도 물론 서경권이 주어져 있었다.

이 같은 대관과 간관의 직능을 놓고 볼 때 각각은 임무가 조금씩 달랐다는 것을 알 수 있다. 후자는 주로 군주를 대상으로 하여 간쟁을 담당하였던 데 비하여 전자는 주로 관료들에 대한 감찰을 맡고 있었기 때문이다. 그러나 일면 살펴보면 양자의 직능 한계는 명확치 아니한 점이 더 많이 나타난다. 대・간은 같은 言官으로서 다같이 시정의 득실을 논하고 있을 뿐더러, 간관이 관료의 비법・탐학 등을 논죄하고 있는가 하면, 대관들도 군주에 대한 간쟁 등 간관의 직능을 수행하고 있는 것이다. 앞서 설명했듯이 서경권도 이들이 공통적으로 지니고 있는 권한이었거니와, 그렇기 때문에 '臺諫一體'라는 주장도 나오게 되었다고 생각되는 것이다. '대간'이라는 용어 자체에 단적으로 드러나고 있는 바와 같이 이들은 흔히 같이 상소를 올려 군주의 과실과 백관의 비위를 논하여 서로 보조하는 입장에 있었다.

이처럼 고려시대의 대·간은 상호 깊은 유대를 가지고, 한편으로는 왕권과, 그리고 다른 한편으로는 재추와 일정한 관계 위에서 중요한 정치적 기능을 수행하였다. 그러면 먼저 이 중에서 왕권과의 관계부터 검토해 보기로 하는데, 결론부터 이야기하면 그 점에 있어 대간은 왕권을 규제하는 쪽으로 많이 기울어져 있었던 것 같다. 이들에게 부과된 시정의 논집이나 서경·간쟁·봉박 등의 직임 자체가 그러하거니와 실제로 그 직임을 수행하는 과정을 고찰하여 보더라도 그러한 면모가 잘 드러나고 있기 때문이다.[10]

물론 이와는 의견을 달리하는 입장도 표명되어 있다. 대간의 기능은 왕권을 억제한 면보다 오히려 그것을 강화하는 쪽으로 더 강하게 작용했을 것이라는 견해가 제시되어 있는 것이다.[11] 원래 대간제도란 왕조측이 자기 보완의 한 방법으로 설치한 것이기 때문에 이들의 간쟁은 국왕이 반성하는 계기를 마련하고, 그리하여 국왕의 행위나 정책이 올바른 방향으로 나가도록 한 것이 사실이고 또 그것이 본래의 목적이기도 하였다. 그러나 생각해 보면 이것은 바라는 바의 목적론

---

10) 金龍德,「高麗時代의 署經에 대하여」,『李丙燾華甲紀念論叢』, 一潮閣, 1956, 482~484쪽 ; 朴龍雲,「臺諫制度의 成立」『韓國史論叢』1, 1976, 43~47쪽 ;『高麗時代 臺諫制度 研究』, 一志社, 1980, 170~174쪽.
11) 宋春永,「高麗 御史臺에 관한 一考察」『大丘史學』3, 1971, 21·32쪽.

이요 당위성의 이론일 뿐 실제적인 권력관계는 그렇지 않았던 것 같다. 鄭諴의 閤門祗候職 제수를 둘러싸고 야기되었던 당시의 국왕 毅宗과 대간 사이의 충돌에서12) 잘 나타나듯이 고려시대의 역사적 현실은 국왕이 대간의 간쟁이나 서경문제를 德政的 자기반성의 계기로 삼은 예에 못지않게 정사에 자기의 의사를 관철시키고자 대간과 서로 날카롭게 대립한 사실이 허다했던 것이다.

다음 宰樞와의 관계를 보면 역시 유사한 양상이었던 것 같다. 이들도 대간의 직권에 의해 자신의 진퇴는 물론 직책의 수행상에서도 감찰을 받게 되어 있었던 것이다. 그렇지만 양자는 이와 같은 규제·대립의 관계에만 있었던 것은 아니었다. 상호 긴밀히 협조하는 다른 일면도 보이는 까닭이다. 우선 양자는 같은 臣僚의 입장에서 왕권에 대하여는 공동운명체적 의식을 가지고 있었다는 사실을 중시해야 할 것 같다. 이미 널리 알려져 있듯이 고려왕조는 귀족사회였으며, 대간직은 바로 그들 귀족의 중요한 官路였던 것이다. 그리고 이들간에는 조직적인 면에서도 그 같은 유대의 소지가 마련되고 있었다. 앞서 지적한 바도 있듯이 대·간의 장관을 재추가 겸임한다던가, 또는 간관이 성재가 있는 중서문하성의 하급 관원으로 존재하고 있었다던가 한 데서 양자간의 밀접한 관계를 살필 수가 있는 것이다.13) 여진과의 전쟁에서 일시 패한 尹瓘과 吳延寵의 죄를 청할 때에 성재들이 대간과 '더불어[與]' 상소·논핵하고 있고,14) 또 大寧侯 璟과 鄭敍의 탄핵사건이 발생하였을 때 재상들이 간관을 '거느리고[率]' 논죄하고 있는데,15)

---

12) 『高麗史』 권122, 列傳 35 宦者 鄭諴.
13) 朴龍雲,「高麗時代의 臺諫과 宰樞文武兩班」『誠信女大論文集』 12, 1979 ; 앞의 책, 227·234쪽.
14) 『高麗史』 卷13, 世家 13 예종 4년 11월·5년 5월.
15) 『高麗史節要』 卷11, 의종 5년 5월·『高麗史』 卷90, 列傳 3 宗室 1 大寧侯 璟.

그 같은 면을 보여 주는 좋은 예라 생각된다.

　요컨대 대간은 왕권과 재추 각자와, 그리고 이것들이 서로 얽힌 속에서 규제와 협력의 두 측면을 아울러 지니고 있었음을 알 수 있다. 이러한 정치현실 위에서 어떤 면이 어느 정도로 작용할 것이냐는 그것이 처하고 있는 여러 여건에 의하여 달라졌겠거니와, 고려에서는 대간과 재추간에 밀접히 연결되어 있던 조직상의 특성이나 귀족제적인 사회체제로 보아 양자 사이에는 규제보다 협력관계가 강하였고, 그에 따라 왕권과의 관계에서는 그의 규제 기능에 주안점이 있었던 것으로 이해된다.

　지금까지의 검토에서 확인되듯이 고려에서는 권력구조상 왕권에 대한 제약적 요소가 강했다는 것이 큰 특징을 이룬다. 이것은 재삼 되풀이되는 이야기이지만 고려가 귀족사회였다는 사실과 깊은 관련이 있다고 생각된다. 이와 같은 체제하에서 국왕과 재추·대간이 권력의 균형과 조화를 잡아가는 가운데 국가의 원만한 운영이 이루어졌다고 이해되는 것이다.

(3) 문무양반과 대간

　고려 때는 전체 관원을 일컬어 '宰樞文武兩班'이라고 불렀다. 이 중 재추는 앞서 설명해 온대로 재신과 추밀, 곧 2품 이상의 재상들을 의미했거니와, 따라서 '文武兩班'은 3품 이하관을 지칭하는 말이었음을 알 수 있다. 표제어의 문무양반도 그런 의미에서 썼지마는, 대간들도 그 속에 포함됨은 더 말할 나위가 없다. 그러나 대간은 그들의 특이한 직능 때문에 권력구조상에서 재추뿐 아니라 문무양반들과도 관련이 깊었던만큼 여기서는 그 점을 살펴보려 하지마는, 그 가운데서도 특히 承宣과 尙書6部와의 관계가 주목되는 대목이다.

승선은 중추원의 하층부를 구성하고 있으면서 왕명의 출납을 담당하던 관원이다. 따라서 군주를 주대상으로 하여 간쟁과 시정의 논집·서경 등을 맡았던 대간과는 상대적인 입장에 서게 마련이었다. 그렇지만 고려 때의 양자간 관계를 알려주는 자료가 전해오지 않아 그 내용을 구체적으로 밝힐 수가 없는데, 다만 조선 초기에 대간들의 끈질긴 항쟁이 있자 국왕이 承政院으로 하여금 그들의 章疏를 啓達치 말도록 조처한 기사가 보인다.16) 국왕의 요구에 의한 것이기는 하지만 승선이 대간의 언론활동을 중간에서 차단하는 역할을 하고 있는 것이다. 여말에 잠시 시행된 제도이기는 하였으나 대간의 국왕 面啓法이 마련된 사실로17) 미루어 볼 때 고려에서도 유사한 현상이 있었을 듯싶으나 사료상으로는 물론 확인되지 않는다.

그런데 이러한 대간의 국왕 면계법보다도 더욱 주목되는 것은 승선이 대간직을 널리 겸임하고 있다는 사실이다.18) 원칙대로 하자면 승선은 국왕의 비서직과 같은 것이었으므로 그와 밀착되게 마련이었고, 반대로 대간은 왕권을 규제하는 기능을 하였으므로 어느 한 관원이 당해 두 관직을 겸임한다는 것은 사리에 맞지 않는다. 그러므로 이러한 원칙론이 제기되어 聽納된 기사도 찾아지는데,19) 하지만 그것은 이론에 그쳤을 뿐 실제로는 승선들의 대간직 兼帶가 일반화되어 있었던 것이다. 이는 대간의 기능문제와 함께 승선과의 관계를 이해하는데도 매우 중요한 의미를 지닌다고 생각된다.

---

16) 『太宗實錄』 권12, 태종 6년 윤7월 기묘·권23, 태종 12년 2월 갑술·『世宗實錄』 권39, 세종 10년 춘정월 임인.
17) 『高麗史』 권45, 世家 45 공양왕 2년 춘정월·2월.
18) 朴龍雲, 앞의 책, 238·239쪽.
19) 『高麗史』 권99, 列傳 12 文克謙.

그런데 비슷한 양상은 상서6부와의 관계에서도 발견된다. 본래 대간은 인사문제에 있어서는 이·병부와, 탄핵·국문은 형부, 그리고 의례상에 발생하는 사건에 대해서는 예부 등과 밀접히 관련지어져 있었다. 물론 그 관계는 문제의 성격과 당시의 정황에 따라 양자가 대립되는 수도 있고, 또 협력하는 경우도 있었다. 이 점은 대간의 직능을 감안할 때 쉽게 이해가 된다. 그런데 대간은 이 같은 직능상의 관계에서 뿐 아니라 스스로 상서6부의 직관을 겸대하고도 있다.20) 이 역시 제도로서는 좀 어색한 감을 주는 것인데, 그럼에도 그 실제 내용에 있어서는 이와 같은 겸임제가 많이 이용되고 있었다. 이것도 대간의 기능 강화 내지는 정책의 신속하고도 원만한 시행과 관련이 깊을 듯싶은데, 우리는 이런 점에서 또한 당시 권력구조상의 한 성격을 시사받을 수 있을 것 같다.

臺官과 諫官 자신들 사이의 관계를 보면 직능상으로 후자가 좀더 우월한 위치에 있지 않았나 생각된다. 서경 등 낭사와 어사대가 같이 처리해야 할 사안에 대해 먼저 전자가 검토한 뒤 후자에게 이첩하는 과정을 밟고 있는 데서 그 같은 내용을 짐작할 수 있다.21) 그러니까 고려에서는 이러한 양자간의 권력체계가 비교적 잘 준수되어 서로 어떤 문제를 일으키는 일이 없이 긴밀한 협력관계를 견지하고 있었으며, 그리하여 앞서 설명한 바와 같이 對王權 규제 기능에 있어서는 강력한 힘을 발휘할 수 있었던 게 아닌가 생각되는 것이다.

어사대와 낭사는 자신들 성원 가운데에 瑕疵가 있을 경우 자가숙청을 단행하였다. 그리고 이러한 숙청이 어떤 때는 상대편 관부의 탄핵에 의하여 이루어지는 일도 있었다. 그럼에도 고려시대에 있어서

---

20) 朴龍雲, 앞의 책, 240·241쪽.
21) 朴龍雲, 위의 책, 235·236쪽.

이와 같은 사건은 痕咎者의 제거에 한하였을 뿐 그로 인하여 대·간 상호간에 정치적으로 대립·반목한 사례는 별로 눈에 띄지 않는다. 사료가 상대적으로 적게 남아 있기 때문일 것이라는 짐작도 가긴 하지만, 그러나 새로이 朝鮮이 건국되고서는 처음부터 대관과 간관 사이에 갈등과 충돌이 잦았다는 사실과 크게 비교가 되는 점이다. 이는 역시 제도의 운용과 권력구조의 차이에서 비롯된 면도 없지 않다고 보여진다는 점에서 주목되는 것이다.

대간과 무신간의 관계는 서로 규제 내지는 협력하는 권력구조상의 상대방은 아니었으므로 여기에서 따로이 언급할 필요가 없을 듯하여 생략한다.

2) 중앙정치체제의 성격

(1) 귀족적 성격

고려 정치체제의 기본적인 틀을 마련하는 성종은 왕위에 오른 원년(982)에 京官 5품 이상의 고위 신료들로 하여금 封事를 올려 시정의 得失을 논하도록 지시하였다. 이에 응답하여 올린 상소 가운데 하나가 유명한 최승로의 시무책인데, 그 내용은 한마디로 말하면 유교정치이념에 입각한 중앙집권적 귀족정치의 실현을 주장한 것이었다.[22] 그는 현실적인 정치의 이념을 유교에 두면서 귀족들이 그 중심을 이루는 귀족정치의 구현을 건의하고 있는 것이다. 그런데 이와 같은 그

---

22) 李基白,「新羅統一期 및 高麗初期의 儒敎的 政治理念」『大東文化研究』6·7, 1969·1970, 157쪽 ;『新羅時代의 國家佛敎와 儒敎』, 韓國研究院, 1978.

의 건의는 널리 알려진 대로 성종이 대부분 採納하여 직접 국가의 정책에 반영하였다. 그런 점에서 최승로의 시무책 28조는 매우 중요한 의미를 지니고 있거니와, 그 가장 큰 요소의 하나가 귀족정치였다는 데서 우리는 고려왕조 정치체제의 성격을 대략 짐작할 수가 있는 것이다.

정치체제의 기본방향이 이러하였던만큼 각각의 정치조직에 그 같은 요소가 반영되기 마련이었다. 그러므로 우리들은 실제로 그들 조직에서 귀족적 성격을 발견할 수가 있는 것이다. 우선 통치의 근간이 된 內史門下省(中書門下省)부터 그의 설치 자체가 귀족정치를 지향하는 儒臣세력이 그 중심기구로 내놓았다는23) 사실에서 시사받는 바 크거니와, 그것이 행정기관이 아니라 의정기관이었다는 점은 역시 그 같은 면모의 표출이라 할 수 있다. 중요한 안건이 상정되었을 때 국왕은 내사문하성의 재신들에게 의견을 물어 처리하였지마는, 그에 따라 이들은 합좌해 정책을 의논·결정하였다. 그렇기 때문에 이 기구는 흔히 신라의 和白이나 태조 때의 廣評省에 비유되기도 하거니와,24) 이것은 그의 성격이 관료적이기보다는 귀족적이었음을 나타내 주는 것으로 보아 좋다고 생각되는 것이다.

그런데 이러한 議政의 과정은 비단 내사문하성의 재신간에서 뿐 아니라 중추원 추밀과의 사이에서도 광범위하게 이루어지고 있었다. 국가의 중대사는 앞서 언급한 바와 같이 재추가 합좌하여 의논·처리하는 일이 많았던 것이다. 더구나 그 같은 과정이 議合이라 하여 재추 전원의 만장일치제를 채택하고 있었다는 것에서 정치체제상의 귀족적 성격을 다시 보게 된다.

---

23) 李泰鎭,「高麗 宰府의 成立-그 制度史的 考察-」『歷史學報』56, 1972, 40쪽.
24) 李基白,「貴族的 政治機構의 成立」『한국사』5, 국사편찬위원회, 1975, 42쪽.

臺諫制度도 유사한 맥락에서 파악할 수 있을 것 같다. 대간은 서경·간쟁이나 시정의 득실을 논하는 기능 등을 통해 감히 왕권을 제약하는 귀족세력의 한 대표적 존재였기 때문이다. 이것 또한 귀족적 성격을 강하게 풍기는 제도의 하나였다.

다음 관직상으로는 檢校職과 같은 勳職制度에서 귀족적 요소를 발견할 수 있다. 검교직은 문반 5품·무반 4품 이상에 해당하는 관직에 설치된 散職으로,[25] 이렇게 고위 관직에 직사가 없는 산직을 설정해 놓고 그것의 소지자에게 일정한 경제적 대우와 함께 영예를 부여하던 훈직제[26]는 역시 귀족적 성격을 보여주는 한 제도로 이해되는 것이다.[27]

이처럼 고려시대 중앙의 정치체제에서 귀족적 요소를 찾는 것은 어렵지 않다. 그것은 위에서도 지적했듯이 고려가 귀족사회였다는 사실과 관련이 깊지만, 뒤집어 이야기하면 그렇기 때문에 고려사회의 성격을 그와 같이 규정하는 것이라 말해지고 있기도 한 것이다.

(2) 고려제도의 독자성

고려 때의 중요한 정치기구들을 연원면에서 보면 당나라 제도에 가까운 3省 6部－실제로는 2성 6부－와, 송나라 제도와 관련이 깊은 중추원과 3司, 그리고 고려의 독자적 필요에 의해 설치된 都兵馬使와 式目都監 등 대략 세 갈래로 나누어 볼 수가 있다. 당시의 지배구조는

---

25) 金光洙, 「高麗時代의 同正職」『歷史敎育』 11·12, 1969, 132·133쪽.
26) 韓㳰劤, 「勳官'檢校'考－그 淵源에서 起論하여 鮮初 整備過程에 미침－」『震檀學報』 29·30, 1966, 90쪽.
27) 李基白, 앞의 책(1975), 46·47쪽.

이처럼 唐制와 宋制 및 고려의 독자적인 것이 혼합된 속에서 여러 정치기구 사이에 운용의 조화를 이루어가고 있었는데, 우선 이런 점에서 고려 정치체제의 일 특수성을 발견하게 된다.[28]

그런데 여기에서 한가지 더 주목되는 사실은 고려가 그 나름의 필요에서 만든 기구는 말할 나위도 없지만, 당·송제를 이끌어 온 경우라 하더라도 고려의 실정에 맞게 소화·흡수하고 있다는 점이다. 당에서는 中書省과 門下省·尙書省이 각자 제 기능을 발휘하는 三省並立制였던 데 대하여 고려에서는 중서성과 문하성이 합쳐져 중서문하성이라는 단일기구가 되고 있다든가,[29] 송의 樞密院은 군정기관이었던 데 비해 고려의 중추원(추밀원)은 처음에 그와 같은 기능을 담당하지 않았다든가,[30] 그리고 당에서는 문무양반의 官階로 문산계와 무산계가 분립되어 있었던 데 비해 고려에서는 문산계만이 그들 관계로 기능하고 있었다든지[31] 한 예는 그 중에서도 뚜렷한 것들이다. 이 밖에 삼사의 직능을 보면 송나라와 고려의 것 사이에 현격한 차이가 찾아지는 등[32] 내용을 자세히 검토하면 하나하나 모두를 열거할 수 없을 정도로 많은 상이성을 발견할 수 있는 것이다.

생각건대 이와 같은 차이점은 고려와 당·송이 자리잡은 역사적 위치가 같지 않았고 사회적 문화적 바탕도 달리하고 있었던만큼 어떤 점에서는 당연한 귀결이라 할 수 있다. 그럼에도 종래 명칭이나 외형

---

28) 邊太燮, 앞의 글, 28쪽.
29) 邊太燮,「高麗의 中書門下省에 대하여」『歷史敎育』10, 1967 ; 앞의 책, 47~56쪽.
30) 邊太燮,「高麗의 中樞院」『震檀學報』41, 1976, 72~76쪽 : 朴龍雲, 앞의 글(1976 a), 119·120쪽.
31) 旗田巍,「高麗의 '武散階'-鄕吏·耽羅의 王族·女眞의 酋長·老兵·工匠·樂人의 位階-」『朝鮮學報』21·22, 1961 ;『朝鮮中世社會史의 硏究』, 法政大學出版局, 1972, 384·385쪽.
32) 邊太燮,「高麗의 三司」『歷史敎育』17, 1975, 44~49쪽.

이 중국의 것과 같다고 하여 그 내용·성격까지도 동일 선상에서 파악함으로써 고려 제도의 독자성을 소홀히 다루려는 경향이 없지 않았으나, 그것은 고의가 있었거나 없었거나 간에 잘못된 이해 방식임을 지적하여 두지 않을 수 없다. 우리는 제도의 유사성과 함께 상이성·독자성을 밝힘으로써 사실의 올바른 규명뿐 아니라 그것이 지니는 의미도 비로소 제대로 이해할 수가 있게되는 것이다.

(3) 조직의 미분화성

고려 때 정치기구들의 조직상 커다란 특징중의 하나는 상·하 이중으로 구성되어 있었다는 점이다. 중서문하성의 宰府와 郎舍, 중추원의 樞府와 承宣房, 그리고 상서성의 都省과 6부 등의 분립이 그런 것들이었다. 이러한 분립은 앞서 대략 설명했듯이 재부와 추부·상서도성은 재상의 司로써 품계상 2품 이상 관원들의 기구였던 데 비해 낭사와 승선방·상서6부는 각각 그 하층부를 구성하는 3품 이하 관원들의 집사기구로서, 맡은 일도 상층부의 그들과는 매우 달랐다.

그러면 이와 같이 품계상으로 구분되고 기능도 달라 서로 다른 기구와도 같은 조직을 하나의 관서로 묶어놓은 것을 어떻게 이해하여야 할까. 첫째로 조직의 미숙성 내지는 미분화성이라는 측면에서 이해될 수 있다는 생각이다. 이 점은 조선시대에 들어 와 재부와 추부는 주로 의정부기구에 흡수된 반면 낭사는 司諫院, 승선방은 承政院, 6부는 6曹로 독립되어 각각 하나의 기구를 형성한 사실에 견주어 볼 때 더욱 그러한 느낌이 많이 든다.

하지만 거기에는 그렇게 단순하지만 않은 다른 이유도 있었던 것 같다. 그것은 역시 그들의 기능강화나 정치체제와 관련되는 것으로서,

예컨대 조선 초기에 들어와 낭사가 중서문하성의 하층부를 구성하고 있던 때와 사간원으로 독립된 시기에 있어서 간관의 직능 수행을 비교하여, "臣 등이 생각건대 비록 말하고자 하더라도 진실로 事機를 알지 못하면 구구하게 귀와 눈으로 보고 들어서는 능히 다할 수 없는 것이요, 반드시 政令이 나오는 곳에 참여한 연후에야 그 득실과 이해를 알아 간언하게 되는 것입니다. 그러므로 당나라는 諫省을 두고 좌우로 나누어서 좌는 문하성에, 우는 중서성에 속하게 하였으며, 송나라도 또한 그러하여 다같이 規諫을 맡아 조정의 闕失과 대신으로부터 백관에 이르기까지의 적임자가 아닌 사람 및 三省으로부터 百司에까지 일에 마땅함을 잃은 것은 모두 諫正케 하였습니다. 前朝(高麗)에 이르러서도 간관을 역시 문하부에 참여케 한 것은 모두 간관으로 하여금 일의 경중과 완급을 두루 알아서 간언할 수 있도록 하고자 한 까닭이었습니다. 지금 따로이 諫院을 설치한 이후로 비록 진언하고자 하나 모든 일을 잘 알지 못하며, 또 비록 말하더라도 뒤늦어서 시기를 잃는 일이 많습니다"고33) 한 상소에서 얼마간의 대답을 얻을 수 있다. 여기에서 한 걸음 더 나아가 생각하면 이미 설명했던 대로 같은 귀족의 입장에 있는 省宰와 諫官을 동일 관서의 상·하관으로 조직함으로써 그들이 상호 긴밀한 유대관계를 가지고 對王權 규제기능을 해낼 수 있도록 한 것 등도 물론 그의 한 중요 원인이었을 것이다.

하지만 상서6부가 형식상의 상층기구인 도성에서 떨어져 나와 오히려 중서문하성 宰府와 긴밀한 관계를 맺고 있었던 것은 이와는 다른 측면이어서 일률적으로 말하기는 어려울 것 같다. 역시 고려는 권력구조나 통치체계상 자기 나름의 사정과 필요에 따라서 기능이 다른

---

33) 『太宗實錄』권17, 태종 9년 하4월 정해. 이에 대해서는 朴龍雲, 앞의 책, 219·220쪽 참조.

두 조직을 하나의 기구 안에 묶기도 하고 또 그렇게 하지 않기도 한 듯싶거니와, 조직의 미숙성 내지 미분화성은 여기에서 다시 확인할 수가 있는 것이다.

(『한국사』 13, 1993)

Ⅲ.
經濟構造와 그 몇 가지 問題

1. 고려전기 貴族官僚들의 경제생활과 축재
2. 고려전기의 경제구조 槪要
3. 고려후기의 정치와 경제 槪要
4. 고려시대 土地國有制說의 문제
5. 고려시대 均田制의 시행여부에 관한 문제

1.
고려전기 貴族官僚들의 경제생활과 축재

1) 머리말

　고려는 얼마간의 다른 의견이 없지 않지만 일반적으로는 귀족사회로 보려는 경향이 짙다. 그것은 좋은 가문에서 출생하여 여러 가지 특권을 누리는 귀족들이 대부분의 고위 관직을 차지하고 정책의 결정이나 가치의 배분을 귀족제적으로 운영해간 사회였다고 이해되기 때문이다.

　그러면 이들 貴族官僚의 경제생활은 어떠했을까. 즉, 그들에게 있어 물질적 財貨의 기반을 이루는 것은 무엇이었으며, 또 그것은 어떻게 획득되고, 수량은 어느 정도였으며, 소비 생활은 어떠했는가 하는 것이다. 본고는 이런 점들을 알아보려는 목적에서 쓰여지는 글이지만, 그런 과정에서 특히 재화의 획득과 소비면에 있어 청렴한 생활을 한 경우와, 부정과 불법으로 축재하여 사치한 생활을 영위한 경우를 구체적인 예를 들어 검토하는 기회도 가지려고 한다. 이로써 고려 때 귀족관료들의 경제적 삶의 모습이 좀더 실감나게 드러났으면 하는 바람에서이다.

　고려시대 귀족관료들의 경제와 관련된 연구는 매우 깊고 다양하게 이루어진 편이다. 그럼에도 불구하고 아직 잘 알 수 없는 문제가 너무 많고, 또 이미 연구된 것이라 하더라도 학자들간에 의견이 매우 달라서 그 결과를 가지고 어떤 구체적인 삶의 모습을 그리는 데에는 여러 가지 어려움이 따른다. 그러므로 이 글도 그 같은 시도를 한다고는 했지만 커다란 제약성을 수반한 것일 수밖에 없다. 이 점 미리 양해를 구하며, 아울러 그 다루는 시기도 고려사회의 귀족적 성격이 가장 잘 드러나는 前期, 즉 武臣亂이 일어난 의종 24년(1170) 이전으로 한정하였음을 밝혀 둔다.

2) 귀족관료들의 경제적 기반

우리나라 근대 이전의 사회가 대개 그러하듯이 고려에서의 중요한 물질적 재화는 토지와 그 수확물인 곡물류, 그리고 노비·주택·금은 보화·옷감류·소·말(馬) 등이었다. 그 중에서도 특히 중시된 것은 당시의 주업이 농업이었던 관계로 토지였지마는, 그 다음이 노비였다.

어느 개인의 소유물이었던 私奴婢는 매매·증여·상속이 자유로웠을 뿐 아니라 나무를 해 오거나 취사와 같은 집안의 궂은 일을 맡았고, 또 농경에 종사시킬 수도 있어서 매우 유용한 재산의 하나였다. 이 같은 노비 획득의 가장 일반적인 형태는 부조로부터 상속을 받는 것이었는데, 당시에는 원칙적으로 아들·딸의 구분없이 균등하게 나누어주도록 되어 있었다. 그리고 경제적인 이유로 인해 몸을 파는 경우 대가를 주고 사서 얻을 수도 있었으며, 또 고려 때는 '一賤則賤'의 원칙에 따라 부모 가운데에서 어느 한쪽만 노비신분이어도 그들에게서 태어난 자녀는 노비가 되면서 어머니쪽 소유주에 귀속하였으므로 당해자는 그로써도 숫자를 늘릴 수 있었다.

옷감류는 衣料였을 뿐더러 화폐의 구실까지 담당하여 역시 중요시된 물품의 하나였다. 그리고 소는 농경에, 말은 교통 수단이 됨과 동시에 군사용으로서의 필요성 때문에 중시되었으며, 그밖에 주택이나 금은 보화 등도 중요한 재화의 일부가 되었음은 예나 지금이나 다를 바가 없었다.

그런데 지금 설명한 노비와 옷감류・소・말・주택・금은 보화 등은 부조로부터의 상속이나 기타 특별한 경우에 얻어지는 것일 뿐 일상적인 수입과는 관계가 없는 물품들이었다. 그러므로 고려시대 귀족관료들이 경제생활을 영위해 가는 데 있어 보다 더 근본이 된 수입원은 그들이 관직에 복무하는 대가로 지급받는 토지와 그 수확물인 곡물류였다고 할 수 있다. 물론 귀족관료들은 토지의 경우도 백정농민 등과 마찬가지로 관직에 복무하는 대가에 의해서만이 아니라 조상 대대로 전해오는 것을 상속받을 수 있었다. 이를 民田이라 불렀는데, 하지만 그것은 역시 누구에게나 해당되는 게 아니며, 또 일상적인 것도 아니었다. 따라서 오늘날의 공무원들이 받는 급료와 같은 의미로써 귀족관료들에게 주어지던 토지와 그 수확물인 곡물류가 경제생활의 기본적인 토대가 되었다고 할 수 있는 것이다.

고려시대의 귀족들은 누구나 관직에 나가기를 바랐으며, 또 그것이 거의 유일한 직업의 길이기도 하였다. 그리하여 이들은 일정한 시험을 치르는 科擧나 부조의 음덕으로 진출하는 蔭叙 등의 여러 방식을 이용해 관직에 취임하였고, 그에 대한 복무의 대가로 처음에는 토지만을 받는 경우가 많았으나 얼마의 기간 동안 재임하여 權務官이나 品官의 지위에 오르게 되면 위에서 지적한 대로 토지와 함께 그 수확물을 지급받아 생계를 꾸려갔던 것이다. 그 토지가 田柴科라는 제도에 의해 분급되는 兩班科田이었으며, 수확물인 곡물로 받는 것을 祿俸이라 하였다.

전시과는 관직에 복무하거나 또는 군인들처럼 직역을 부담하는 사람들에게 그들의 지위에 따라 농사를 지을 수 있는 田地와 땔나무를 구할 수 있는 柴地를 나누어 준 제도였다. 여기에서 전지를 나누어 주었다고 했지만 그것은 토지 자체를 주었다는 뜻이 아니라 거기에서 租를 받을 수 있는 권한, 즉 收租權을 준 것을 의미하였지마는, 당해자는 그 권한에 의해 수확량의 일부를 거두어 수입을 얻을 수 있었으며, 시지에서도 상당한 수익을 올릴 수 있었으리라는 것은 짐작하기 어렵지 않다. 이 제도는 경종 원년(976)에 처음으로 제정된 후 목종 원년(998)의 개정을 거쳐 문종 30년(1076)에 다시 고쳐졌는데, 마지막인 문종 때의 전시과 규정에 의하면[1] 18科等으로 편성하여 각 과등에 따른 전지와 시지의 액수를 정하고 각급 관리와 군인들을 거기에 편입시켜 놓고 있다. 그것을 보면 도염승 등의 9품관과 初仕外官 및 권무관(文林郎・將仕郎에 해당)은[2] 제15과에 편입되어 전지 25결을 받았음을 알 수 있고, 종8품인 율학박사 등은 제14과 해당자로 전지 30결과 시지 5결을, 정6품인 보궐(사간) 등은 제11과 해당자로 전지 45결과 시지 12결을, 정5품인 6부의 낭중 등은 제8과 해당자로 전지 60결과 시지 21결, 6부의 장관으로 정3품인 상서 등은 제4과 해당자로 전지 80결과 시지 35결을 받도록 되어 있다. 이어서 더 지위가 올라가 종2품 재상인 참지정사가 되면 제3과로 전지 85결과 시지 40결, 정2품 재상인

---

1) 『고려사』 권78, 食貨志 1, 田制 田柴科 文宗 30年.
2) 李鎭漢, 「高麗 前期 官人의 初入仕와 土地分給」 『民族文化研究』 29, 高麗大 民族文化研究所, 1996.

문하시랑·중서시랑은 제2과로 전지 90결과 시지 45결, 그리고 종1품으로 수상에 해당하는 문하시중 및 중서령은 제1과로 전지 100결과 시지 50결을 받도록 규정하고 있는 것이다. 지금 이 자리에서는 그 일부만을 소개하였지만, 대체적으로 가장 지위가 높은 종1품의 문하시중·중서령을 최고로 하여 지위가 낮아지면서 지급 액수도 점차 줄어들었음을 알 수 있다.

그렇다면 이들이 그 토지에서 얻는 소득은 얼마나 되었을까. 성종 11년(992)에 정해진 公田租率에 의거하여3) 당시 1결당의 생산고를 계산하면 다음과 같다.

① 本 文

水 田			旱 田		
상등전	중등전	하등전	상등전	중등전	하등전
15석	11석	7석	7.5석	5.5석	3.5석

② 細 註

水 田			旱 田		
상등전	중등전	하등전	상등전	중등전	하등전
18석	14석	10석	9석	7석	5석

그런데 문제는 보다시피 두 종류의 사료가 전해져 어느 쪽을 적용해야 하느냐 하는 것과, 또 지급받는 양반과전이 수전 혹은 한전인지, 그리고 상등전 혹은 중등전 혹은 하등전인지 하는 점을 잘 알 수 없다는 사실이다. 다만 지금까지 알려진 것은 고려전기까지만 하여도

---

3) 『고려사』 권78, 식화지 1 田制 租稅 성종 11년.

농업 기술이 저급한 데다가 하등전이 압도적으로 많았고, 또 旱田의 비중이 상당히 높았다는 정도인데, 이런 점을 감안하여 기준이 되는 토지를 결당 7석의 소출을 내는 本文 수전의 하등전으로 잡으면 어떨까 싶다. 매우 부정확한 기준이기는 하되 이를 긍정하고 계산해 보면 전지 25결을 받는 제15과의 경우 전체 소출은 7석×25결 = 175석이 되며, 그 가운데에서 역시 여러 가지 다른 의견이 있지만 많은 학자들이 동조하는 1/10의 收租가 이루어졌다고 한다면 수입은 17.5석이었다는 이야기가 된다. 그것을 다시 斗(말)로 환산하면 고려 때는 1석이 15두였으므로 15두×17.5석 = 262.5두라는 수치를 얻을 수 있다.

조선시대의 성인 1인이 하루에 필요로 하는 곡물의 소비량은 당시의 도량형으로 대략 2升(되)이었다. 그러므로 1년에는 730승, 즉 73두를 소비했다는 계산이 나온다. 그런데 이 때의 승·두는 고려 때의 그것과 크기에서 별 차이가 없었던 듯 하므로, 고려시대 사람들의 1년분 곡물 소요량도 대체적으로 그와 같았다고 할 수 있으며, 따라서 제15과에 소속된 관원의 소득 262.5두는 성인 3.6인의 1년분 식량정도였다는 계산도 해낼 수 있다. 같은 방식으로 따져보면 제14과에 편입되어 30결을 받았던 종8품인 율학박사의 수입은 21석 = 315두로 4.32인분, 제11과에 편입되어 45결을 받았던 정6품인 보궐(사간)의 수입은 31.5석 = 472.5두로 6.47인분, 제8과에 편입되어 전지 60결을 받았던 정5품인 6부의 낭중 등은 42석 = 630두로 8.63인분, 제4과에 편입되어 80결을 받았던 정3품인 상서 등은 56석 = 840두로 11.5인분, 제3과에 편입되어 85결을 받았던 종2품의 참지정사는 59.5석 = 892.5두로 12.23인분, 제2과에 편입되어 90결을 받았던 문하시랑·중서시랑은 63석 = 945두로 12.95인분, 제1과에 편입되어 100결을 받았던 종1품인 문하시중·중서령은 70석 = 1,050두로 14.38인분 정도가 된다. 거듭 말하지만 이 계산은 당시의 생산고와 수조율을 어떻게 잡느냐에 따라 크게 달라질 수 있다. 그러므로 이것이 얼마만큼 효과적인 자료가 될지 모르겠으나 비교적 합리적이라고 판단되는 선에서 계산하면 그렇다는 정도로 이해하였으면 한다.

위에서 설명했듯이 중앙의 품관이나 권무관 이상의 지위에 오르면 관료들은 토지의 수급을 통한 보수와는 별도로 公田으로부터 국고에 들어오는 조세 가운데 일부를 녹봉이라는 이름으로 현물을 받았다. 이 녹봉의 제도가 마련되는 것도 비교적 이른 시기의 일로 보여지는데, 문종 30년(1076)에 들어와 정비되고 인종 때에 고쳐졌다. 그 내용은 宗室祿・文武班祿・權務官祿・東宮官祿・外官祿 등과 같이 각 대상자의 성격에 따라 몇 종류로 분류하고, 그 안에 다시 직위의 고하를 기준으로 몇 科等씩을 두어 나누고 있다. 그 중 문종 30년에 정해진 문무반록을 보면4) 종1품인 중서령・문하시중은 제1과로 400석, 정2품인 중서시랑・문하시랑은 제2과로 366석 10두, 종2품인 참지정사 등은 제3과로 353석 5두(인종 때 333석 5두로 개정), 정3품인 6부의 상서 등은 제5과(인종 때 제4과)로 300석, 좀 내려가 정5품인 6부의 낭중 등은 제16과(인종 때 13과)로 120석, 정6품인 보궐(사간) 등은 제19과로 86석 10두(인종 때 제16과 76석10두로 개정), 종8품인 율학박사 등은 제44과(인종 때 제27과)로 16석 10두, 그리고 정9품인 국학학정・도염승 등은 마지막의 제47과(인종 때 제28과)로 10석을 받도록 규정하고 있다. 참고로 그들 액수를 앞서의 방식대로 성인 몇 사람의 1년분 식량이었는가를 계산해 보면

제 1 과(종1품)　　400석 = 6,000두　　　　　⟶　　82.19인

---

4) 『고려사』 권80, 식화지 3 녹봉 문무반록.

제2과(정2품)	366석 10두 = 5,500두	→	75.34인
제3과(종2품)	353석 10두 = 5,300두	→	72.60인
	333석 5두 = 5,000두	→	68.49인
제5과(3품급)	300석 = 4,500두	→	61.64인
제16과(5품급)	120석 = 1,800두	→	24.66인
제19과(6품급)	86석 10두 = 1,300두	→	17.80인
	76석 10두 = 1,150두	→	15.75인
제44과(8품급)	16석 10두 = 250두	→	3.42인
제47과(9품급)	10석 = 150두	→	2.05인

이 된다. 녹봉은 上厚下薄의 특징이 보이며, 그리하여 9품·8품관들은 토지에서 얻는 수익보다 오히려 적은 반면에 그 이상으로 진급하면서는 크게 많아져서 수배에 달하는 대우를 받았음을 알 수 있다. 학자에 따라서는 5품 이상의 고위 관료들에게 전지만 하여도 25결~15결의 공음전이 따로 지급되었다는 주장을 펴기도 한다. 그것이 사실이라면 양자간의 격차는 얼마간 좁혀질 것이다. 그러나 공음전은 전관료가 아니라 공로가 있는 관원들에 한하여 지급되었다는 견해도 있어 여기에서는 더 이상 언급하지 않으려 하지만, 비록 이 점을 감안하더라도 귀족관료들이 얻는 수익은 분급되는 토지에서보다 녹봉의 그것이 훨씬 많았던 것으로 판단된다.

지금까지 검토한 내용을 가지고 생각해 볼 때 9품관·8품관 같은 하급관료들의 생활은 상당히 어려웠으리라 짐작된다. 양반과전과 녹봉의 수입을 합해도 9품관은 성인 5.65인, 8품관은 7.74인의 1년분 식량을 받는 데 그치고 있기 때문이다. 물론 그것은 당해자의 가족수나 민전의 유무 등 제조건에 따라 커다란 차이가 나게 마련이었을 것이다. 그러나 가족수를 당시의 일반적인 예와 같이 5~6인으로 잡고, 민전과 같은 변수도 일단 논외로 하고 순수하게 국가로부터 받는 봉록만 가지고 따져보면 이러한 짐작은 사실과 크게 다르지 않았다고 생각되는 것이다. 그러다가 6·5품의 중견관료가 되면 어느 정도 안정된 생활을 영위할 수 있지 않았을까 싶다. 6품관은 22.22인~24.27인, 5품관은 33.29인의 1년분 식량에 해당하는 대우를 받고 있는 것이다. 그 후 다시 진급하여 3품관 이상이 되면 비교적 여유있는 생활이 가능하지 않았을까 생각된다.

3) 崔婁伯·崔沆·梁元俊 등의 淸廉한 생활

고려시대 귀족관료들의 몇몇 개별 사례를 통해 경제생활의 구체적인 면모를 좀더 알아보도록 하자.『高麗史』列傳의 대부분을 차지하는 名臣傳을 살피면 대체적으로 각자의 집안과 급제 사실을 먼저 서술하고, 이어서 정치적 행적과 官歷 등을 설명한 다음 뒷 부분의 성품을 논하는 자리에서 재화에 대한 태도도 더러 밝히고 있어서 경제생활의 일단을 엿볼 수 있다. 그것에 의하면 당해자는 청렴하였음이 강조된 경우와 그 반대의 경우, 그리고 별다른 언급이 없는 경우 등 대략 세 부류로 나타나는데, 이들 중 제3자는 경제생활에 관한 한 잘은 알 수 없어도 자기의 분수에 맞는 통상적인 삶을 영위했으므로 특별히 기록할 내용이 없어 그렇게 된 듯싶거니와, 따라서 이들의 비중이 가장 높다. 그러나 자료가 전하지 않으므로 그들의 삶의 모습을 더 추적하기는 어려울 것 같고, 부득불 첫째와 둘째 부류를 대상으로 검토할 수밖에 없는 것이다.

그러면 이 자리에서는 먼저 청렴한 삶을 살아간 인물들에 대해서부터 살펴보기로 하겠는데, 그 처음으로 소개할 사람은 崔婁伯이다. 그는 일찍이 上京 從仕하여 고려전기 名門의 하나가 된 水州崔氏家 의5) 자손이었으나 아버지가 수원의 향리였던 것을 보면 그의 직계는 수주에 그대로 머문 토착세력이었음을 알 수 있다. 그러던 가운데 아버지가 사냥을 나갔다가 호랑이에게 물려죽자 누백은 15세의 나이로 원수를 갚고 廬墓도 극진히 하여 孝友列傳에 올라 있지마는,6) 그 후 그는 과거에 급제하여 벼슬길에 나가며 상당한 가세를 이어온 瑞原廉 氏家의 廉瓊愛를 아내로 맞기도 하였다. 그런데 바로 이 염경애의 墓 誌銘이 전해져7) 그의 삶의 모습을 비교적 소상하게 살필 수 있게 되었지만, 최누백도 처음 벼슬을 하여 중원(지금의 忠州)의 수령을 지내거나 중앙의 하위직에 머무는 동안은 생활이 꽤 어려웠던 것 같다. 그것은 두 부부가 어느 날 이야기를 나누는 가운데 부인이, "당신은 독서하는 사람이니 여러 가지 작은 일들에 너무 신경을 쓸게 아닙니다. 저는 집안의 衣糧을 주관하는 것이 맡은 일인데, 비록 반복하여 힘써서 구하더라도 뜻과 같이 되지 않는 경우가 때때로 있습니다. 설혹 불행하게도 뒷날 제가 천한 목숨을 거두게 되고, 당신은 후한 녹봉을 받아 모든 일이 뜻대로 되게 되더라도 제가 재주가 없었다고 생각지 말고 궁함을 막던 일을 잊지 마세요"라고 말하며 크게 탄식하였다는 데서 이를 짐작할 수 있다. 최누백은 부인을 칭찬하여, 4남2녀의 어머니이면서 자기의 뒷바라지는 물론이요 돌아가신 시아버지의 제례를 깍듯이 받들고, 홀로 계신 시어머니를 잘 봉양하였으며, 내외친척의 吉凶 慶弔事도 일일이 잘 챙겼다고 말하고 있다. 그러자면 상당한 경제적

---

5) 朴龍雲, 「高麗時代 水州崔氏家門 分析」『史叢』26, 1982.
6) 『고려사』 권121, 孝友列傳 崔婁伯傳.
7) 金龍善編, 『高麗墓誌銘集成』, 93쪽, 崔婁伯 妻 廉瓊愛 墓誌銘.

적 부담이 뒤따랐을 듯 싶고, 그리하여 늘상 어려운 살림을 꾸려가지 않으면 안되었다고 생각되는 것이다.

　최누백은 인종 23년(1145)에 정7품의 司直에서 종6품의 右正言으로 승진하였다. 봉록으로 말하면 양반과전 40결, 녹봉 40석(성인 13.97인의 1년분 식량)에서 역시 양반과전 40결, 녹봉 66석 10두(성인 19.45인의 1년분 식량)를 받는 직위로 오른 것이었다. 이에 부인이 얼굴에 기쁜 빛을 띠면서, "우리의 가난이 가시려는가 봅니다"라고 말하였다. 그러자 최누백은 대답하기를, "諫官은 녹이나 지키는 자리가 아니오"라 하였고, 그에 대해 다시 부인이 "문득 어느 날 당신이 궁전 섬돌에 서서 천자와 더불어 시비를 爭論하게 되면, 비록 가시나무 비녀와 무명치마 차림으로 삼태기를 이고 살아가게 되더라도 또한 달게 여길 것입니다"라고 말하였다. 부부의 충성스러우면서도 청백한 삶의 태도를 엿보게 하는 대목이다.

　그런데 이듬해인 인종 24년(1146) 정월에 부인은 불행하게 병이 들어 세상을 떠나고 말지만, 그러나 최누백은 계속 승진하여 사간(정6품)·시어사(종5품)를 거쳐 예부낭중(정5품)의 지위에 오른다. 봉록으로는 양반과전 45결·녹봉 76석 10두(22.22인 1년분 식량)와 양반과전 50결·녹봉 93석 5두(26.37인 1년분 식량)를 거쳐 양반과전 60결·녹봉 120석(33.29인 1년분 식량)을 받는 자리까지 오른 것이었다. 하지만 이에 즈음하여 그는 "계속하여 후한 녹을 먹게 되었는데도 집안의 衣食을 돌이켜본즉 도리어 부인이 어렵게 힘써 구할 때만 같지 못하니 누가 부인을 일러 재주가 없었다고 하겠는가"라고 회상하고 있다. 이미 세상을 떠난 부인을 좋게 평하려 했다는 점을 감안하더라도 중견관원인 그의 생활이 아직 여유가 있는 편은 아니었다는 사실과 함께 청렴한 삶도 짐작할 수 있지 않나 한다.

다음으로 들 사람은 崔沆(?~1024)이다. 그는 나말여초의 '3崔' 중 한 사람으로 고려 태조가 개국하자 곧바로 귀부하여 고위직에 있으면서 중요한 역할을 했던 崔彦撝의 손자이며, 비서소감(종4품)을 역임한 崔光遠의 아들로,8) 그도 과거에서 장원급제한 후 여러 요직을 두루 거쳐 문하시랑평장사(정2품)로 재임하던 현종 15년(1024)에 세상을 떠났다. 비교적 이른 시기에 활약한 인물로, 그의 가문 정도도 대략 짐작할 수 있거니와, 또한 그는 청렴한 사람으로도 유명하였다. 그에 대하여 "沆은 총명하였으나 입이 무거워 말이 적었고 결단을 잘하였다. 대대로 유학을 업으로 하여 淸儉으로써 집을 지켰으며, 오랫동안 권력을 잡았으나 작은 한 개의 물건도 남으로부터 취하지 않았다. 손에 金玉을 대지 아니하였고, 부녀는 화장을 하지 않았으며, 달을 계산하여 녹봉을 청하였다. 집에는 한섬의 저축도 없었다"고 평하고 있는 것이다.9)

여기에서 우선 그는 "오랫동안 권력을 잡았으나 작은 한 개의 물건도 남으로부터 취하지 않았다"는 대목에 눈길이 간다. 하찮은 이익이라도 부정과 불법을 통해서는 취하지 않았다는 것인데, 이것은 공직자로서는 당연히 준수해야 할 덕목이다. 그러므로 崔沆은 그것을 잘 지켰고, 그 점이 평가를 받고 있는 것이지만, 비슷한 사례는 더 많이 찾아진다. 숙종·예종조에 크게 활약하며 역시 문하시랑평장사(정2품)까지 역임하고 예종 17년(1122)에 세상을 떠난 崔弘嗣는 "남들이 물건을 보내면 비록 채소나 과일이라도 받지 않았다"고 전한다.10) 그리고 이보다 조금 뒤인 인종·의종조에 활발한 활동을 하며 역시 문하

---

8) 『고려사』 권92, 열전 崔彦撝傳.
9) 『고려사』 권93, 열전 崔沆傳.
10) 『고려사』 권97, 열전 崔弘嗣傳.

시랑평장사(정2품)까지 지낸 梁元俊 (?~1158)에 대해서도 "성품이 청검하고 순직하여 시종 한 절조를 지키고 산업을 일삼지 않았으며, 뇌물이 통하지 않으므로 門巷이 쓸쓸하게 비어 있었다"고 설명하고 있다.[11] 강직한 관료의 모습을 보여주는 예들이라 하겠다.

위에서 양원준은 "산업을 일삼지 않았다"고도 평하고 있는데, 이것 또한 청검하게 살아간 모범적인 臣僚를 일컫는 말이었다. 이는 재화에 욕심이 없어 그것을 늘리는 일에 관심을 쏟거나 많은 시간을 소비하지 않았다는 의미로써, 고려가 기본적인 정치이념으로 삼고 있던 유교사상에서의 경제관과 합치되는 생활 태도이었다. 유교사상에서는, 이득이란 반드시 의리에 맞는 것이어야 하며, 도에 넘치는 부를 얻어 결국 사치하는 것은 예에 어긋난다고 보기 때문이다. 앞서 소개한 최항을 "대대로 유학을 업으로 하여 淸儉으로써 집을 지켰다"고한 평도 이 점을 말한 것으로 생각된다. 귀주대첩으로 거란족의 침입을 물리치고 문하시중(종1품)의 지위에까지 올랐던 현종조인 姜邯贊(948~1031)에 대해 "성품이 淸儉하여 산업을 영위하지 않았다"고 한 것과[12] 정당문학(종2품)까지 역임한 숙종·예종조인 鄭文(?~1105)에 대해 "사람됨이 恭儉·朴訥하고 생산을 일삼지 않았으며 거실은 겨우 비·바람만 가릴" 정도였다고 한 것[13] 역시 그러한 생활 태도를 말한 것이며, 그밖에 평장사(정2품)까지 지낸 숙종·예종조인 李䫻(?~1110)에 대하여 "고요하며 욕심이 적어 봉록 이외에는 산업을 영위하지 않았다"고 한 것과[14] 지추밀원사(종2품)까지 역임한 인종조인 金富儀(?~1136)

---

11) 『고려사』 권99, 열전 梁元俊傳.
12) 『고려사』 권94, 열전 姜邯贊傳.
13) 『고려사』 권95, 열전 鄭文傳.
14) 『고려사』 권95, 열전 李子淵傳 附 李䫻傳.

에 대해 "성품이 평평하고 넓어서 가산을 일삼지 않았으며 또한 勢利에 마음을 얽매지 않았다"고 한 평가도15) 보인다. 모두가 청렴하고 검소하여 당시의 사회가 요구하는 정신에 합당한 생활을 한 인물들이었다고 하겠다.

　부정과 불법을 하지 않았음은 물론이요 재화의 획득에 관심을 기울이지도 않았으므로 그들 집에 많은 재산이 있을 리 없었다. 최항의 경우에 "집에는 한섬의 저축도 없었다"고 보이지만 이 역시 당해자가 청렴한 생활을 하였음을 말해주는 좋은 증거였다. 그러므로 비슷한 서술을 여러 곳에서 찾을 수 있다. 숙종조에 참지정사(종2품)까지 지낸 郭尙(?~1106)에 대해 "평생동안 생산을 일삼지 않아 집에 남은 재물이 없었다"고 한 것이나,16) 그보다 조금 뒤인 예종조에 역시 참지정사(종2품)까지 올랐던 高令臣(?~1116)에 대해서도 "평생 청검으로써 스스로를 지켰으므로 卒함에 집에는 남은 재산이 없었다"고 한 것,17) 그리고 예종・인종조에 걸쳐 비서감(종3품)・지주사(정3품) 등의 여러 요직을 역임하고 세상을 떠난 鄭沆(1080~1136)에 대해 국왕이 "집에 한섬도 쌓아둔 것이 없다는 말을 듣고 감탄하여 말하기를, '30년간의 近侍에 11년간의 承制로 가난함이 이와 같으니 가상할만하다' 하고 米 300석과 布 200필을 더 賻儀하였다"고 한 사례18) 등이 그러한 것들이다. 앞서 3품 이상의 고급관료가 되면 비교적 여유있는 생활이 가능하지 않았을까 추측한 바 있거니와, 그렇다고 재산을 모을 정도까지는 되지 못했던 것 같다. 지금도 그러하지만 경제적 여건이 좋지 않았던 당시

---

15) 『고려사』 권97, 열전 金富佾傳 附 金富儀傳.
16) 『고려사』 권97, 열전 郭尙傳.
17) 『고려사』 권97, 열전 高令臣傳.
18) 『고려사』 권99, 열전 鄭沆傳・『高麗墓誌銘集成』, 61쪽, 鄭沆 墓誌銘.

에 있어서 청렴한 생활을 하는 한 국가에서 지급하는 봉록만 가지고 재산을 형성할 수 없었다는 것은 그런 대로 납득이 간다.

지금까지 든 인물들 이외에도 단순하게 '淸廉'했다거나 '勤儉'·'儉約'·'淸儉'·'公廉' 또는 '勤儉淸白'했다고 소개된 사람들은 일일이 열거할 수 없을 정도로 다수가 찾아진다. 그리고 이렇게 특별히 언급되지 않은 경우라 하더라도 대부분의 신료들은 건실한 생활을 영위하지 않았나 짐작된다. 그들은 고려가 기본적인 정치이념으로 삼고 있던 유교사상에 입각하여 예의와 분수에 맞는 생활을 하려고 노력한 것 같으며, 그리하여 이들에 의해 고려사회는 질서가 잡히고, 또 발전하여 갔다고 생각된다.

4) 金景庸·李資謙 등의 축재

귀족관료들 가운데에서 청검한 생활을 영위한 사람들의 예를 들었지만, 한편으로 보면 그 반대의 생활을 한 경우도 더러 있었다. 재물에 욕심이 많아 그것을 늘리는 데 열심이었던 몇몇 사례가 눈에 띄는 것이다.

그 같은 사람들로 우선 李瑋와 金正純을 들 수 있다. 그 중 이위 (1049~1133)는 수상인 문하시중(종1품)·판상서이부사까지 지낸 李靖恭의 아들로, 그도 과거에 급제한 후 여러 요직을 거쳐서 아버지와 꼭같은 지위에까지 올랐다. 그의 가세를 대략 짐작할 수 있다. 한데 그는 "재화 늘리기를 좋아해서 집에 있으매 비록 쌀과 소금이라도 반드시 나가고 들어오는 것을 알았다"고 한다.[19] 엄격한 통제를 가하며 재산의 증식에 노력하였음을 알 수 있다.

김정순(1086~1145)은 집안이 그리 좋은 편은 아니었으나 여진족의 정벌과 같은 전쟁에서 여러 차례 공로를 세워 문하시랑동중서문하평장사(정2품)의 고위직까지 올랐다. 그런데 그도 "타고난 성품이 용감하고 날쌔고 뜻은 활달하였으나 배우지를 않았으며, 재물을 좋아하고 오로지 사치를 일삼아 당시 사람들이 허물로 여겼다"고 전한다.[20] 그 역시 재산을 모으는 데 많은 관심을 쏟았으며, 그로써 사치한 생활을 한 것을 알 수 있다.

이들 이위와 김정순의 경우는 모두 재산을 늘리는 데 열심이었으나 그것을 어떻게 늘려 갔느냐 하는 방법에 대해서는 언급이 없다. 두 사람은 다같이 고위직까지 지냈으니 그 지위를 이용했을 가능성도 아주 배제하여 버릴 수는 없을 것 같지마는, 그러나 기록상으로 그에 대한 명확한 언급이 없는 것으로 미루어 일단 자신들의 공식적인 직위를 이용한 축재는 아니라고 보는 게 옳을 듯싶다. 그렇다면 이들이 이용했을 하나의 방식으로 이미 마련된 재산을 빌려주고 얻는 이식과 같은 것을 생각해 볼 수 있다. 고려 때의 법정이자율은 米가 15두에 5두, 布가 15척에 5척의 이식으로 연리 33% 정도였다. 당시에는 이 법정이자율보다도 높은 이식을 취하는 고리대가 성행하여 사회문제가 야기되기도 했지만, 정해진 이식만을 받는 것은 물론 합법이었다. 위의 두 사람이 그러한 방법으로 재산을 증식해 갔는지의 여부는 분명치 않다. 하지만 비록 그 방식이 부정한 것은 아니었다 하더라도 귀족관료로써 재물을 늘리는 데 힘쓰고, 또 사치하는 것은 옳지 않다고 평가되었다. 그것은 유교사상에 비추어 보더라도 그러하거니와, 신료는 국사에 전념하여 충성을 바치는 것이 도리라고 생각되는 사회였기

---

19) 『고려사』 권98, 열전 李瑋傳 附 李璋傳.
20) 『고려사』 권98, 열전 金正純傳.

때문이다. 그러므로 두 사람은 좋지 않은 비판을 받고 있는 것이다.

그런데 여기에서 한 걸음 더 나아가 부정과 불법으로 재물을 늘린 예도 보인다. 李資諒과 金景庸이 그러한 경우에 해당하는 사람들이다. 이들 중 이자량(?~1123)은 고려의 최대 문벌가인 경원이씨의 자손으로 할아버지인 李子淵은 수상인 문하시중(종1품)·판이부사, 아버지 李顗는 호부낭중(정5품)을 역임하였으며, 그도 추밀원사(종2품)를 거쳐 중서시랑평장사(정2품)의 지위에까지 올랐다.21) 아울러 인종 때의 권신인 李資謙과 형제간이기도 한 그의 권세는 충분히 짐작할 수 있는데, "그가 院館을 지으면서 吏民의 田園을 침탈하고, 그 일을 관장하는 자들도 이를 핑계삼아 이익을 꾀하여 백성들의 해가 되었다"는 것이다.22) 권력을 가지고 힘없는 향리와 백성들의 토지를 불법으로 빼앗은 사례라 하겠다.

김경용(1041~1125)도 신라 왕실의 후손으로, 할아버지 金因渭는 상서우복야(정2품), 아버지 金元晃은 중추원사(종2품)·병부상서(정3품)를 역임하였으며, 그 자신 역시 여러 요직을 거쳐 문하시중(종1품)·판이부사로 수상의 지위에까지 올랐다. 그리하여 집안이 크게 떨치게 되거니와, 특히 그는 85세까지 장수하여 국가의 원로로써 융승한 대우를 받았다. 이러한 여건으로 볼 때 김경용은 부조로부터 상당한 가산을 물려받았을 듯싶고, 양반과전과 녹봉에서 들어오는 수입도 많았겠는데, 그럼에도 그는 "권세에 의지하여 聚斂하고 재물을 늘렸으며, 집을 壯麗하게 치장하여 世人의 비난을 받는 바가 되었다"고 전하는 것이다.23) 이 사람 역시 권력을 이용하여 부정 축재를 하고, 그로써 사

---

21) 『고려사』 권95, 열전 李子淵傳 附 李資諒傳.
22) 『고려사』 권98, 열전 崔奇遇傳.
23) 『고려사』 권97, 열전 金景庸傳.

치한 생활을 하였으며, 그 같은 행위가 사회적으로 비난을 받기까지 한 것을 알 수 있다. 하지만 그의 경우는 그것이 정치적·사법적 문제로 비화되지는 않았다.

고려전기에 있어서 권력형 부정 축재의 대표적 존재를 꼽는다면 아마 李資謙(?~1126)을 들 수 있을 것 같다. 그는 앞서 잠시 언급했듯이 이호의 아들로써, 최대의 문벌가에서 태어나 부귀를 누릴 수 있는 위치에 있었다. 그리하여 음서를 통해 관직에 취임하며, 얼마 뒤에는 그의 제2녀가 16대 임금인 예종의 왕비로 들어가 元子를 낳음으로써 지위가 크게 올라 재상의 대열에 들어섰다. 그로부터 다시 얼마 후에 예종이 세상을 떠나자 이자겸은 반대파를 물리치고 자기 집에서 성장한 14세의 어린 외손인 인종을 즉위시키는 데 성공하거니와, 그는 이어서 자기의 반대세력을 제거하고 권력을 장악하였다.

인종은 즉위한 직후에 이자겸을 수태사(정1품)·중서령(종1품)에 임명하고 특별히 우대하는 조서와 함께 많은 양의 衣帶와 鞍馬·금은·폐백을 내렸다. 그리고 얼마 지나지 않아 다시 그를 공신호와 더불어 중서령·영문하사·영상서도성사·판이부사·판병부사·판서경유수사라는 이례적인 직위에 임명하고 조선국공에 봉하였으며, 그의 제3녀와 제4녀를 왕비로 맞으면서는 중외에서 들어온 모든 선물을 이자겸의 집으로 보내고, 또 조서를 내리면서 의대·金帛·안마·土田·노비를 하사하였다. 이제 그는 권력과 재부를 모두 누리게 된 것이다.

하지만 이자겸은 그에 만족하지 않고, "자기 족속을 요직에 포열시키고 관작을 팔았으며, 黨與를 많이 심어 스스로 國公이 되고 예우를 왕태자와 같게 하며, 그 생일을 인수절이라 부르고 내외가 하례하는 글도 箋이라 칭하게 하였다. 여러 아들들이 다투어 집을 일으킴에 가로에 잇닿았고, 세력이 더욱 성하게 됨에 뇌물이 공공연하게 행하여겨 사방에서 선물이 모여들어 썩어가는 고기가 항상 수만 근이나 되었다. 남의 土田을 강탈하고, 그 종들을 내놓아 車馬를 노략하여 자기의 물건을 수송하니 소민들이 모두 수레를 부수고 소·말을 팔아 도로가 소란스러웠다"고 보인다.24) 그런가 하면 다른 기록에도 그가 "屋宇를 크게 일으키면서 사자를 보내 해주에서 鐵을 구하였다"거나,25) 또는 "資謙의 사자가 (서해도의) 여러 주군을 다니면서 다투어 재화·뇌물을 취하므로 (李)之氏가 엄금하였다"는 기사가26) 찾아지며, 또 반란을 일으켰다가 실패한 후의 조처 가운데도 "맡은 관청에 명하여 여러 李氏가 탈취한 바의 土田과 노비를 찾아내 모두 본래의 주인에게 돌려주도록 하였다"고도 전한다.27)

이자겸에 한하지 않고 그의 아들들을 포함한 일족이 불법과 부정으로 재물을 모으고 있으며, 그러한 대상 지역으로 삼은 곳은 중앙과 지방의 각처에 걸치고 있다. 그리고 그 방식은 뇌물을 받거나 관작을 파는 것 이외에 '강탈'·'탈취'·'노략질'로 표현되었듯이 무작정 억지로 빼앗는 등의 여러 형태였으며, 대상물은 역시 당시에 가장 중요한 재화였던 토지와 노비를 비롯하여 고기·수레·소·말·철 등이었지마는, 거기에는 이것들 이외에도 각종 물품이 포함되어 있었으리라는 것은 능히 짐작할 수 있는 일이다. 그들은 이렇게 부정 축재한 재물을 가지고 앞서 김경용의 예에서도 본 것처럼 큰 집을 짓고 치장하는 등의 사치한 생활을 하였다.

이자겸의 집에는 뇌물성의 선물이 폭주하여 썩어가는 고기가 항

---

24) 『고려사』 권127, 열전 李資謙傳.
25) 『고려사』 권98, 열전 崔奇遇傳.
26) 『고려사』 권95, 열전 李子淵傳 附 李之氐傳.
27) 『고려사』 권15, 世家 仁宗 5年 冬10月.

상 수만 근이나 되었다고 하였다. 이것은 언뜻 보더라도 상당히 과장된 표현이라고 생각되는데, 그만큼 물욕이 많았음을 나타내 주는 서술 정도로 이해하면 어떨까 한다. 그런데 이자겸은 물욕뿐 아니라 정치권력에도 욕심이 많았다. 그는 제3녀를 인종비로 들이고도 다른 성씨의 여자가 또 왕실로 들어오면 권력이 분산될까 우려하여 제4녀를 다시 왕비로 들여보낸 것이 그 한 증거이다. 앞서 그는 결국 신료로서는 이례에 해당하는 여러 직위를 차지하고 권력을 장악하였다고 했거니와, 그 권력을 남용하였을 뿐더러 나중에는 왕의 자리까지 넘보게 되었다. 그리하여 마침내 국왕과 충돌을 일으켰다가 왕과 여타 귀족들의 결집된 힘에 의해 패배한 후 유배를 가서 그곳에서 죽음을 맞는 것이다.

　이는 이자겸 개인으로 보아서도 큰 불행이었다. 하지만 그것은 여기에서 그치지 않고 국가와 사회에도 여러 가지 좋지 않은 영향을 미쳤다. 그의 정치적 전횡과 부정·부패는 경제질서·사회질서를 문란케 하였을 뿐 아니라 정치질서도 크게 흔들어 놓았던 것이다. 우리들은 고려전기 귀족사회가 동요·붕괴되는 단초를 흔히들 이자겸의 반란으로부터 잡거니와, 그는 이제 역사의 죄인이라는 명에를 벗어날 수 없게 되고 말았다.

5) 맺음말

　고려 때의 귀족관료들은 부조로부터 재산을 물려받기도 했겠지만 기본적으로는 국가의 관직에 복무하는 대가로 주어지던 양반과전에서 들어오는 수입과 녹봉으로 생활을 영위하였다. 그런데 그 기본적인 소득은 대략 추산해본 결과 그렇게 좋은 편이 못되었다. 그리하여 부조로부터 상속받는 민전 등이 따로 없는 한 하급관료들은 상당히 어려운 살림을 꾸려가야 했던 것 같으며, 5·6품의 중견관료가 되어야 어느 정도 안정되고, 3품 이상의 고급관료가 되면서 비로소 비교적 여유있는 생활이 가능하지 않았을까 추정되었다. 하지만 이런 사정에도 불구하고 대부분의 귀족관료들은 유교이념에 입각하여 예의와 분수에 맞는 청검한 생활을 영위하려고 노력했던 것 같다. 崔婁伯·崔沆·梁元俊·姜邯贊·鄭文·金富儀 등은 그런 인물들 중에서도 특히 이름이 알려진 사람들이다.

그러나 한편으로는 그렇지 않은 사람들도 더러 있었다. 몇몇 귀족관료들은 재화에 많은 관심을 가지고 그것의 증식에 힘을 쓰고 있는 것이다. 한데 그런 사람들 가운데 몇몇은 권력을 이용하여 불법적으로 축재하고 있다. 뇌물을 받거나 관작을 팔고, 심지어는 탈취하는 방법까지 써서 재산을 늘려갔던 것이다. 李資諒·金景庸·李資謙 등이 그 같은 사람들이었다. 이 중 특히 이자겸은 그 정도가 심하여 고려전기의 경제 질서, 사회 질서를 문란케 하는 장본인이 되었다. 그는 결국 정치적 야심까지 드러냈다가 실패하고 유배를 가서 사망하고 말지마는, 역사의 죄인이라는 낙인은 지금도 남아 있는 것이다. 이상과 같은 두 가지 형태의 인간상을 보면서 현재를 살아가는 우리들, 그 중에서도 특히 공직자와 사회지도층들은 여러 모로 곰곰이 생각해 볼 일이다.

고려는 1170년(의종 24)의 무신란 이후 그들의 정권이 수립되어 100년간 지속되면서 커다란 변혁을 겪는다. 거기에다가 몽고와 오랫동안 전쟁을 하고, 이어서 그들의 간섭을 받아 또다른 시련을 맞기도 하였다. 따라서 이 시기는 정치·사회·경제 등의 모든 질서가 매우 문란한 때이었다. 이런 혼란을 틈타 당시에는 부정 축재를 일삼는 무리들이 전기사회에서보다 훨씬 많이 나타나며, 그 같은 조류는 공민왕대 이후의 왕조 말기에도 계속되었다. 하지만 당시의 상황에 대한 검토는 다음 기회로 미루고 이만 붓을 놓는다.

(『한국사시민강좌』 22, 1998)

2.
고려전기의 경제구조 概要

1)

　지금이나 그 이전의 어느 시기를 막론하고 경제는 역사의 운동을 결정하는 가장 중요한 요인의 하나였다. 그러므로 한 사회를 이해하기 위해서는 그 사회의 경제구조에 대한 검토가 빼놓을 수 없는 과정이 되어 왔던 것이다.

　그런데 고려를 포함한 우리나라 前近代社會에서의 주업은 농업이었다. 따라서 경제구조에 대한 검토라고 하지만 그 가운데서도 농업의 기반이 되는 토지 문제가 많은 관심을 끌게 마련이었다. 고려전기 토지제도의 커다란 한 줄기는 田柴科였거니와, 여기서도 당연히 이 문제가 깊이있게 다루어져야 하리라는 것은 다시 말할 필요가 없다고 하겠다. 아울러 祿俸制는 전시과체제 내의 한 문제인만큼 이 자리에서 함께 검토하여도 좋다고 생각된다.

　고려 때의 토지는 收租權이나 所有權 면에서 볼 때 크게 公田과 私田으로 나뉘어졌다. 內莊田·公廨田 등이 전자에 해당하는 토지 地目이며, 兩班科田·功蔭田·軍人田 등은 후자에 해당하는 토지 지목이었다. 백성들이 조상 대대로 전래하여 오는 토지인 民田은 기준에 따라 공전 혹은 사전도 되었지마는, 이들 공전·사전의 개념이나 각종 지목에 대한 검토 등도 꼭 짚고 넘어가야 할 과제들이다. 그리고 토지지배관계와 관련하여 그간 제기된 문제들, 예컨대 土地國有制說과 均田制 및 田結制, 농업생산력 발전에 관한 고찰 등도 역시 음미해 볼 필요를 느끼는 대목들이라 할 수 있다.

고려 때의 백성들은 국가에 대하여 일정한 稅役을 부담하였다. 그 중 경작지에서 얻은 수확물의 일부를 내는 것이 租稅였지마는, 3稅라 하여 조세뿐 아니라 특산물을 내는 貢賦와 노동력을 제공하는 徭役(力役)도 함께 부담하였으며, 그밖에 각종의 雜稅도 납부하도록 되어 있었다. 이렇게 하여 거둔 租稅와 貢賦 등은 지방의 漕倉에 모았다가 漕運을 통해 서울의 京倉으로 운송하여 국가재정에 충당되었거니와, 그러므로 稅役의 내용과 漕運·漕倉의 운영 문제 등도 경제구조의 해명을 위해서 풀어야 할 하나의 중요한 과제가 되었다.

自給自足的 자연경제가 중심이었던 고려사회에서 수공업과 상업은 상대적으로 활발하지 못한 편이었다. 하지만 그런 가운데서도 국가나 민간인들이 필요로 하는 수공업제품이 생산되고 있었으며, 도시를 중심으로 하는 국내상업과 宋나라 등을 상대로 하는 외국무역도 꽤 많이 이루어지고 있었다. 그러므로 이 부문도 貨幣 및 借貸法 등과 함께 살펴볼 필요가 있는 것이다.

고려전기의 경제구조에 대한 해명은 위에서 지적한 과제들을 검토함으로써 대략 수행될 수 있다고 믿어진다. 그러면 이들에 관한 본격적인 고찰에 앞서 그 개요부터 순서에 따라 소개해 두도록 하겠다.

2)

고려에서는 文武百官과 府兵·閑人 등 국가의 관직에 복무하거나

職役을 부담하는 사람들에게 그 대가로 각자의 지위에 따라 응분의 田土와 柴地를 分給하였다. 이 제도가 田柴科로서 처음 제정되는 것은 景宗 元年(976)인데, 그 이전에도 공로가 탁월한 고관이나 豪族들에게 食邑과 祿邑 등이 주어졌다. 식읍과 녹읍은 일정한 지역·촌락에 대한 지배권을 준 것으로 前朝인 新羅 때부터 내려오던 토지지배의 한 형태였지마는, 고려에서 그대로 계승한 것이었다. 그러다가 고려왕조가 그 나름으로 처음 시행한 토지정책은 太祖 23년(940)에 설정한 役分田이었다. 이것은 후삼국의 통일전쟁에 참여한 '朝臣·軍士'들에게 官階가 아니라 '그들의 性行의 善惡' 즉 신 왕조에 대한 충성도와 공로의 대소에 기준을 두어 지급한 分地制로서, 토지제도 전반에 걸친 어떤 법제적 개편이었다기보다는 오히려 論功行賞의 표창적 의도에서 시행한 給田制였다.

이제 그와 같은 과도기를 거쳐 경종 원년에 정식의 토지분급제인 田柴科가 始定된 것이지만, 『高麗史』食貨志 田制 田柴科의 당해 年月條에 의하면 이 때는 紫衫·丹衫·緋衫·綠衫의 四色公服에다 文班·武班·雜業으로 구분하고 거기에 다시 몇 단계씩의 차등을 두어 전시를 지급하되, "官品의 高低는 논하지 아니하고 다만 人品으로 정하였다"고 보인다. 역시 始定田柴科는 초창기의 토지급여제였던 관계로 그 기준과 구조가 이렇게 복잡했던 것 같다. 이 제도는 그 후 穆宗 원년(998)의 改定時에 새로이 정비되며, 다시 顯宗 5년(1014)과 德宗 3년(1034)에도 부분적인 개정이 가해졌다. 그리고 文宗 30년(1076)에 이르러 최종적으로 전면적인 재편성이 이루어지는 것이다.

문종 30년에 更定된 전시과는 전시 수급자를 18과로 나누어 '제1과 田 100결, 柴 50결, 中書令·尙書令·門下侍中'으로부터 '제18과 田 17結, 閑人·雜類에 이르기까지 같은 형식을 취하여 각 科等에 대해

응분의 田柴授給額을 규정하고, 또 그 밑에 수급할 자의 해당 관직명을 細註하고 있거니와, 이 체제는 목종 때의 改定田柴科와 동일하다. 그러나 實職主義에 입각하여 散職者를 배제하고 있다던가, 武班에 대한 대우의 상승, 限外科의 소멸, 田柴 지급 액수의 감소 등 상이한 면도 나타나고 있다. 이번의 개편은 전시과로서는 마지막 단계였던만큼 보다 정비된 모습을 갖춘 것이었다고 이해된다.

문종 30년에는 위에서 설명한 일반전시과 이외에 武散階田柴와 別賜科와 같은 별도의 전시과도 마련되고 있다. 무산계는 향리나 耽羅의 왕족·여진의 추장·老兵·工匠·樂人 등에게 수여한 位階였지마는, 무산계전시는 이 같은 무산계 소지자들에 대한 급전 규정으로, 그것은 田 35결·柴 8결을 지급하는 1등급으로부터 田 17결만을 지급하는 6등급까지 모두 6단계로 구성되었다. 한편 별사과는 地理業·僧人들을 대상으로 한 전시 지급규정이었다. 이 역시 6단계로 나뉘어져 1등급은 田 40결과 柴 10결을, 이하 차례로 내려가 6등급은 田 17결을 받도록 규정되어 있었거니와, 이들은 모두 別定田柴科에 해당하는 것이었다.

전시과에 의하여 지급되는 토지는 『高麗圖經』 官府 倉廩條에, "內外의 현임 受祿官이 3,000餘員이요 散官·同正으로 無祿 給田者가 또 14,000餘員인데 그 田은 모두 外州에 있었다"고 했듯이 대체적으로 畿外의 지방에 위치한 것들이었다. 그러면 실제로 그들 토지는 어떤 성질을 지닌 것이었으며, '지급'의 내용은 무엇이었을까. 이 점이 큰 문제인데, 그에 대해서는 현재 다음과 같은 세 가지 견해가 제시되어 있다. 첫째로 兩班科田 등은 국유지 위에 설정하고 收租權을 분급한 것인데 비해 軍人田은 그들의 民田 위에 설정하고 내용적으로는 免租를 하여 주었다는 설이다. 그리고 둘째는 어떤 地目이든 자신이 마련하는 사유지, 또는 당해자의 민전 위에 설정하고 免租權을 주었다는 설이며, 셋째는 일반 민전 위에 설정하고 수조권을 주었다는 설이다. 이처럼 전시과의 토지가 국유지 또는, 사유지 내지 민전 위에 설정되었는지의 여하와 수조권이 주어졌는가 아니면 면조권이 주어졌는가의 여하에 따라 논자간에 의견의 차이를 보이고 있거니와, 그 같은 차이는 곧바로 그것의 경영 문제와도 연결되었다. 즉, 첫번째의 견해를 가지고 있는 논자는 토지의 경작과 생산을 감독하고 租를 수취하는 일이 지방행정관인 수령에게 위임되어 있었다고 주장하는 반면에 둘째·셋째의 견해를 가지고 있는 논자들은 그것이 수급자 자신의 책임 하에 이루어졌다고 보고 있는 것이다. 이 중 전자는 비교적 이른 시기의 연구자들에 의해 주장되었던 견해이며, 후자는 근자에 많이 논의되고 있는 견해이지마는, 이 책에서는 세번째의 의견에 동조하는 입장을 취하고 있다.

분급된 전시과의 토지는 『高麗史』 食貨志 田制 서문에 명시되어 있듯이 본인이 죽고 나면 원칙적으로 국가에 반환하게 되어 있었던 것 같다. 하지만 군인이나 胥吏 등이 담당한 직역은 자손에게 세습되었고, 따라서 그들에게 지급된 田丁도 連立·遞立되었으므로 그것은 사실 상속이 가능한 永業田의 성격이 강하였다. 그렇다면 양반과전의 경우는 어떠했을까. 이 책에서는 이 역시도 世傳性이 강한 토지였다고 언급하고 있으나, 지금 그렇게 단정하여 말해도 좋을까는 의문이다. 아직까지 그것은 소수의 의견인 듯하며, 양반과전은 여전히 '納公土地'로 이해하는 논자가 많지 않나 생각되기 때문이다. 이 문제는 앞으로 좀더 숙고해 볼 필요가 있지 않을까.

고려 때의 관리들은 보수로서 토지와 함께 현물인 米穀도 급여받았다. 祿俸이 그것이었다. 이 제도가 정비되는 것은 文宗 30년(1076)인

데, 成宗朝에는 이미 어느 정도의 체제가 갖추어져 있지 않았나 짐작
된다. 이제 문종 30년에 마련된 제도를 소개하면, ① 妃主祿 ② 宗室
祿 ③ 文武班祿 ④ 權務官祿 ⑤ 東宮官祿 ⑥ 西京官祿 ⑦ 外官祿 ⑧
雜別賜 ⑨ 諸衙門工匠別賜의 9개 항목으로 구분하여 문무백관을 비롯
한 后妃·宗室과 胥吏 工匠 등 여러 계층에 지급하도록 규정하고 있
다. 그 뒤 睿宗 16년(1121)에는 여기에 州鎭將相·將校祿 규정이 추가
되며, 다시 仁宗朝에 이르러서 ⑦ ⑧ ⑨를 제외한 종래 祿制의 전면적
인 재편과 더불어 致仕官祿도 새로이 제정되었다.

이 중 祿制의 중심이 되었던 文武班祿의 경우를 예로 들어보면,
문종 30년에는 제1과 400石을 받는 中書令·尙書令·門下侍中으로부
터 제47과 10석을 받는 國學學正·國學學錄·都染丞 등에 이르기까지
모두 47科等으로 나누고 있다. 이 같은 복잡한 규정은 인종 때의 更定
時에 28과등으로 조정이 되지만 전시과의 18과등과 비교하여 여전히
세분된 것인데, 이는 아마 각 관직의 중요도에 따라 지급액도 차등을
둔 데서 말미암은 결과가 아닌가 생각된다.

녹봉은 전국의 민전에서 들어오는 조세수입으로 충당되었다. 이를
담당하는 기관은 左倉이었는데,『高麗史』食貨志 祿俸條 서문에 의하
면 여기서는 歲入米 139,736석 13두를 가지고 각 과등에 따라 지급하
였다 한다. 고려 말의 기록이지만 이 녹봉을 충당하기 위해서는 약 10
만 결의 토지가 필요하였다고 전하고 있다.

녹봉은 현직·실직주의의 원칙에 입각하고 있었다. 祿科에 散職者
가 보이지 않는 것이 그 한 증거이다. 그러나 한편으로는 致仕官祿制
가 따로 마련되어 있었고, 또 고려후기에는 檢校官祿이 지급된 듯한
사료도 찾아져 그와 다른 일면도 엿보이거니와, 이러한 규정은 宗室
祿과 함께 고려가 귀족사회였다는 사실과 관련이 깊은 게 아닌가 짐

작된다.

3)

고려시대의 토지는 크게 公田과 私田으로 구분되었다. 이 때 그 구분의 기준 가운데 하나는 收租權이 어디에 귀속하느냐 하는 것이었다. 즉 田租가 국가나 공공기관에 귀속하는 토지는 公田, 私人에게 귀속하는 토지는 私田이었던 것이다. 그런데 한편으로 고려시대에는 私有地가 존재하였다. 그것은 말할 필요도 없이 사전이었다. 그런가 하면 이에 대칭이 되는 國有地나 官有地도 있었는데 그것은 공전이었다. 이처럼 공전과 사전은 所有權에 의해서도 구별되는 것이었다. 요컨대 수조권이나 소유권 면에서 보아 국유지와 국고수조지가 공전이었던 데 비해 私有地와 私人收租地는 사전이었던 것이라 하겠다.

그렇다면 당시에 있어서 구체적으로는 어떤 地目의 토지들이 각기 공전과 사전에 속했을까. 이 점을 알아보는 데는 『高麗史』食貨志 常平義倉條의 顯宗 14년 閏9月에 나오는 바, "무릇 여러 州縣의 義倉法은 모든 田丁의 수에 의거하여 수렴하되 1과공전은 1결당 租 3斗, 2과(公田) 및 宮院田·寺院田·兩班田은 租 2斗, 3과(公田) 및 軍人戶丁·其人戶丁은 租 1斗씩 내도록 이미 成規가 되어 있다"고 한 判文에서 크게 도움을 받을 수 있다. 보다시피 공전은 1과·2과·3과로 구분되고 거기에 대칭이 되는 宮院田 등의 각 지목이 있었음을 알려주고 있거니와, 지금까지의 연구 결과 이 중 1과공전은 王室御料地인 內莊田이고, 2과공전은 公廨田을 비롯한 屯田·學田·籍田 등이며, 3과공전은 대체적으로 일반 民田과 民有地 위에 설정된 왕실 및 궁원·사원의 수조지였다고 밝혀져 있다. 그리고 이 같은 공전에 대칭되는

宮院田과 寺院田・兩班田・軍人戶丁(軍人田)・其人戶丁(鄕吏田)은 물론 사전이 되며, 이 밖에 功蔭田・口分田・閑人田 등도 같은 범주의 地目으로 보고 있는 것이다.

이들 가운데 1과공전인 內莊田은 왕실재정의 기반이 되는 토지로서 그의 소유지였다. 그것은 內莊宅에 소속하여 있었는데, 왕실은 그같은 소유지의 경영을 통하여 얻는 수입으로 재정의 일부를 담당케 하였던 것이다.

2과공전의 하나인 公廨田은 중앙과 지방의 각급 관청에서 소요되는 경비를 조달하기 위해 지급된 토지였다. 그리고 屯田은 원래 변경지대나 군사상의 요지에 설치하여 거기에서 나오는 수확으로 軍需에 충당토록 한 토지였으나, 이와 달리 內地의 일반 州縣에 두어 지방 관청의 경비를 보충하는 것도 있었는데, 전자를 軍屯田, 후자를 官屯田이라 불렀다. 이밖에 국립대학인 國子監과 지방학교인 鄕校의 경비를 조달하기 위해 설치한 學田과, 왕이 親耕하여 권농의 모범을 보임과 동시에 그 수확으로 神農・后稷에 대한 제사를 모시게 한 籍田 등도 있었거니와, 이들은 앞서 지적했듯이 모두 2과공전으로 국・공유지 위에 설정되어 있었다.

3과공전인 民田은 백성들이 조상 대대로 전래해 오는, 글자 그대로 '民'의 '田'으로서 그들의 사유지였다. 이처럼 민전은 사유지였으므로 그들에 대한 매매나 증여・상속 등의 관리처분권도 물론 民田主의 자유의사에 맡겨져 있었다. 이런 점에서 보면 민전은 사전이었다. 그러나 국가는 그 위에 수조권을 설정하여 놓고 있었다. 그리하여 이 민전에서 들어오는 조세 수입이 國用과 祿俸 등 국가재정의 중요 재원이 되었던 것이다. 이런 점에서 민전은 흔히 공전으로 분류되고 있지만, 근래의 견해와 같이 양반과전 등도 민전 위에 설정되는 것이라면 이 때의 민전은 소유권이나 수조권의 어느 면에서 보더라도 사전이 된다. 이와 같이 민전은 공전과 사전의 측면에서 뿐 아니라 民産의 근본이요 국가재정의 중요 재원이었으며, 또 면적도 전국 토지의 압도적 다수를 차지하고 있었다는 점에서 크게 주목되어야 할 地目이다.

왕실과 궁원 및 사원의 수조지로 알려진 莊・處田도 실내용은 민전이었다고 짐작된다. 학자에 따라서는 1과공전으로 보기도 하지만, 장・처는 단순한 토지의 集積이 아니라 당시의 행정조직인 군현제도의 일환을 이루는 단위로서 그 하부조직은 촌락으로 형성되었으며, 여기에는 정식으로 국가의 吏가 배치되어 있었다. 군현제도의 말단을 이루는 촌락과 왕실 등에 소속한 장・처의 촌락은 본질적으로 성격이 같았다는 이야기이다. 이러한 장・처의 촌락민, 따라서 일반 촌락의 주민과 마찬가지로 주로 자기의 농토를 경작하는 自家經營農民이었으며, 이들이 경작한 토지는 곧 그들의 수조지였다고 생각되고 있는 것이다. 이렇게 볼 때 장・처전은 1과공전이기보다는 3과공전으로 분류하는 게 옳을 듯 싶지마는, 이는 왕실의 收租地였을 경우 문제가 없다. 그러나 사적 기관인 궁원과 사원의 수조지였을 때는 어떨까. 이 경우에는 공전으로 분류하는 것 자체가 좀 어려울 것 같다. 이런 점에서 장・처전은 얼마간의 복잡한 성격을 지니지만, 어떻든 왕실과 궁원 및 사원이 그들의 소유지 이외에 장・처전과 같은 수조지도 지급받고 있었다는 사실은 역시 우리의 주목을 끄는 대목이다.

사전의 대표격인 兩班科田은 국가의 공직에 복무하는 대가로 지급된 토지인데, 어떤 성격의 토지가 분급되었으며 그 경영이 어떠했던가 하는 점에 대해서는 논자간에 의견이 엇갈려 있다. 하지만 그에 관해서는 앞서 전시과를 설명할 때 이미 언급했으므로 여기서는 생략

한다. 軍人田과 鄕吏田도 각기 京軍 소속의 군인이 담당하는 군역과 지방의 향리들이 담당하는 鄕役의 대가로 국가에서 지급한 토지를 말한다. 이 중 군인전은 대체적으로 민전 위에 설정되었다고 알려져 있으나, 향리전도 그러했는지 어떤지는 아직 분명치가 않다.

宮院田과 寺院田은 각기 궁원과 사원이 소유하고 있던 토지를 일컫는다. 그러나 이들은 그 같은 자기네의 소유지 이외에 수조지로서 다소의 장·처전도 지니고 있었다 함은 위에서 설명한 바와 같다.

功蔭田은 일반적으로 『高麗史』 食貨志 田制 功蔭田柴 문종 3년 5월조의 기사에 나오는 '品'을 官品으로 해석하여, 그것은 5품 이상의 고급관료들에 대한 우대책으로 특별히 지급한 토지였다고 설명되어 왔다. 거기에다가 공음전시는 세습이 인정되고 있었으므로, 이 점에 유의하여 고려의 귀족제적 사회양상과도 관련지어 설명하여 왔었는데, 하지만 이전부터도 그와 달리 기사 중의 '品'을 段階·品種과 같은 뜻으로 해석하여 그것은 모든 관리를 5단계로 나누어 토지를 지급하는 일반적인 給田制라는 견해가 있었는가 하면, 모든 관리를 대상으로 하기는 하되 관료 전체가 수급의 혜택을 누린 게 아니라 글자 그대로 특별한 공훈을 세운 자를 5단계로 나누어 지급하는 특별상여제였다는 견해가 제시되기도 하였다. 이 가운데에서 이 책의 필자는 마지막의 견해를 지지하는 입장을 취하여 일반설과는 좀 달리 서술하고 있다.

이러한 관점에 서게 됨에 따라 공음전과 상대되는 토지로, 종래 6품 이하 하급관료의 자녀 가운데 未仕·未嫁者에게 지급하였다고 보아온 閑人田도 실은 同正職을 받아 처음부터 散職體系 속에 閑해 있는 관인에게 주어진 토지로 보고 있다. 그리고 후생정책적인 의미에서 지급되던 口分田 가운데에서 恤養口分田뿐 아니라 兩班口分田의 존재도 강조하는 등 몇 가지 점에서 재래의 일반적인 설명과는 역시 차이가 드러나고 있다. 앞으로 이러한 몇몇 문제점들은 좀더 정밀한 검토과정이 필요하지 않을까 생각된다.

4)

전시과체제를 이해함에 있어 논자간에 시각의 차이가 많다는 사실은 이미 위에서도 드러났거니와, 토지국유의 원칙에 관한 문제도 그러한 것 가운데 하나였다. 지금은 잘못임이 밝혀진 셈이지만, 우리 나라의 토지제도를 처음으로 연구할 때는 전국의 토지가 '公田制' 위에 성립되어 모든 토지는 국가의 공유에 귀속하였다는 주장이 오랫동안 유력시되어 왔던 것이다.

이와 같은 土地國有制論이 제기되게 된 배경을 고찰해 보면 우선 『詩經』에 실려 있는바, "넓은 하늘 아래에 王土 아닌 것이 없다"는 전통적 王土思想에서 영향을 받은 면이 없지 않으나, 보다 직접적인 요인의 하나로 작용한 것은 한국의 토지제도에 관해 처음으로 체계적인 저술을 낸 和田一郞의 公田制=土地國有制 이론이었다. 그리고 또다른 하나는 唯物史觀이 말하는 '아시아 국가에 있어서의 私的 土地所有의 결여'라는 명제이었는데, 이 같은 입장에 서서 토지문제를 다룬 대표적인 사람은 白南雲이었다. 그는 삼국시대 이래 우리나라의 토지제도는 國有制로서 고려왕조에서도 '集權的 公田制'가 시행되었으며, 따라서 전시과체제 또한 그 같은 집권적 토지국유의 기반 위에 존립하였다고 보았던 것이다.

그러나 이러한 백남운의 주장이 구체적인 역사적 사실에 기초하여 세워진 이론은 아니며, 또 和田一郞의 주장도 일제의 土地占奪政策

과 관련이 깊은 불순한 것으로, 잘못된 점이 많았다는 비판이 여러 각 도에서 행하여졌다. 이 같은 비판이 이루어지기 시작하는 것은 1960 년대 후반부터였거니와, 전시과체제 내에도 자손에게 상속이 허용된 永業田이 실재하였고, 사전은 田租의 귀속 문제와 함께 사유지적 성격이 농후하다는 의미를 지닌다는 견해와, 공전도 국가의 직영지뿐 아니라 단순한 國家收租地를 포함하는 등 다양한 내용을 가지고 있었다는 사실을 밝힌 작업 등이 그런 것들이었다. 이어서 매매 처분과 증여·상속이 자유로운 토지인 民田의 존재가 확인되고, 왕토사상 역시 국가재정의 확보를 그 기능으로 하는 관념상의 擬制였을 뿐 현실적인 토지소유관계를 말한 게 아니라는 점이 알려져 토지국유제설은 이제 그의 입지를 거의 상실하게 된 듯싶은 것이다.

均田制에 관한 논의도 비슷한 상황이 아닌가 짐작된다. 『高麗史』 食貨志 田制 서문에, "고려의 田制는 대략 唐의 제도를 모방한 것이다" 라고 해서 마치 고려의 토지제도가 당나라의 分地制인 균전제를 모범으로 한 듯이 설명되어 있을 뿐더러 다른 史書에서도 그 점을 명시 내지 암시한 구절이 여럿 찾아진다. 다 알고 있듯이 당의 균전제는 모든 농민에게 100畝의 땅을 균등하게 분급하고 이 給付에 대한 반대급부로서 租·庸·調의 부담을 지우거나 府兵으로 군역에 복무시키는 제도였지마는, 그렇기 때문에 초기의 연구자들은 고려에서도 이와 같거나 또는 비슷한 田制가 시행되었다고 주장하였던 것이다.

하지만 그 후 균전제론자들이 근거로 들었던 사료의 내용은 토지를 다시 측량하여 농민에게 均給하자는 게 아니라 면적의 多寡와 土質의 膏塉에 따라 課役을 새로이 책정함으로써 부담을 고르게 하자는 의미였다고 해석한 견해가 피력되고, 아울러 당시에는 국가로부터 토지를 지급받지 못하는 白丁農民層이 광범하게 존재하였다는 실증도 나왔다. 이어서 당의 균전제 체제에서와는 달리 고려는 田租의 수취가 每結당 얼마씩이라는 일종의 누진세법으로 되어 있고, 또 군인전도 따로 설정되어 있었다는 점 등이 함께 지적됨으로써 지금은 균전제 부정론이 우세하게 된 듯싶거니와, 고려의 극히 제한된 일부 지역에서 임시적 방편으로 균전제와 유사한 제도가 존재했을 가능성이 있기는 해도 이것이 항구적으로 전국에 걸쳐 실시된 일은 없었다고 생각되는 것이다.

고려에서 토지의 넓이를 나타내는 단위로 채택한 공식적인 제도는 結負制였지마는, 그 結・負의 실제 넓이가 얼마나 되는가 하는 점도 논자간에 의견이 분분한 문제의 하나였다. 후대에 널리 쓰이는 결부제는 토지의 면적과 그 토지에서 나오는 수확량을 함께 표시하는 독특한 計量法으로, 같은 1결이라 하더라도 토지의 비옥도에 따라 그 넓이가 모두 달랐다. 결부제가 이러한 내용을 갖게 되는 것은 고려후기 이래 일이거니와, 당시에는 田品을 肥堉에 따라 상・중・하 3등으로 구분하고 각기 길이가 다른 자(尺)를 적용하여 넓이를 측량하는 隨等異尺制였던 것이다. 이 때 채용한 量田尺은 指尺으로서, 上等田과 중등전・하등전은 각기 20指・25指・30指를 1尺으로 計量하는 제도였다.

그러나 결부제를 처음으로 채택한 신라나 그 이후의 고려전기까지만 하여도 결부는 頃畝와 마찬가지로 면적만을 나타내는 단위로서 1결의 넓이는 고정되어 있었다. 그렇다면 실제로 그것은 어느 정도였을까. 이에 대해 『高麗史』食貨志 田制 經理 문종 23년조에 1결은 方 33步였다고 보인다. 1결의 넓이는 1,089平方步였던 것이다. 그런데 식화지에는 거기에 이어서 그것을 계산할 수 있는 단위로 1步의 길이는 6尺, 1尺의 길이는 10分, 1分의 길이는 6寸이었다고 전해지고 있는데, 하지만 이들 척도의 기준척이 어떤 것이었는가는 밝혀져 있지 않다.

그렇기 때문에 문제가 야기되고 있는 것이지만, 근자에는 식화지의 기록 자체에 오류가 있지 않았는가 하는 의문이 제기되는 등 더욱 복잡한 양상을 띠어 가고 있다. 이 책에서는 고려 초기의 1결의 실적을 대략 1,400~1,500평이었을 것이라고 말하고 있으나, 이는 이용한 사료와, 또 그 사료의 해석에 따라 매우 다양한 견해가 제시되고 있는 실정이므로 아직 단정할 단계가 아니라는 점을 염두에 두어야 한다.

농업생산력의 문제에 있어서는 특히 고려전기의 경우 耕地利用方式이 休閑段階였는지, 아니면 常耕段階였는지에 대해서조차 의견이 엇갈리고 있다. 『高麗史』 卷78 食貨志 1 田制 經理條에 문종 8년 3월의 判으로, "무릇 田品은 不易地를 上으로, 一易地를 中으로, 再易地는 下로 한다. 그 不易山田 1결을 平田 1결에 준하게 하고, 一易田 2결은 平田 1결에 준하게 하며, 再易田 3결을 平田 1결에 준하게 한다"고 하여 당시의 토지는 歲易의 빈도에 따라 田品이 정하여졌음을 알려주고 있다. 그런데 이러한 토지의 歲易 休閑이 주로 山田에 해당하는 것이었는지, 아니면 평전도 그러했다는 것인지의 여부가 분명치 않아 해석에 따라서 달리 설명되고 있는 것이다. 이 방면에 관한 자료가 극히 제한되어 있어 중국이나 조선시대의 것을 원용할 수밖에 없는 현실에서 문제가 그리 쉽게 해결될 수 있을 것 같지 않거니와, 이는 농기구나 施肥 등의 농업기술 문제도 유사한 상황이다. 이 책에서는 고려전기부터 대체적으로 連作法이 가능하였다고 보았지만, 역시 거기에는 異見이 적지 않다는 점을 거듭 지적하여 둔다.

5)

고려시대의 백성들이 부담한 稅役에는 租稅·貢賦·徭役(力役)과 그리고 雜稅가 있었다. 그 중 조세는 주로 토지의 소유자가 수조권을 가진 국가나 개인에게 내는 田租를 말하지만, 사유지에서의 소작료인 私田租와 국·공유지에서의 소작료인 公田租, 그리고 개인 수조권자가 전조의 일부를 다시 국가에 바치는 田稅를 뜻하기도 하였는데, 수조율은 물론 각각 달랐다.

고려 때의 토지에 대한 수취율로는 1/10조와 1/4조 및 1/2조의 세 종류가 기록에 보이고 있다. 이 가운데 1/10조율은 여말에 趙浚이 상소하면서 太祖가 즉위한 직후에 泰封시대의 暴斂을 바로잡기 위해 시행하였다는 설명 등에 나오고, 1/4은 成宗 11년에 정하여진 公田租率이며, 1/2은 각기 光宗 24년과 睿宗 6년에 나오는 바 사전을 개간하였을 경우 일정한 기간이 지난 다음 田主와 佃戶 사이에 행해진 수조율의 규정이다. 종래 연구자들은 이와 같은 수조율을 놓고 1/10조는 태조 당시의 실정을 도외시한 신빙성이 적은 사료라 하여 버리고, 대략 공전에서는 1/4조, 사전에서는 1/2조를 수취하는 제도였다고 설명하여 왔다.

그러나 근자에 이와 좀 다른 의견이 제시되었다. 여기에서 문제의 핵심이 된 것은 국가수조지, 즉 민전의 수취율에 관한 것으로 종래에는 이 곳에서도 1/4조율이 적용되었다고 주장하여 왔으나 그것은 잘못된 견해였다고 일축하고 실은 1/10조법이 원칙으로 되어 있었다는 것이다. 그리하여 최근에는 이 新說이 많은 동조를 얻고 있는 듯싶거니와, 이처럼 民田租를 地稅에 해당하는 1/10조로 이해하는 입장에서 성종 11년에 정해진 1/4公田租는 국유지를 소작 주었을 때의 地代로 보고 있다. 하지만 사유지(사전)를 타인에게 대여하여 소작관계가 발생하였을 때 그 지대로 '二分取一'하였다는 점에 있어서는 종래의 주장과 다른 것이 없다.

성종 11년에 제정된 1/4공전조의 구체적인 내용을 보면 水田의 경우 상등전에서는 결당 3石 11斗 2升 5合, 중등전에서는 2石 11斗 2升 5合, 하등전에서는 1石 11斗 2升 5合을 내도록 되어 있다. 따라서 生産高는 각기 결당 15石·11石·7石이 되는데, 旱田의 경우는 꼭 그 절반으로 되어 있다. 그런데 이는 본문에 나오는 규정이고, 이어서 그보다 조금 상향 조정된 내용이 細註로 하나 더 나오고 있지마는, 이 두 가지의 규정에 대한 해석을 둘러싸고서도 논자간에 의견이 엇갈려 아직 어려운 과제가 되어 있다.

田稅에 관해서는 顯宗 4년 11월의 判文에 보이는데, 30결 이상의 受田者에 한하여 결당 5升씩 내도록 되어 있다. 그러나 얼마 뒤인 文宗 23년에는 10負 이상자이면 모두 납세토록 규정을 바꾸고 그 세액도 결당 7升 5合으로 많이 올렸다.

조세는 米·粟·麥 등 곡물로 바치는 것이 원칙이었으나 때로는 布貨로 대납하는 일도 있었다. 그리고 곡물로 바치는 경우 그것은 皮穀(稻)이 아니라 米穀이었던 것으로 짐작된다.

다음 貢賦는 토산의 공물을 바치게 한 稅項目의 하나로, 이에 관한 규정이 마련되는 것은 光宗 즉위년의 일이다. 비교적 일찍부터 국가가 이 방면에 관심을 쏟고 있다는 사실이 주목되는데, 하지만 수취한 물품에 대해서는 일괄하여 전하는 기록이 보이지 않는다. 그러므로 여기저기에 散見되는 품목을 찾아볼 수밖에 없거니와, 그것들은 대체적으로 紬布·細紵布·細麻布·綾·羅 및 黃金·白銀·白赤銅·鐵·油蜜·酒肉·栗·馬·海苔 등 각종의 직물류를 비롯하여 광산물과 식품류·해산물, 그리고 수공업품을 전문적으로 만들던 특수집단인 所의 생산품 등이었다.

貢賦에는 常貢과 別貢의 두 종류가 있었다. 이 중 상공은 貢案에

수록되어 있어 例年 납부하는 常定의 공물을 말하고, 별공은 왕실이나 정부의 기관이 수요에 따라서 그때그때 差定하여 공납케 한 別例의 공물을 말했던 것 같다. 그 가운데서도 별공은 不時에 수시로 부과하는 것이었으므로 많은 폐단을 낳았다.

이러한 각 貢賦는 농민의 개별적 부담이 아니라 집단적 부담으로서 매년 미리 정하여진 貢額을 州·府·郡·縣에 할당하여 지방관리의 책임 하에 왕실이나 궁원 및 정부의 각 기관에 납부케 하였다. 말하자면 貢賦는 州縣이 단위가 되어 자기가 배속된 중앙 各司에 할당된 물품을 공납하는 제도였던 것이다. 이처럼 공물 납부의 담당자는 주현이었는데, 그러나 종국적으로 그 부담을 진 것은 주현의 촌락에 살고 있는 일반 백성들이었다. 결국 공물은 人丁의 多寡에 따라 편성된 民戶에 다시 分定되어 수취가 실현되었던 것이다. 그렇지만 그 民戶에 대한 부과기준이나 부담액 등 구체적인 내용은 잘 알려져 있지 않다.

徭役은 국가권력에 의하여 민간의 노동력을 수취하던 稅項目을 일컫는다. 백성들은 도시의 건설이나 궁궐·사찰·官衙의 營造, 城堡의 수축, 도로·제방의 改修사업 등 토목사업에 요역 명목으로 동원되어 노동력을 제공하였던 것이다. 아울러 저들은 거두어들인 조세를 수송하거나 宮院·朝家田 등 특권계급의 토지 경작에 징발되기도 하였지만, 이 역시 요역의 일부를 이루는 것이었다.

요역의 담당자는 丁이었다. 이 丁에 대해서는 『高麗史』食貨志 戶口 서문에 명시되어 있듯이 16세부터 59세까지의 연령층을 말하거니와, 고려에서는 이들 人丁의 다과에 따라 戶等을 9등급으로 편제하였다. 그리하여 요역은 각 호의 등급별로 丁을 차출해 담당시켰던 것 같은데, 이들 등급별 각 호가 부담했던 出丁의 기준이나 또 出役 日限

등은 현재 규정이 남아 있지 않아 잘 알 수가 없다. 조선 초기의 경우 10丁 이상의 大戶를 기준으로 1명 내지 2명을 出丁케 한 예가 보이고, 日限도 20일을 원칙으로 하고 그 해 농사의 흉풍에 따라 10일씩 가감시킨 내용이 찾아지므로 이를 참조하여 짐작할 수 있을 뿐이다.

有職品官이나 胥吏·鄕吏 등 직역 담당자는 요역의 대상에서 제외되었다. 그러면 이들의 가족은 어떠했을까. 5품 이상의 고급관료에게는 여러 가지 특권이 주어졌던 점으로 미루어 그들의 가족도 唐에서와 마찬가지로 요역에서 면제되는 혜택이 베풀어지지 않았을까 짐작되나 단정하여 말하기는 어렵다. 하지만 6품 이하의 양반과 직역 담당자의 가족들은 요역을 담당했던 것 같다. 丁女나 單丁·侍丁은 요역이 면제된 것 같고, 篤疾·廢疾者도 당연히 대상에서 제외되었으리라 생각된다.

이상에서 3稅로 일컬어지는 조세·공부·요역에 대해서 간략하게 살펴보았지만, 고려 때에는 이 이외에도 雜稅가 있었다. 거기에는 鹽稅·船稅·海稅·山稅·魚梁稅·商稅 등이 포함되거니와, 이처럼 당시에는 각종 명칭의 잡다한 세 항목이 존재하였다.

각 지방에서 거둔 조세와 공물 등은 선박에 의해 수도인 개경으로 운반되었는데 이를 漕運이라 하였으며, 그 일을 담당한 기관을 漕倉이라 불렀다. 국가재정상 정부에서는 일찍부터 이에 관심을 베풀어 국초부터 그것을 담당할 令有·租藏·轉運使를 파견하였거니와, 당시에 租稅米 등을 수집·운송한 기관은 60개의 浦였다. 그 후 성종 11년에 이르러 지방제도의 정비와 함께 浦의 명칭이 개정되고 輸京價가 제정되는 등 조운에 대한 국가의 지배력이 강화되며, 곧이어 60浦制度도 12개의 漕倉制로 바뀌었다. 지금 이 12조창제가 마련된 시기는 분명하게 알 수 없으나『高麗史』食貨志 漕運條에 보면 "靖宗朝에 12

창의 漕船數를 정하였다"고 한 점으로 미루어 늦어도 靖宗 때는 12조창이 설치되었음을 확인할 수 있거니와, 그 뒤 문종조 중엽에 이르러 西海道에 安瀾倉이 추가되어 조창은 합계 13개가 되었다. 이들 조창은 浦와 마찬가지로 해로나 수로를 이용할 수 있도록 주로 서해·남해 연안과 한강 연안에 설치되어 있었다.

조창은 행정구획의 하나로서 여기의 책임자는 判官이었다. 그리고 그 아래에는 色典이라는 향리가 있었는데, 조세를 거두고 그것을 운송하여 서울의 京倉에 입고시키는 일을 담당하였다. 漕船은 해로를 이용할 경우 최고 1,000석을 실을 수 있는 哨馬船을 썼고 수로를 이용할 경우 최고 200석을 적재할 수 있는 平底船을 사용하였거니와, 당해년의 조세미 등은 일단 조창에 집적했다가 다음해 2월부터 수송을 시작하여 近地면 4월까지, 遠地면 5월까지 완료토록 되어 있었으며, 이 때 조운의 노역을 담당한 사람들은 漕倉民이었다.

6)

고려 때에도 국가·왕실의 수요나 백성들의 생활에 필요한 각종 물품을 생산하는 수공업이 비교적 활발하게 이루어지고 있었다. 그 중에서도 규모가 크고 중요한 위치에 있었던 것은 중앙의 관청수공업이었는데, 그러한 관부로는 掌服署·奉車署·供造署·內府寺·軍器寺 등이 있었다. 여기에는 해당 기술자인 工匠들이 전속되어 있어 정부와 왕실에서 필요로 하는 물품을 생산해 조달하였던 것이다. 관청수공업에는 행정관리체계와 함께 생산관리체계가 정연하게 세워져 있었지마는, 무기 제조 등 중요한 생산분야에 종사하는 공장들 가운데 기술이 뛰어난 장기 근무자에게는 武散階가 주어지고 거기에 부수되는 토지가 지급되기도 하였다. 지방의 관청수공업으로는 각 도에서 운영하던 錦綺坊・雜織房・甲坊 등이 있었는데, 하지만 그 수나 규모는 중앙에 비해 매우 미미한 편이었다.

所는 金所・銀所・銅所・鐵所・紙所・瓦所・炭所・瓷器所・魚梁所 등의 예에서 보듯이 특정의 물품을 만드는 특수 행정집단이었다. 그러므로 所手工業의 생산활동은 역시 전업적이었지마는, 그들 물품은 주로 공납품으로 충당되었다.

국가에 전속되지 않은 공장들도 그들에 대한 일종의 호적이라 볼 수 있는 工匠案에 의하여 파악되고 있었으며, 그리하여 국가가 정한 일정한 기간 동안 공사에 징발되었다. 하지만 그러한 역만 부담하고 나면 자유로이 급료를 받고 다른 사람을 위해 일을 하여 주거나 물품을 생산 판매하여 생계를 꾸려간 것으로 생각된다. 이러한 민간수공업 가운데에서 많은 비중을 차지한 것은 농민들의 가내수공업이었는데, 그러나 이들에 의한 생산은 자가수요를 위한 衣料나 관부에 납부하기 위한 布物類가 주류를 이루고 있었다. 이에 비하면 고려 때는 사원의 수공업이 오히려 전업적이어서 우수한 직물・琉璃瓦 등을 생산하였다.

다음 상업은 크게 국내상업과 대외무역으로 나눌 수가 있고, 국내상업은 다시 도시상업과 지방상업으로 분류할 수 있는데, 그 중 도시상업은 서울인 개경의 市廛이 중심이었다. 『高麗史』에 의하면 개경의 시전은 이미 태조 2년에 설치되었다고 하거니와, 그 뒤 12세기 초엽에는 그들의 北廊 건물 65間이 불타버렸다는 기록이 전하며, 또 『高麗圖經』에도 시전들이 廣化門 거리에 長廊을 이루고 있었다는 기사가 보인다. 이러한 개경의 시전들은 점포를 가진 상설상점으로, 도시민들의 생활품을 판매하기도 했지만 주로 관수품을 조달하고 국고의 잉

여품을 처분하는 기능을 가진 어용상점이었다. 그러므로 이들에 대한 국가의 관여도도 높았는데 그 일을 맡아본 관부가 京市署였다.

지방상업은 비상설적인 場市를 중심으로 발달하였다. 즉 정해진 시기마다 교통의 요지에 장시가 서서 주변의 1일 왕복거리에 있는 농민들이 모여 米·布로써 화폐를 삼아 물물을 교환하는 형태의 상업이 행해졌던 것이다. 하지만 이러한 장시가 며칠에 한 번씩 열렸으며 또 전국적으로 그 수가 얼마나 되었는지 등에 대해서는 잘 알 수가 없다. 지방에는 이밖에 해안이나 강을 끼고 있는 지역과 육로가 발달해 있는 곳을 중심으로 왕래하면서 상업을 하는 行商도 있었다.

대외무역은 宋을 비롯하여 遼·金·日本 등 주변 각국들과의 사이에서 행하여졌다. 그 가운데서도 가장 활발하게 교역을 한 나라는 宋이었거니와, 공식적인 朝貢貿易 이외에 私貿易도 성하여 顯宗 때부터 忠烈王 4년까지 약 260여 년 동안에 고려에 온 宋商은 고려측의 기록만 보더라도 5,000여 명이나 되며 그 횟수도 120여 회가 되었다는 것으로 미루어 당시의 성황을 대략 짐작할 수 있다. 이 때 고려의 국제 무역항은 개경 근처의 禮成江 碧瀾渡였다.

요·금과도 使行貿易이 행해지고 互市場인 榷場이 설치되기도 했지만 양국과는 전쟁 등의 긴장관계가 오래 지속되었으므로 교역도 그만큼 한계성을 가지는 것이었다. 그리고 일본과는 정식적인 국교가 없었으므로 주로 민간상인들이 내항하여 방물을 바치고 하사품을 받아가는 進奉貿易이 조금 이루어지는 정도였다. 그러나 일면으로 大食國, 즉 아라비아 상인들이 송나라의 고려 무역에 힘입어 진출하여 온 것은 한 특이한 현상이었다.

고려에서 사용된 화폐는 물품화폐와 금속화폐의 두 종류였다. 그 중 물품화폐로 이용된 것은 布·米였는데, 그러나 布가 米에 비해 좀

더 운반이 쉽고 가치의 안정성이 높았으므로 점차 이것이 많이 쓰이게 되었다. 고려의 백성들이 가장 널리 사용한 화폐는 布貨였다고 할 수 있거니와, 그것으로 기능한 포는 주로 질이 나쁜 마포인 麤布였다가 뒤에는 5綜布(5升布)로 바뀌었다.

금속화폐로는 成宗 15년에 주조해 쓰도록 한 鐵錢이 처음이었다. 그러나 이것은 널리 유통되지 못하고, 얼마 뒤에는 肅宗이 海東通寶 등을 주조하여 사용을 적극 권장했으며, 또 銀 한 근으로 우리나라의 지형을 본뜬 銀甁 등도 만들어 통용토록 조처하였다. 그러나 실물경제에 치중되어 있던 고려에서 비록 도시의 경우 어느 정도 활발하게 금속화폐가 유통되었다고 하지만 전반적으로는 그렇지가 못하였다.

借貸法에 관한 규정이 제정되는 것은 景宗 5년의 일인데, 米는 15斗에 5斗, 布는 15尺에 5尺으로 이식은 年利 33%가 조금 넘었다. 그 뒤에 '子母相俘' 또는 '一本一利'라 하여 원금과 이자가 동액이 되었을 때는 그 이상의 이식을 취하지 못하도록 하는 법제도 마련되었지만, 법정이자율이 워낙 고율인 데다가 高利貸까지 성행하여 사회문제가 되었다. 좋은 취지에서 출발한 寶가 뒤에 문제가 되는 것도 이와 관련한 것이었다.

7)

이상에서 고려전기의 경제구조를 이해하는 데 필요하다고 생각되는 중요 과제들인 전시과제도와 녹봉, 공전·사전과 그 유형, 민전, 토지국유제설과 균전제론, 전결제와 농업생산력의 문제, 조세·공부·요역 등의 세역제도와 조운, 수공업과 상업 등에 대하여 필자들의 논지를 중심으로 간략하게 살펴보았다.

원래 이 책은 지금까지의 연구성과를 정리하고 집대성하여 일반에게 소개하는 데 목적이 있었다고 알려져 있거니와, 대부분의 내용은 그 취지에 맞게 서술되었다고 생각되며, 개요를 작성한 나로서도 그 점에 많이 유의하였다. 그러나 집필자들 나름으로 견해가 없을 수 없는 데다가 또 의견이 엇갈려 학설이 팽팽하게 맞서 있는 경우 어느 한 편에 좀더 기울어질 수도 있다고 이해된다. 따라서 독자와 견해를 달리하는 부분도 없지 않을 듯싶은데, 역시 각 논지는 집필자의 책임 하에 이루어진 것이므로 이 점 양해하고 읽어 주기 바란다.

이 개요가 일반 학설 및 그와 차이가 나는 점을 파악하고, 또 전체의 윤곽을 이해하는 데 조금이나마 보탬이 되었으면 한다.

(『한국사』 14, 1993)

3.
고려후기의 정치와 경제 概要

1)

　武臣亂(毅宗 24년, 1170)의 성공으로 수립된 무신정권 100년은 고려의 정치·경제·사회 등 모든 면이 크게 동요, 변질되는 변혁기였다. 그런데 이 무신정권이 채 끝나기도 전에 대륙 북방의 蒙古族이 침입하여 고려는 수십 년간 전쟁을 치르며, 끝내는 그들에 복속되어 다시 많은 시련을 겪어야 했다. 14세기 후반에 들어와 恭愍王이 즉위하여 反元改革政治를 단행하나 뜻한 만큼의 성과를 거두지 못하고 그로부터 얼마가 지난 恭讓王 4년(1392)에 고려왕조는 결국 終焉을 고하고 말지마는, 고려후기로 일컬어지는 이 기간은 그처럼 변혁과 고난의 시기였다.

　이 책에서는 당시 정치와 경제의 변화된 모습을 살펴보려는 것인데, 『高麗史』 撰者들은 그것을 부정적인 시각에서 파악하고 있다. 즉 成宗 때 새로이 정해지고, 文宗 때 얼마간의 增損을 거쳐 잘 정비된 3省 6部를 근간으로 하는 官制가 고려후기에 크게 문란해지고 있으며, 입법의 초기에 질서가 잡히고 조리가 있던 科擧나 銓法 역시 마찬가지인가 하면, 경제문제에 있어서도 田柴科 등 '祖宗의 法制'가 이 때에 들어와 무너짐으로써 나라도 따라서 망하였다는 것이다. 이 같은 관찰은 대체적으로 사실과 부합된다는 점에서 비교적 정확한 시각이라고 할 수 있다. 그러나 한편으로 살피면 고려후기라 하여 단순히 혼돈만을 거듭하며 멸망해 가는 과정이 아니라 그와 상반되는 모습도 엿보이는 등 그 나름으로의 역사성을 지니고 있었다. 그러므로 우리는 당시의 실상을 차분하게 검토해 볼 필요가 있는 것이다.

그런 취지에서 우선 고려후기 정치의 중심기구가 되는 都評議使司와 여러 차례 개편되는 중앙의 官制 및 監務의 증치와 文武交差制 등에 따른 지방 통치체제의 변화, 科擧制・蔭叙制 등 관리 등용제도의 변질과 군제의 재편에 대하여 알아보기로 한다. 이어서 당시의 정치적・사회적 지배세력인 이른바 '權門世族'과 '新進士大夫' 문제가 당연히 주목의 대상이 되며, 이들에 의해 추진된 忠宣王代 이래의 개혁정치도 크게 관심을 끄는 대목들이다. 그리고 경제구조에 있어서는 새로 성립되는 農莊과 祿科田制 및 租稅・貢賦・徭役 등 수취제도의 실태와 農業技術・手工業・鹽業・商工業・貨幣 등이 검토의 대상이 되겠거니와, 이하에서 그들 내용에 대한 개요를 간략하게 언급해 보기로 하겠다.

2)

고려후기에 들어와 정치체제상의 가장 큰 변화는 무엇보다도 종래의 中書門下省 중심에서 都評議使司(都堂) 중심으로 바뀐 점이다. 이것은 특별히 임명된 일부의 宰樞들이 국방・군사문제를 전문으로 다루던 임시적 회의기관인 都兵馬使가 忠烈王 5년(1279)에 이르러 개편된 것으로 그 구성과 기능이 크게 확대・강화된 데 따른 것이었다. 즉 과거와는 달리 재추 전원과 함께 三司의 정원과 商議까지 합좌하여 그 구성원이 대폭적으로 늘어났고, 관장사항 역시 군사문제뿐 아니라 국가의 모든 大事에 미치고 있으며, 또 임시기관에서 상설기관으로 변함과 동시에 庶務를 직접 관할하는 行政機關이 되었다는 점이다. 그리하여 중앙의 諸司는 말할 것 없고 지방의 각 官署들도 都堂의 통제하에 행정을 보았으며, 심지어는 王旨까지 그를 경유하여 실행케 됨으로써 도당은 일원적인 최고 정무기구가 되었다고 이해되고 있다. 그러나 복잡하면서도 어려운 당시 상황에서 국왕 스스로도 왕권의 강화에 노력하여 必闍赤[필자적 ; 비칙치]이나 內宰樞制 등을 마련하고 있어서 그 같은 견해에 다소의 의문이 제기되기도 한다. 이 중 必闍赤은 忠烈王이 동왕 4년(1278)에 측근인물들을 그에 임명하여 禁中에서 '機務를 叅決케'한 데서 비롯하며, 內宰樞制는 恭愍王이 그의 14년(1365)에 宰臣과 樞密 가운데에서 역시 자신과 밀착된 일부 인원을 선발하여 宮中에서 국가의 중대사를 처리케 한 변칙적인 제도로 알려져 있거니와, 이는 당시에 크게 성행했던 側近政治의 소산물로 왕권의 강화와 깊은 관련이 있음은 다시 말할 필요가 없는 것이다. 이런 몇몇 측면을 염두에 둘 때 都評議使司의 기능을 지나치게 강조하는 것은 문제가 없지 않다. 따라서 양자의 관계는 앞으로 좀더 면밀한 검토가 있어야 할 과제로 생각된다.

 새로운 도평의사사의 대두 이외에 종래의 3성 6부를 근간으로 하던 정치제도도 여러 차례 바뀐다. 그 원인은 주로 元과의 관련에서 말미암는 것으로, 우선 忠烈王 원년(1275)에는 저들의 강요에 따라 관제의 격을 낮추어 3성은 僉議府, 6部는 4司로 고치는 등의 개정이 있었다. 이어서 동왕 24년에 忠宣王이 즉위하여 다시 개정하지만, 그가 불과 몇 개월 뒤에 퇴위하면서 관제 역시 이전 상태로 되돌려졌다가, 복위함에 미쳐 密直司의 승격 등을 내용으로 하는 또 한번의 개정이 이루어졌다. 그 뒤 恭愍王이 반원개혁정치를 펴면서 전통적인 '文宗舊制'로 바뀌었다가 그것이 여의치 않게 되어 다시 新制로 돌아가는 등 몇 차례의 반복을 거듭하거니와, 이런 과정에서 관제의 문란은 피하기가 어려웠다.

부가하여 이 시기에는 인사행정에서도 상당한 난맥상을 드러내고 있다. 우선 과거제와 음서제가 편법으로 운영되는 면이 많아 문제가 잇따라 발생하였고, 權臣에 의해 政房이 설치된 이래로 銓法도 크게 문란해져 '黑冊政事'라는 비판이 나올 정도였다. 이러한 결과는 관원 수의 대폭적인 증가로 나타났다. 그런데다가 恭愍王 3년(1354)에는 添設職이 설치되고, 이에 앞서 納粟補官制까지 시행되어 이러한 현상을 한층 가중시켰다. 이에 따라 정치기강은 해이해지게 마련이었고 그것이 곧 고려가 멸망하는 한 요인이 되기도 하였다.

지방 통치조직에 있어서의 변화는 文武交差制의 시행이나 監務의 增置, 鄕·所·部曲의 해체 등을 지적할 수 있을 것 같다. 그 중 문무교차제는, 예컨대 使가 文臣이면 副使는 武人을 선발한다는 식의, 글자 그대로 문·무신을 교차해 지방관에 임명하도록 한 제도로서 이는 다시 말할 필요도 없이 무신정권의 소산물이었다. 원래 外官은 文班의 仕路였지만 이 때 와서 무인들의 요구에 따라 그 반수 가량은 이들로 채워지게 된 것이거니와, 그로 인해 외관 사이에 갈등이 빚어지는 등 지방행정에 많은 차질을 초래했다. 반면에 監務는 최하위이기는 하지만 그 동안 외관이 없던 屬郡·縣에다가 睿宗代 이래로 줄곧 파견하여 그 곳 백성들의 流移를 막고 安集시키는 등의 긍정적 기능을 담당한 제도였다. 하지만 이들 역시 무인들이 집권하는 明宗朝에 대폭적으로 늘어나는 데서 알 수 있듯이 그들에 대한 권익의 보호나 세력기반의 강화와 밀접한 관련을 가지는 것이었다. 그러나 이러한 가운데서도 계속되는 고려후기의 정치적·경제적·사회적 변화 속에서 일반 군현에 비해 낮은 처지에 놓여 있던 특수행정조직인 향·소·부곡이 점차 해체의 길을 밟은 것은 주목할 만한 현상의 하나였다.

軍制도 고려후기에는 전통적인 중앙의 2軍 6衛와 지방의 州縣軍 조직이 거의 무너진 상태였으므로 새로운 개편이 있게 되었다. 그런 가운데에서 먼저 조직된 것이 三別抄를 포함한 別抄軍으로서, 이들은 對蒙抗爭에서 혁혁한 공훈을 세우기도 하였으나, 몽고와 강화하려는 고려 조정에 반기를 들었다가 해체되고 말았다. 그 뒤 원 간섭기에 접어들면서 군제 역시 저들의 영향을 많이 받았지마는, 대내외적으로 계속되는 시련에 당면하고 있던 고려는, 요컨대 광범위한 농민층을 중심으로 하여 될 수 있는 한 많은 軍戶를 확보하여 무력장치를 삼으려 노력하였다. 그 중 翼軍의 설치와 같은 것은 그 기간이 그렇게 오랫동안 지속된 것은 아니라 하더라도 제도적으로 마련된 무력장치로서 커다란 의미를 지니는 것이었다.

중앙군의 지휘체계는 2군 6위 하의 上將軍 등이 그대로 존재했으나 다시 都元帥와 三軍萬戶 등이 설치되기도 하고, 또 都統使 이하의 직위가 등장하는 등 자주 변화가 있었다. 그리고 지방에는 都巡問使 등이 있어 군사의 책임자로 기능하였다.

3)

고려후기를 이끌어간 정치적·사회적 지배세력을 우리들은 흔히들 '權門世族'으로 이해하여 왔다. 이들의 재편성이 일단락되는 것은 14세기 전후였는데, 대체적으로 前期 이래의 門閥貴族家門과, 무신정권시대에 무장으로 득세하여 성장한 집안 및 무신란 이후 '能文 能吏'의 新官人層으로 대두하여 성장한 가문, 그리고 새로운 對元關係의 전개 속에서 신흥세력으로 등장한 집안 등 네 갈래로 구성되어 있었다. 忠宣王 復位年(1308)에 왕실과 혼인할 수 있는 15가문의 '宰相之宗'이 지정되지마는, 이들이 바로 그들의 대표적 존재였다. 그리하여 이들 구성원은 고위 관직을 차지하고 음서제를 이용하여 - 科擧에도 적극 적응하였지만 - 자손을 벼슬시켜 그 같은 지위를 이어가는 한편으로, 왕실 또는 閥族과 중첩되는 혼인을 맺어 혈연의 범위를 한정시켜 가면서 가문의 중요성을 내세우기도 했다. 말하자면 그들은 새로운 귀족들로서 親元的 성향이 짙었으며, 경제적으로 사적인 대토지소유자인 農莊主였고 사상적인 면에서는 불교와 깊은 인연을 맺고 있는 것으로 파악하여 왔던 것이다.

그런데 근자에 이들을 지칭하는 '權門世族'이란 용어는 사료에 나타나지 않을 뿐더러 그 의미로 보아서도 부적절하다는 지적이 있었다. 사례에 의하면 각각 '權門'과 '世族'으로 나타나고 있는데, 전자는 가문과 관계가 없이 권력층을 뜻하는 말이었으며, 후자만이 사회적 지위를 누리고 있던 문벌가문을 지칭하는 의미로 쓰였다는 것이다. 그렇기 때문에 종래의 '권문세족'보다는 오히려 단순히 '세족'이라는 용어를 사용하는 편이 좋겠다는 견해이거니와, 논자는 여기에서 한걸음 더 나아가 그 세족들도 다시 "체제모순을 방치하는 가운데 오히려 이를 이용해 더 많은 기득권을 누리려는 집단과, 국가재정이나 민생문제의 해결 등 일정하게 체제정비를 해나가는 속에서 기득권을 유지하려는 세력집단으로 분화되어 있었다"는 견해까지 밝히고 있다. 이 같은 분석은 복잡하게 얽혀있던 고려후기의 지배세력을 그 성격에 따라 명쾌하게 구분하여 주고 있어서 당시의 사회를 이해하는 데 크게 도움을 줄 것으로 짐작된다. 그리하여 本書도 주로 이 견해에 입각하여 서술되고 있지마는, 그러나 '權門'이 단순히 '權臣'·'權貴' 등과 동일한 뜻을 지니는 말이었는지는 좀더 천착해 볼 여지가 없지 않은 듯 싶고, 또 이들이 세족과 함께 고려후기 사회에서 커다란 비중을 차지했던 세력인만큼 보다 다각적인 분석이 필요하지 않을까 하는 생각이 든다.

한편 당시에는 사회의 일각에 이들 세족·권문과 성격을 달리하는 일군의 세력이 성장하고 있었다. 그들은 보통 '新進士大夫'라 불려지고 있지만 논자에 따라서 '新進士類' 또는 '新興士族'·'新進官僚'·'新興儒臣' 등 다양한 명칭으로 부르고 있거니와, 이들은 주로 하급관료나 지방향리의 자제들로 가문적 배경은 그렇게 좋은 편이 아니었으나, '能吏'의 바탕 위에 '能文'의 실력까지 갖추어 과거 등을 통해 이미 무신정권기부터 대두하고 있었다 한다. 이후 점차 세력을 키워온 신진사대부들은 공민왕대의 혁신정치와 더불어 크게 성장하여 정계의 한 부분을 차지하며, 결국에는 고려를 무너뜨리고 조선을 건국하는 데 주체가 되는 세력으로, 유교적 소양을 알아 예의 범절을 지키고 청렴을 표방하면서, 그렇지 못하여 여러 가지 불법과 부정을 저지르는 세족·권문을 비판하며 대립되는 위치에 있었다.

이들 신진사대부들의 성장은 방금 지적했듯이 고려후기에 계속되는 개혁정치와 밀접한 관련을 가진다. 사실 무신정권기를 거치고 다시 원 간섭기가 지속되면서 정치적 사회경제적 모순은 크게 심화되어 있었다. 정치가 파행적으로 운영되는 때가 많았고 국가의 재정은 매우 어려운 상태였으며 백성들의 생활은 그것대로 궁핍해지는 등 모순이 한계점에 도달하여 있었던 것이다. 그리하여 고려 조정으로서도 어떠한 조처가 불가피하였고, 이에 따라 忠宣王의 개혁정치에 이어서

忠肅王・忠穆王・恭愍王 등이 연달아 개혁을 추진하였다.

결국 개혁정치가 이처럼 여러 차례 표방되었다는 것 자체가 그 때마다 성과가 그리 많지 않았다는 사실을 뜻하지마는, 기본적으로 그들 개혁은 모순의 가장 중요한 요인이기도 했던 元의 종속구조하에서 이루어진 데다가 그 추진 세력이 일정한 한계성을 지니고 있었고, 또 그것이 정치적 목적으로 이용되기도 하여 고려후기 사회가 안고 있는 본질적인 문제를 해결하는 데 실패하고 만다. 그러나 어떻든 개혁사업은 자주 추진되었고, 그에 따라 현실비판적이며 혁신적 성격이 강했던 신진사대부들은 거기에 참여하면서 자기의 성장을 거듭하였던 것이다.

그런데 한편 보면 개혁사업이 추진된 일정한 시기까지도 이들이 차지하는 비중은 그렇게 큰 편이 아니었다. 오히려 실제로 거기에는 앞서 설명한 바 世族層 가운데서 '국가재정이나 민생문제의 해결' 등에 관심을 가진 개혁적 성향의 인물들이 다수 참여하고 있는 것이다. 그러므로 이 책의 논자는 "사대부가 신흥관료만이 아니라 세족 출신을 포함하여 관료 일반을 포함한다"는 이해 아래 이들을 '世族士大夫'라 지칭하면서 개혁사업을 그들과 신진사대부가 함께 펴 갔다고 서술하고 있어서 주목된다.

성장을 거듭해 온 신진사대부들은 이미 지적한 바와 같이 恭愍王代의 반원개혁정치를 거치면서 정계에서 상당한 위치를 점하게 된다. 그 뒤 禑王 때에는 얼마동안 시련을 겪기도 하지만 신흥 무장세력 李成桂와 손을 잡은 이들은 마침내 威化島回軍으로 정계를 주도하는 세력이 되거니와, 이후 그들은 당시의 현안문제였던 私田改革이나 恭讓王의 옹립 및 왕조 교체 등을 둘러싸고 온건개선파와 급진개혁파로 역시 분화되었다. 이 중 조선건국의 중심세력이 된 것은 다시 말할 필요도 없이 후자였다. 고려왕조는 외부로부터 밀려오는 어려움도 있었지만 근본적으로 자신이 안고 있던 정치적·사회경제적 모순을 스스로 해결하지 못하여 결국 종말을 맞고 말았던 것이다.

4)

고려후기에는 토지지배관계도 커다란 변화가 있었다. 전기 이래 田柴科體制 자체가 안고 있던 모순 위에 사회생산력이 발전함에 따라 결국 무너지고 農莊이 성립하였다. 농장은 農場 또는 農庄·田莊 등 여러 명칭으로 불리는 사적인 대토지지배의 특수한 형태로서 토지겸병의 현상이 크게 일어나면서 생겨난 것인데, 武臣亂을 계기로 본격화되어 원 간섭기가 시작되는 元宗 11년(1270) 이후에는 한층 심화되었다.

농장이 형성되는 데는 開墾과 奪占을 비롯하여 寄進·買得·長利·賜牌·投托 등 여러 가지 방식이 동원되었다. 그리하여 권세가들이 큰 것은 '山川으로 標를 삼고[山川爲標]' '州에 차고 郡에 걸치는[彌州跨郡]' 정도의 대토지를 겸병하게 된 것이지만, 그것들은 성격상 所有權에 입각한 농장과 收租地集積型 농장의 두 종류로 나눌 수가 있었다. 개간과 매득 등을 통해 획득된 토지는 더 말할 나위 없고 비록 불법적인 탈점에 의했더라도 합법을 가장하는 절차를 거쳐 농장주들이 그것을 자기의 소유지로써 지배한 것이 전자의 경우이며, 자기에게 賜與된 收租地를 世傳할 뿐 아니라 타인의 수조지까지도 탈점하는 등의 방법을 통하여 토지를 집적한 것이 후자의 경우였다. 농장주들은 이 곳에 관리의 거점으로 莊舍 또는 農舍를 설치하고 庄主 내지 莊頭로 불리는 대리인을 파견하여 경영하였다.

이 두 양식의 농장 가운데에서 어느 것이 지배적인 형태였느냐에 대해서는 논자에 따라 견해가 다르다. 즉 어떤 연구자는 소유권에 입각한 농장이 중심이었다고 보기도 하고, 또 다른 연구자는 수조지집적형 농장이 월등하게 많았다고 이해하고 있는 것이다. 이 책에서는 후자의 견해를 취하고 있지마는, 동시에 그것들은 경작자의 구성에 있어서도 차이가 났다는 의견이 개진되어 주목된다. 전자는 주로 노비들이 경작을 담당했던 데 비해 후자는 주로 良人佃戶들에 의해 경작되었다는 것이다.

농장주들은 불법을 자행하여 국가에 조세를 납부하지 않았을 뿐더러 농장에 집중되어 경작에 종사하는 양인전호인 處干들이 부담해야 할 庸·調까지도 포탈하고 있었다. 그리하여 국가의 재정은 파탄의 지경에 이르게 되었으므로 이를 바로잡으려는 노력이 여러 차례 시도되었다. 하지만 번번이 실패를 거듭하다가 위화도회군으로 이성계와 신진사대부세력이 집권한 이후에야 사전·농장의 혁파가 단행되었다. 그러나 이 때에도 그 대상은 수조지집적형 농장이었고 소유권에 입각한 농장은 소멸되지 않고 조선조로 이어졌다는 견해까지 밝히고 있다. 앞으로 좀더 면밀한 검토가 필요한 대목이 아닌가 한다.

전시과체제가 무너지고 농장이 확산됨에 따라 문무관료들은 토지를 지급받지 못했을 뿐 아니라 祿俸도 제대로 받지 못하였다.『高麗史』卷80 食貨志 3 祿俸條 서문에, "高宗·元宗 이후 국가가 多故하여 倉廩이 비었으므로 祿秩을 원래의 科等대로 주지 못하여 宰相의 녹봉도 數斛뿐이었다"는 기사가 이 같은 당시의 상황을 잘 말해 준다. 세족·권문과 같은 권력자들은 대소의 농장을 차지하고 있어서 그에 크게 구애될 필요가 없었지만 그렇지 못한 관료, 특히 신진의 하급관료들에게 이것은 매우 심각한 문제였다. 그러므로 국가에서는 그 하나의 해결 방법으로 문무관료들의 부족한 녹봉을 보충하여 주기 위해 祿科田이라는 명목의 토지를 지급하게 되었다.

"토지를 분급해 祿俸을 대신케[分田代祿] 하자"는 논의는 이미 고려의 조정이 몽고를 피하여 江華에 천도해 있던 高宗 44년(1257)에 시작되어 그 때 給田都監까지 설치하였다. 하지만 곧바로 시행하지는 못한 것 같고, 그로부터 얼마의 시기가 지나 開京으로 還都를 하고 京畿 一圓에 대한 통치력이 회복된 元宗 12년(1271)에야 비로소 실행에 옮겨진 것으로 생각된다. 그리하여 문무관료들은 직위에 따라 경기 8縣의 墾地를 녹과전으로 지급받았던 것이다. 물론 이 祿科田制도 그 후 권세가들의 심한 토지침탈로 인해 몇 차례 再折給되는 우여곡절을 겪었다. 그러나 이러한 어려움 속에서도 그것은 고려 말까지 존속하면서 자기의 기능을 수행하였다. 녹과전은 비록 부족한 녹봉을 보충하여 준다는 취지에서 지급된 토지지만, 田柴科體制下에서의 兩班科田과 같은 職田의 분급이 이루어지지 않았던 당시에 그것을 대신하였다는 점에서 이 제도가 지니는 의미는 컸다고 할 수 있다.

다음 고려후기에는 수취제도에도 여러 가지 변화가 일어났는데, 먼저 租稅에 있어서는 量田制가 隨等異尺制로 바뀌면서 同積異稅였던 것이 異積同稅로 변모된 점을 지적할 수 있다. 고려 때에는 오랫동안 單一量田尺이 사용되어 結의 면적을 고정시켜 놓고 田品에 따라 收稅額을 달리하는 제도였다. 그것이 고려후기의 어느 시기-아마 忠肅王 원년(1314)경-부터는 結當의 수세액을 고정시켜 놓고 토지의 비옥도에 따라 量田하는 尺度의 길이를 달리해 면적의 廣狹을 조절하는 제도로 바뀌었던 것이다. 이 같은 수등이척제에서 채택한 양전척은 장년 농부의 手指를 표준으로 한 指尺이었다.

특산물을 내던 貢賦에 있어서의 변화는 代納이 확산된 사실에서 볼 수 있다. 그리하여 '謀利之人'・'貨殖之徒' 등으로 불린 공물대납업자까지 등장하였다. 고려후기에 들어와 현물세로 생각되는 常徭・雜貢이 부가되는 것도 이와 관련이 깊었다고 이해되는 것이다. 한편 노동력을 부담하던 徭役 역시 변화가 초래되어 일반백성들도 物納이 가능해지게 되었다. 아울러 이들 양자의 부과 기준이 人丁의 多寡에서 토지의 다과로 바뀌어간 사실도 확인할 수 있다. 이러한 여러 변화는 다시 말할 필요도 없이 당시의 변모된 사회경제적 여건을 배경으로 하는 것이었다.

그밖에 고려후기에는 水利施設이 확충되고, 施肥法이 발전하는가 하면 새로운 稻種이 도입되었다. 그리고 木棉의 전래에 의해서도 많은 변혁이 초래되지마는 당시의 변화된 사회경제적 양상은 이처럼 여러 면에서 찾아진다.

5)

수공업 분야는 고려후기에 있어서도 官廳手工業이 중심을 이루었다. 그리하여 繕工寺・軍器寺 등의 각 관서에 기술자인 工匠들이 소속되어 왕실이나 관청 등에서 필요로 하는 물품을 생산하였지만, 고려전기에 비하여 그렇게 발달하지는 못하였다. 반면에 民間手工業은 크게 번성하여 조공품・생필품 등 각종 물품의 생산활동이 활발하였는데, 그들 민간수공업자 중에는 전업적인 일에 종사하는 사람도 상당히 많았다. 鍮銅匠・綿匠・羅匠・綾匠・冶匠・陶器匠 등이 그런 수공업자들로서, 이 같은 민간수공업이 발달한 이면에는 종래 특수행정집단을 이루고 특정의 물품을 생산하던 所手工業의 붕괴와도 관련이 깊었다. 고려후기에 들어와 所手工業이 이처럼 쇠퇴하는 데 비해 寺

院手工業은 계속 활발하여 우수한 물품들을 생산하였다.

우리의 식생활에 없어서는 안되는 소금의 생산과 유통도 관심을 끄는 대목의 하나인데, 처음에는 생산자인 鹽戶가 생산물 가운데 일정액을 鹽稅로서 국가에 납부하고 나머지는 처분하여 생계를 꾸려가는 형태였던 것 같다. 都鹽院은 아마 이 당시 그 관계의 일을 맡아본 관부가 아니었나 짐작된다. 그러다가 忠宣王이 그의 복위 원년(1309)에 이르러 전매제인 榷鹽制로 바꾸었다. 즉 모든 鹽盆은 民部(戶部)에 소속시켜 관리하도록 하고, 도시에서는 鹽倉에 가서 매입케하는 한편, 군현민은 주로 本官의 官司에 布를 납입하고 소금을 받아가도록 하였던 것이다. 이는 鹽法을 바로잡고 국가의 재정도 확보하려는 취지에서 마련된 정책으로서 의미있는 조처였다. 하지만 이 제도는 그 뒤 다시 문란해져 많은 문제를 야기하였다.

다음 상업의 경우 국내상업에 있어서는 여전히 開京의 市廛이 중심이었다. 고려후기에는 그 규모가 더욱 확대되어 熙宗 4년(1208) 7월에는 大市의 左右長廊을 改營하였는데 廣化門으로부터 十字街에 이르는 곳까지 그들의 수가 1,008楹이나 되었다고 하며, 忠烈王 33년(1307) 6월에는 忠宣王이 市街의 양쪽에 다시 長廊 200칸을 營造토록 하여 이듬해 8월에 완성시키고 있다. 시전의 증개축은 이후에도 계속되고 있거니와, 도시상업은 그만큼 활발하였음을 알 수 있다. 개경에는 이 밖에도 일정한 장소에 시장이 서서 전기와 마찬가지로 도시인들이 생활용품을 매매하였으며, 지방에서는 역시 場市를 통하여 교환이 이루어졌고 지역을 순회하면서 장사를 하는 行商과 船商의 활동도 있어서 상업을 촉진시키는 데 한몫을 하였다.

대외무역은 元나라와의 특수한 관계로 인하여 주로 이들과 행하여졌다. 그러나 조공무역은 저들의 요구에 대하여 우리가 일방적으로

희생을 강요당하는 방식이어서 종래 대륙의 다른 국가와는 매우 다른 형태의 것이었다. 하지만 잦은 인적 왕래를 통한 私貿易과, 그리고 使行의 수행원들 사이에서 흔히 행하던 密貿易은 양국간에 비교적 활발하게 이루어졌다. 이 밖에 여말에는 明이 건국되자 그들과도 무역을 하였고, 또 日本은 고려에 대하여 進奉貿易을 행하였으나 두 나라 사이에는 정식적인 국교가 없었을 뿐더러 倭寇의 여파 등으로 교역은 제대로 이루어지지 않았다.

교환수단이 되는 화폐는 전기 때의 물품화폐인 布貨와 금속화폐인 銀甁 등이 고려후기에도 계속 사용되었다. 그 중 은병은 워낙 고액의 화폐였으므로 忠惠王 때에는 小銀甁을 만들어 썼으며, 또 한때 碎銀이 화폐로 기능했는가 하면 銀錢을 주조하여 쓰기도 하였다. 그리고 원나라와의 깊은 관계하에서 저들의 지폐인 寶鈔가 유입되어 고려에서도 통용되었고, 그 영향으로 恭讓王 때에는 楮貨를 발행하여 쓰도록 한 일도 있었다. 하지만 이 시기까지도 화폐의 유통이 그렇게 활발한 편은 아니었다.

6)

이상에서 고려후기의 정치와 경제에 관련된 주요 주제들, 즉 都評議使司 등의 정치조직 및 지배세력인 世族・權門과 新進士大夫의 문제, 그리고 농장과 조세・공부・요역의 변화상, 농업기술, 상공업과 염법, 화폐 등에 대해 필자들의 논지를 중심으로 간략하게 살펴보았다.

원래 이 책은 지금까지의 연구성과를 정리하고 집대성하여 일반에게 소개하는 데 목적이 있다고 알려져 있는 바와 같이 대부분은 그 취지에 맞게 서술되었다고 생각되며, 개요를 작성한 筆者로서도 그 점에 특히 유의하였다. 그러나 집필자 나름으로 견해가 없을 수 없는 데다가 또 의견이 엇갈려 학설이 맞서 있는 경우 어느 한편에 좀더 기울어질 수도 있다고 이해된다. 따라서 독자와 견해를 달리하는 부분도 없지 않을 듯 싶은데, 역시 각 논지는 집필자의 책임하에 이루어진 것이므로 이 점 양해하고 읽어주기 바란다.

(『한국사』 19, 1996)

4.
고려시대 土地國有制說의 문제

1) 토지국유제설의 대두

한국의 토지제도를 다룸에 있어 가장 많은 논의가 되어 온 문제중의 하나는 토지국유의 원칙에 관한 것이었다. 종래 우리나라의 토지제도에 대해서는 동양의 여러 나라가 대개 그러했던 것처럼 전국의 토지가 '公田制' 위에 성립되어 모든 토지는 국가의 公有에 귀속하였다고 주장하는 견해가 오랫동안 유력시되어 왔던 것이다.

이와 같이 모든 토지가 국가의 공유에 귀속하였다는 토지국유제론은, 고찰해 보건대 다음과 같은 세 가지 방향에서 유래되었던 것 같다. 그 하나가 『詩經』의 小雅 北山에 나오는 바 "넓은 하늘 아래에 王土 아닌 것이 없고, 그 땅 내의 (사람들은) 王臣 아님이 없다[溥天之下 莫非王土 率土之濱 莫非王臣]"고 한 동양의 전통적 王土思想과 관련하여서였다. 뒤에 더 설명하듯이 이 왕토사상은 신라나 고려·조선사회의 현실과는 좀 차원이 다른 것이었는데, 그러나 당시의 政論家들은 그에 근거하여 토지의 공유를 주장하는 일이 많았고, 그것이 오늘날의 학자들에게도 간접적으로 영향을 미쳐 토지국유제 이론이 나오기에 이르른 것이다.[1]

다른 하나는 한국의 토지제도에 관해 처음으로 체계적인 저술을 낸 和田一郎의 '公田制＝土地國有制' 주장이었다. 그는 잘 알려진 대로, 日帝가 한국에 대한 식민지지배를 위해 조선총독부를 앞세워 단행한 이른바 토지조사사업의 실무책임자 가운데 한 사람으로서, 업무상의 필요에 따라 한국의 토지제도를 조사하여 『朝鮮土地・地稅制度調査報告書』를 낸 일이 있었다. 이 때가 1920년인데, 그는 여기에서, 삼국이 성립하기 이전 한국의 토지제도는 원시적인 部族共産制의 형태였으며, 이는 삼국시대에도 마찬가지였다고 말하고 있다. 그 후 신라가 삼국을 통일하면서 재래의 부족적 공산제가 공전제도로 발전하였는데, 이 공전제도는 원시 이래의 토지공유제를 국가적 규모로 확대한 것으로서 그 제도 아래서의 모든 토지는 공유・국유였으며 사유는 인정되지 않았다는 주장을 펴고 있는 것이다. 여기서도 물론 각종 명목으로 토지가 지급되었지만 그것은 단순한 收租權―관료의 경우―, 혹은 耕作權―농민의 경우―의 지급일 뿐 소유권은 어디까지나 국가에 귀속된 것이었다고 한다. 그리하여 이 같은 통일신라기의 공전제도가 비록 얼마간의 성격상 차이는 보인다 하더라도 기본틀은 변함이 없이 고려와 조선시대까지 계승되었다고 그는 말하고 있다.

공전제도 안에서도 私田이라는 명목의 토지는 존재하였다. 하지만 그것은 역시 公田의 범주 내에서 수조권이 위임된 토지에 불과하였다. 그럼에도 불구하고 고려 말에 이르러 이 사전의 범위가 확대되고 그 성격도 사유지적 의미를 많이 지니게 되어 공전제도는 한때 붕괴될 위기에 처하였으나, 결국은 개혁파에 의해 사전 혁파가 이루어져 그 위기는 일단 극복되었다. 따라서 그 결과로 새로이 제정되는 科田

---

1) 李佑成,「新羅時代의 王土思想과 公田」『趙明基華甲紀念 佛教史學論叢』, 1965, 218쪽 ;『韓國中世社會硏究』, 一潮閣, 1991, 3・4쪽.

法을 그는 공전제도로의 복귀로 이해하고 있다. 당시에는 사유지로서의 民田도 나타난다. 그러나 이 민전 역시 공전제도의 테두리 안에서 존재하는 사전을 불법적으로 사유지화한 것으로서, 이로써 공전제가 부정되는 것은 아니라고 말하고도 있다.[2]

이러한 토지국유제론은 그 뒤 이 방면에 관심을 가진 사람들에게 큰 영향을 미쳐 같은 논리 위에서 각 연구가 진행되었다.[3] 어떤 연구자는 토지소유의 구체적 내용을 관리처분권과 수조권·경작권으로 나누어 고찰함으로써 한 걸음 진전된 모습을 보여주기도 하였다.[4] 하지만 그 경우에도 국가에 귀속하는 관리·처분권이 私人에게 소속된 後二者보다 훨씬 우월한 위치에 있었으며, 이 우월적 권능을 매개로 하여 토지의 공유, 즉 국유제가 성립되었다고 주장한 점에 있어서는 큰 차이가 없었다.

---

2) 和田一郎, 『朝鮮土地·地稅制度調査報告書』, 1920. 이 보고서의 내용에 대해서는 다음과 같은 논문에 잘 소개되어 있다. 旗田巍, 「朝鮮土地制度史의 硏究文獻-朝鮮總督府(和田一郞擔當), '朝鮮의 土地制度及地稅制度調査報告書'를 中心으로-」 『아시아·아프리카 文獻調査報告』 55-中國·東아시아-, 1964 ; 『朝鮮中世社會史의 硏究』, 法政大學出版局, 1972, 289~304쪽 ; 姜晉哲, 「'土地國有制說'의 問題」 『高麗土地制度史硏究』, 高麗大出版部, 1980, 330·331쪽.

3) 그 논저들을 들면 다음과 같다. 旗田巍, 「高麗朝에 있어서의 寺院經濟」『史學雜誌』 43-5, 1932 : 周藤吉之, 「麗末·鮮初에 있어서의 農莊에 대하여」『靑丘學叢』 17, 1934 : 今掘誠二, 「高麗賦役考覈」『社會經濟史學』 9-3·4·5, 1939 : 麻生武龜, 『朝鮮田制考』, 朝鮮總督府 中樞院, 1940 : 周藤吉之, 「高麗朝로부터 朝鮮初期에 이르는 田制의 改革-特히 私田의 變革過程과 그의 封建制와의 關聯에 대하여-」 『東亞學』 3, 1940 : 有井智德, 「高麗朝初期에 있어서의 公田制-특히 均田制를 中心으로-」『朝鮮學報』 13, 1958.

4) 深谷敏鐵, 「鮮初의 土地制度 一斑-이른바 科田法을 中心으로-」 『史學雜誌』 50-5·6, 1939 : 「科田法으로부터 職田法으로-鮮初의 土地制度一斑-」 『史學雜誌』 51-9·10, 1940 : 「朝鮮의 土地慣行 <並作半收> 試論」 『社會經濟史學』 11-9, 1941 : 「朝鮮에 있어서의 近世的 土地所有의 成立過程-高麗朝의 私田으로부터 李朝의 民田으로-」 『史學雜誌』 55-2·3, 1944 : 「高麗時代의 民田에 대한 考察」 『史學雜誌』 69-1, 1960.

한편 토지국유제론은, 唯物史觀이 말하는 "아시아사회에 있어서 私的 토지 소유는 缺如되어 있고 조세와 地代는 일치하며, 따라서 국가는 최고의 지주"라고 한 명제에서 기인한 바도 있는 것 같다.5) 이와 같은 입장에서 삼국시대 이래 우리나라의 토지제도는 국유제로서 고려왕조에서도 '集權的 公田制'가 시행되었으며, 그리하여 전시과체제 또한 그 같은 집권적 토지국유의 기반 위에 존립하였다고 보았다. 사전이 존재하였지만 그것은 역시 수조권을 인정한 데 지나지 않았고 소유권은 오직 국가에 귀속하여 국가만이 최고의 지주라 이해하였던 것이다.6)

이렇게 여러 학자들에 의해 다양하게 전개된 토지국유제론은 위에서 언급했듯이 상당히 오랜 기간 동안 학계를 풍미하여 별다른 의심없이 사실로서 받아들여져 왔었다. 그러나 지금 생각하여 보면 그것은 옳지 않은 견해였던 것 같다. 토지국유제론에 대한 비판은 대략 1960년대 후반부터 시작되어 오늘날에는 거의 극복된 단계에 와 있는 듯싶거니와, 그러면 이제부터 그 내용에 대해 좀더 자세하게 살펴보기로 하자.

2) 和田一郞 등의 토지국유제설에 대한 비판

和田一郞의 '土地國有制論'은 아직 근대적 토지사유의 제도가 미숙한 당시의 우리나라 사회 실정에 편승해서 농민들에게 갑자기 근대적 토지소유법 이론을 적용시킴으로써 그들로부터 토지를 빼앗아 방대

---

5) 姜晋哲, 앞의 글, 341·342쪽.
6) 白南雲, 『朝鮮封建社會經濟史』上, 改造社, 1937, 47~50쪽.

한 국유지를 설정하려고 했던 조선총독부의 이른바 토지조사사업의 목적·이유와 밀접한 관련을 가지고 수립된 것으로, 당시 토지소유관계의 실태를 순수히 학문적으로 객관적인 입장에서 분석한 결과 얻은 결론은 물론 아니었다. 더구나 그것은 공전제도가 통일신라기 이래로 조선 말기에 이르기까지 별다른 발전의 계기를 보이지 않은 채 거의 그대로 존속했다고 생각한 비역사적 관찰이었으며, 또 公田·私田·民田에 대한 그의 이해도 사실과는 맞지 않는 잘못된 것이었다.[7]

그럼에도 불구하고 그 영향은 의외로 컸었던 것이지만, 1960년대 후반에 접어들면서부터 여러 학자에 의해 다각도로 그의 이론에 관한 비판이 가해지기 시작하였다. 그와 같은 비판은 우선 고려의 전시과 체제 내에도 자손에게 상속이 허용된 兩班永業田으로서의 功蔭田柴와 職役의 세습을 통해 이루어지는 향리·군인의 영업전과 같은 사유지적 성격의 토지가 존재하였다는 실증으로,[8] 한 큰 계기가 마련되었다. 이어서 사전은 田租의 귀속 문제와 함께 토지 그 자체가 사유지적 성격이 농후하다는 의미도 지닌다는 견해가 제시되었고,[9] 공전 또한 국가의 직영지뿐 아니라 단순한 국고수조지도 포함하는 등 다양한 내용을 가지고 있었다는 사실이 밝혀짐으로써[10] 종래의 이해 방식은 수정을 면치 못하게 되었던 것이다.

그러나 토지국유제론에 대한 비판은 무엇보다도 일반백성들의 소

---

7) 旗田巍, 앞의 글, 1964 ; 앞의 책, 304·305쪽 : 姜晋哲, 앞의 글, 331쪽.
8) 李佑成,「高麗의 永業田」『歷史學報』28, 1965, 4~10쪽 ;『韓國中世社會硏究』, 一潮閣, 1991.
9) 姜晋哲,「高麗前期의 公田·私田과 그의 差率收租에 대하여-高麗 稅役制度의 一側面-」『歷史學報』29, 1965, 26·27쪽.
10) 旗田巍,「李朝初期의 公田」『朝鮮史硏究會論文集』3, 1967 :「高麗의 公田」『史學雜誌』77-4, 1968 ; 위의 책.

유지인 민전의 실체가 드러남에 따라 더욱 본격화하게 되었다. 고려 때는 신라의 帳籍文書에 보이는 烟受有田畓과 계통을 같이하는 광대한 토지가 존재하였는데, 그것이 곧 민전으로서 이는 백성들이 조상 대대로 전래하여 오는, 글자 그대로 人'民'의 '田'이었다. 이와 같은 민전의 존재가 확인되기 시작한 것은 역시 1965년경부터였거니와,11) 그것의 주된 경작자는 보통 白丁으로 알려진 농민층이었다는 점도 곧 밝혀졌다.12) 즉 고려시대에는 白丁農民들이 자기네의 소유지인 민전을 경작하여 국가에 일정한 양의 조세를 납부하고 그 나머지로 생계를 꾸려가고 있었다는 사실이 알려지게 된 것이다.

지금 말했듯이 민전의 소유자는 주로 백정농민층이었다. 그러나 한편 그렇다고 하여 이 민전의 소유자층에서 양반이나 향리들을 빼놓을 필요는 없다. 이들도 分給收租地 이외에 家産으로 전해오는 토지를 가지고 있었고 거기에서 얻은 수확의 일부를 국가에 조세로 납부하지 않으면 안되었을 것인데, 그렇다면 그 토지도 곧 민전이라고 볼 수밖에 없기 때문이다. 실제로 姜邯贊이 軍戶에 寄進한 田 12결13)과 李承休가 외가로부터 전해 받은 田 2결14) 및 李奎報의 소유토지15) 등은 양반의 민전이었다고 생각되며, 또 외방의 人吏들이 권세가에게 뇌물로 주었다는 所耕田16) 역시 향리의 민전이었던 것으로 이해된다.

---

11) 姜晋哲, 앞의 글, 1965, 16쪽 및 「高麗時代의 土地制度」『韓國文化史大系 Ⅱ-政治・經濟史-』, 高大民族文化研究所, 1965, 1303쪽. 이에 앞서 深谷敏鐵도 관심을 보였지만(「高麗時代의 民田에 대한 考察」『史學雜誌』 69-1, 1960) 그의 연구는 民田의 실체를 해명하는 일보다 오히려 均田制의 존재를 실증하려는 데 중점이 두어진 것이었다.
12) 旗田巍,「高麗의 民田에 대하여」『朝鮮學報』 48, 1968 ; 앞의 책, 168~171쪽.
13) 『高麗史』 卷94, 列傳 7 姜邯贊.
14) 李承休,『動安居士集』 雜著, 葆光亭記.
15) 洪承基,「奴婢의 土地耕作과 그 社會經濟的 地位 및 役割」『韓國學報』 14, 1979 ;『高麗貴族社會와 奴婢』, 一潮閣, 1983, 90~92・96~101쪽.

이와 같이 민전은 양민뿐 아니라 양반과 향리, 심지어는 노비층까지도 소유하고 있었는데,17) 이들의 토지를 한결같이 민전으로 파악한 것은 국가의 견지에서 보아 그 소유층 모두가 '民'으로 인식되었던 데 기인하는 것으로 짐작된다.

민전은 사적 소유권이 보장되어 있는 토지였다. 이 점은 물론 수취와 관련이 깊은 것이겠지만 民田主가 그 토지의 주인으로서 토지대장인 量案에 명시되고18) 그리하여 각자의 소유권이 국가에 의해 보호를 받고 있는 사실에서 잘 엿볼 수 있다. 민전은 이와 같이 사적 소유지였으므로 그에 대한 매매나 증여·상속 등 관리 처분권도 소유주의 자유의사에 맡겨져 있었다. 토지를 매매한 실례로는 고려 말에 閑散軍으로 뽑힌 농민이 馬匹을 구하기 위해 땅을 판 이야기와,19) 鄭仲夫의 반란 때에 화를 면한 林椿이 溵州에서 땅을 사게 되는 이야기20) 등 다수가 찾아진다. 그런데 이러한 토지 매매는 이미 신라 때부터 관행되어 온 것 같다. 당시의 예로는 뒤에 설명하는 바 元聖王의 陵域을 조성하기 위하여 땅을 사들인 이야기와, 전남 담양 소재의 開仙寺址 石燈記에 보이는 買田券을 들 수 있다.21)

다음 증여의 사례로서, 신라 때의 것으로는 귀족승려 智證이 자기 소유의 田莊 12區 500結을 사찰에 寄進한 사실이 알려져 있고,22) 고려

---

16) 『高麗史』 卷85, 志39 刑法 2 禁令 忠烈王 11年 3月 下旨.
17) 有井智德, 「高麗朝에 있어서 民田의 所有關係에 대하여」 『朝鮮史研究會論文集』 8, 1971, 41~46쪽 ; 金容燮, 「高麗時期의 量田制」 『東方學志』 16, 1975, 89쪽.
18) 金容燮, 위의 글, 87~91쪽.
19) 『高麗史』 卷81, 志35 兵 1 兵制 辛禑 3年 6月.
20) 林椿, 『西河集』 卷4, 寄山人悟生書. 이 실례는 일찍이 李佑成, 앞의 글, 1965b, 19쪽 ; 앞의 책, 30쪽에서 지적된 바 있다.
21) 旗田巍, 「新羅·高麗의 田券」 『史學雜誌』 79-3, 1970 ; 앞의 책, 177~184쪽.
22) 李佑成, 앞의 글, 1965a, 222·223쪽 ; 앞의 책, 9쪽.

시기의 것으로는 金剛山麓의 호수인 三日浦의 埋香碑에 전하는 寄進田券을 통해 살필 수 있다.23) 그리고 위에 든 강감찬이나 외방 人吏의 경우도 유사한 예라 하겠다.

상속에 관한 사료는 더욱 많이 전해지고 있다. 현재 그들 자료의 해석과 관련하여 상속의 형태에 대해서는 논자간에 얼마간의 異見이 노정되어 있기는 하지만,24) 하여튼 민전이 자자손손에게 상속되는 토지였던 것만은 확실하다. 그러므로 이는 달리 祖業田·世業田·父祖田 등으로도 불리었던 것이다. 역시 이러한 명칭으로 불린 토지중에는 功蔭田 등도 포함되어 있었겠지만 대개의 경우 그것은 민전을 지칭하는 말이었다고 생각된다.

민전은 더 말할 필요도 없이 民産의 근본이었지만 국가 재정의 측면에서도 매우 중요한 위치에 있는 토지였다. 국용과 녹봉의 재원이 이 곳에서 거두어들이는 조세로서 충당되었기 때문이다. 그것을 위해서 대략 20만 결 정도의 민전이 배당되어 있었지마는,25) 이들 이외에 순수히 군수에만 충당되던 兩界지방의 민전과, 지목은 다르나 그와 성격을 같이하는 토지까지를 합하면 전체 면적 중에서 민전이 차지하는 비중은 압도적 다수였으리라고 생각된다.

이처럼 고려 때는 전국의 토지 가운데에서 민의 소유지가 압도적인 비중을 차지하고 있었다. 그것은 수조권의 이론에 의할 때 공전이

---

23) 旗田巍, 앞의 책, 190~196쪽.
24) 武田幸男,「高麗 田丁의 再檢討」『朝鮮史硏究會論文集』 8, 1971 : 崔在錫,「高麗朝에 있어서의 土地의 子女均分相續」『韓國史硏究』 35, 1981 ;『韓國家族制度史硏究』, 一志社, 1983 : 李義權,「高麗의 財産相續形態에 관한 一考察」『韓國史硏究』 41, 1983 : 申虎澈,「高麗時代의 土地相續에 대한 再檢討」『歷史學報』 98, 1983.
25) 姜晋哲,「高麗時代의 農業經營形態-田柴科體制下의 公田의 경우-」『韓國史硏究』 12, 1976 ; 앞의 책, 221~223쪽.

되었지만, 소유권의 측면에서 보면 사전이었는데, 매매나 증여·상속 등 관리 처분권은 위에서 설명했듯이 민전주가 자유롭게 행사할 수 있었다. 이러한 성격의 민전이 광범하게 존재한 이상 和田一郎과 그의 추종자들이 주장했던 바 일체의 토지는 국유·공유였다는 토지국유제설이 성립할 수 없다는 것은 저절로 명백해진다. 앞머리에서 밝힌 것처럼 公田制度=土地國有制論은 잘못된 것이었다.

3) 唯物史觀 학자들의 토지국유제설에 대한 비판

유물사관 학자의 대표격인 白南雲은 日帝下라는 어려운 여건 속에서 우리나라의 역사가 세계 여러 나라와 유사한 사회발전단계를 거쳤다는 논리를 폄으로써 일제 官學者들이 내세운 停滯性論을 정면으로 부정하였을 뿐 아니라 한국사의 체계적 인식에도 커다란 도움을 주었다는 평가를 받고 있다. 그러나 그의 논리가 구체적인 역사적 사실에 기반을 두고 세워진 것이 아니라는 점에서 많은 비판 역시 받고 있다. 그의 이론은 구체적인 역사 사실들을 검토한 기초 위에서 얻은 결과가 아니라 史的 唯物論에서 말하는 사회발전단계설을 먼저 받아들인 후 우리의 역사를 거기에 뜯어 맞춘 매우 도식적인 것이라는 비판을 면치 못하고 있는 것이다. 아마 그가 거론하고 있는 토지국유제설에 대해서도 동일한 비판이 가능할 것 같다. 백남운이 토지국유제설을 펴게 된 것은 앞서 설명했듯이 마르크스의 동양사회론 즉 "아시아 사회에 있어서의 토지사유의 결여, 국가가 최고의 지주이며 조세와 지대는 일치한다"는 명제를 그대로 수용한 데서 비롯하였을 뿐, 그것을 뒷받침할 사실의 검증 부분은 매우 소홀하게 다루었기 때문이다.

이런 점에서 벌써 백남운의 토지국유제설은 취약성을 지니지마는, 그렇다면 그가 전제로 한 바 국가가 최고의 지주이며, 조세와 지대는 일치한다는 명제의 타당성 여부는 어떠한가. 과연 고려 내지는 그를 전후한 사회에서 국가가 전국적인 규모에 걸쳐 최고의 지주로 군림한 시기와 또 조세와 지대가 일치한 시기가 현실적으로 있었을까. 이 점에 있어서도 결론은 역시 부정적이다.

앞 대목에서 지적한 대로 고려시대의 토지 지목 가운데에서 가장 큰 비중을 차지하는 것은 일반 민의 소유지인 민전이었다. 거기에 지목은 다르지만 민전과 동질적인 토지 위에 설정되었다고 생각되는 군인전이나 왕실·궁원·사원의 莊·處田[26]을 아울러 염두에 두고 보면 그 비중은 한층 커지게 된다. 이러한 토지들은 규정된 액수의 租만 납부하면 소유자인 민전주가 그것을 경영·관리 또는 처분하는 데 있어서 국가로부터 어떤 중대한 통제를 받지는 않았다고 생각된다. 이와 같은 토지에 대해 국가가 지주적 위치에 있었다고 말할 수 없다는 것은 쉽게 납득이 갈 줄로 안다.

물론 고려 때에도 국가적 토지소유의 범주에 속하는 토지는 존재하였다. 公廨田과 屯田·學田·籍田 등 국가의 직속지＝공유지에 설정된 토지가 그에 해당하는 것들이었다. 하지만 이러한 지목에 속하는 국가공유지는 전체의 토지 면적에서 차지하는 비중이 별로 큰 게 아니었다. 전시과에 의해 분급되던 兩班科田에 대하여는 현재 국유지＝공유지 위에 설정되었다는 학설과 민전 위에 설정되었다는 학설로 나뉘어 대립하고 있지마는, 비록 전자의 입장을 취한다 하더라도 그 역시 전체의 토지 가운데에서 그렇게 큰 비중을 차지하는 것은 못되

---

26) 姜晋哲, 위의 글.

었다. 통일신라나 조선시대에도 대개 그러하였지만 고려 때에는 국가 공유지의 비율이 이처럼 비교적 미약한 편이었다. 국가가 지주의 행세를 할 수 있었던 것은 이 같이 비교적 적은 면적의 공유지에 한하였을 뿐 전국적인 규모에 걸친 토지에 대하여 그러한 위치에 군림했던 것은 아니었다.

다음 조세와 지대가 일치했느냐의 문제도 비슷한 사정이었던 것 같다. 먼저 민전의 경우 고려 때는 대체적으로 소농민들이 자가경영의 형태를 취하여 경작을 하고 있었으며, 그리하여 거기에서 얻은 수확물 가운데 규정된 액수의 조세를 국가에 납부하였다. 그러나 그것은 지대가 아니라 地稅에 해당하는 것이었다.27) 당시의 민전은 이와 같이 국가에 대하여 단순히 지세를 내는 토지였거니와, 이들이 전체 면적 중에서 압도적 비중을 차지하고 있었다 함은 위에서 지적한 바와 같다. 물론 민전주 중에는 자기가 경작할 수 있는 양을 초과하여 소유했거나 또는 어떤 개인사정으로 인해 남에게 소작을 주어 경영하는 경우도 있었을 것이다. 이렇게 하여 소작제 경영이 이루어졌을 때 양자 사이에는 1/2조를 수취하는 지대가 성립한다. 그러나 이것은 어디까지나 民田主와 借耕者 사이의 관계인 것이며, 이 때에도 국가는 다만 민전주가 지대로 받은 전조의 일부를 지세로써 수취했을 뿐이었다. 국가가 민전에서 거두어들이는 조세는 지대와 일치하지 않는 것이었다.

궁원전과 사원전 같은 사전을 소작시켰을 경우에도 지대의 수취가 이루어졌으나, 이 역시 그의 소유주인 궁원·사원과 경작농민 사

---

27) 地代 및 地稅에 대해서는 姜晋哲, 「高麗前期의 地代에 대하여-田柴科體制下에서의 '地代'의 意義와 그 比重-」『史學』 52-3·4, 1983 ; 『韓國中世土地所有硏究』, 一潮閣, 1989 참조.

이에 성립하는 것이었다. 더구나 궁원전과 사원전은 국가에 내야 할 조세를 면제받는 토지였으므로 거기에는 국가의 징세권이 개입될 여지조차 없었다.

그러나 아마 양반과전이 국유지 = 공유지 위에 설정되었다는 학설을 따를 경우에 거기에서 징수하는 조세는 지대와 일치한다고 볼 수 있는 여지가 없지 않을 듯하다. 양반과전의 조는 본래 국가에 귀속되어야 할 것을 과전의 수급자인 양반들이 국가로부터 권한을 위임받아 대신에 수조하는 형식을 취하고 있는 것이었기 때문이다. 그러나 위에서 설명한 일이 있듯이 이 양반과전은 전체의 경작지 가운데에서 차지하는 비중이 그다지 큰 게 아니었다.

국가의 직속지 = 공유지 위에 설정되었던 공해전 등의 경우 가령 소작제로 경영되고 있었다고 한다면 양반과전과 유사한 논리로써 거기서 거두는 조세는 역시 지대와 일치했다고 할 수 있다. 하지만 이들도 또한 차지하는 면적의 비중이 크지 않았을 뿐더러, 그 경영방식도 소작제가 아니라 농민의 요역노동에 의한 직접 경영이 중심이었던 것 같다.28) 그렇다면 그 수확물은 전부가 국가기관에 수취되었겠는데, 이것은 이른바 勞動地代와 비슷한 일면도 없지 않으나 역시 그렇게 간주하기에는 어려움이 있다. 경작자에게 국가 소유의 토지를 지급하고 그 지급한 토지에 대한 면세와 같은 대가의 교환이 없이 무상의 요역노동에 의하여 경작된 국가 공유지의 수확을 지대의 개념으로 파악하는 데는 무리가 따르는 것이다.

고려시대 토지제도의 역사적 사실은 마르크스가 말한, "국가가 최고의 지주이며 조세와 지대는 일치한다"는 명제와 서로 맞지 않는 것

---

28) 姜晉哲, 앞의 글, 1976.

이었다. 따라서 이 명제에서 출발한 백남운의 土地國有說도 옳았다고 할 수 없다는 것을 확인하게 된다.29)

그런데 해방 이후 북한에서 활동하고 있는 金錫亨은 토지에 대한 국가의 부분적 소유권 이론을 펴고 있어30) 주목된다. 즉, 그는 양반이나 양인농민의 토지사유는 인정을 하되, 그 사유는 국가의 강력한 지배와 제약을 받는 불완전한 사유이며, 이 불완전한 사유의 제한된 부분에 대한 국가의 소유권을 주장하고 있는 것이다. 그는 봉건적 토지소유관계를 대별하여 '봉건국가↔양인농민'의 대립으로 도식화되는 범주와 '양반지주↔노비·소작농민'의 대립으로 도식화되는 범주로 구분하였다. 이 중 제1범주에 속하는 양인농민은 자기 토지를 자기가 경작하는 소유주이며, 제2범주에 속하는 노비·소작농민은 양반지주의 토지를 借耕하는 사람들로, 그 토지의 소유주는 물론 양반지주였다. 따라서 국가는 기본적으로 토지의 소유주에서 배제되는 셈인데, 그러나 국가는 양인농민뿐 아니라 양반지주의 토지소유에 대하여 커다란 통제·제약을 가할 수 있었다. 양인농민 및 양반지주의 토지소유에 대한 봉건국가의 이러한 통제·제약의 권한을 그는 제한된 부분의 국가 소유권으로 해석하고 있는 것이다. 그리하여 여기서의 토지소유권은 '봉건국가+양인농민' 또는 '봉건국가+양반지주'라는 형태로 통일되어 2중으로 계열화된 구조를 나타낸다고 보았다. 그는 이러한 국가의 제한된 토지소유권을 인정하고, 그 같은 견지에서 국가의 지주적 존재를 용인하는 한편, 조세와 지대는 일치하는 것으로 파악해도 좋다는 시각을 제시하고 있는 것이다.

---

29) 이상의 설명은 주로 姜晋哲, 앞의 책, 339~348쪽에 의거한 것이다.
30) 金錫亨,「조선 중세의 봉건적 토지소유에 대하여」『조선 봉건시대 농민의 계급 구성』부록, 1957 ; 日譯本, 1960.

하지만 이 주장에도 역시 많은 불안이 따른다. 토지에 대한 국가의 통제·제약의 권한을 소유의 개념으로 바꾸어 놓는다는 것 자체가 무리한 논리일 뿐더러, 토지에 대한 국가의 제한된 부분의 소유를 인정한다고 해서 조세와 지대는 일치한다는 명제가 그대로 성립한다고 볼 수도 없기 때문이다. 그리고 이른바 국가의 부분적 소유권이라는 것도 그 실질의 내용이 어떤 것이냐를 따져보면 매우 모호하다. 어떤 객체에 대한 소유권이라고 하면 그것을 임의로 사용·수익·처분할 수 있는 권리를 전제로 하는 것인데, 우리나라의 土地所有史上 아무런 불법이나 하자가 없는 민간의 토지에 대하여 국가가 자의로 그 같은 권리를 행사했다는 기록은 잘은 몰라도 찾아지지 않기 때문이다. 김석형의 주장 역시 마르크스의 명제에 충실하려는 학문의 소치로서 우리나라의 중세 토지소유관계에 대한 정확한 이해와는 거리가 있는 것이었다.31)

한편 근자에는 종래와 해석을 달리한 다음과 같은 새로운 이론도 제기되어 또한 주목된다. 그것은 日人학자인 中村哲에 의하여 제기된 것으로, 아시아적 예속농민이나 토지점유노예·농노 등은 모두 토지와 본원적 결합관계에 있어서, 그것을 매개로 하여 토지소유의 體現者로 존재하였다. 이들은 '自己勞動에 입각하는 토지소유'의 체현자들이었다. 그런데 이렇게 자기노동에 입각하는 토지소유의 체현자들은 생산수단과 본원적인 결합관계에 있었으므로 다시 다른 개인이나 공동체 혹은 국가에 의하여 생산수단의 일부로서 소유되어 있었다 한

---

31) 이상의 논지는 다음의 논문을 참조하여 서술한 것이다. 姜晋哲, 앞의 글, 1980, 348~350쪽 : 「'高麗·李朝社會論의 問題點' 再檢討-前近代國家의 民衆支配에 대하여-」『李丙燾九旬紀念 韓國史學論叢』, 1987 ; 『韓國中世土地所有研究』, 一潮閣, 1989, 384~390쪽.

다. 이것이 '타인의 노동의 착취에 입각하는 소유'였다. 이와 같이 전근대사회에서는 '자기노동에 입각하는 소유'와 '타인의 노동의 착취에 입각하는 소유'가 불가분하게 결부되어 하나의 통일된 소유를 형성하는 것이 토지소유의 일반적인 형태였다고 그는 말하고 있다. 따라서 마르크스가 『資本論』 제3권 지대론에서 내세운바, 아시아사회에서는 토지의 사적 소유가 결여되어 있고 조세와 지대는 일치한다는 명제에 관한 종래의 해석은 잘못된 것이었다고 한다. 여기서 토지사유의 결여를 주장한 것은 영주적 대토지, 즉 '타인의 노동의 착취에 입각하는 소유'의 부재를 지적한 것이지, 농민의 소유 다시 말해서 '자기노동에 입각하는 소유'의 부재를 含意하는 것은 아니었다고 그는 주장하고 있는 것이다.32) 이와 같은 토지의 중층적 소유론은 김석형이 말하는 이중구조론과도 논리를 달리하는 것으로, 종래 토지의 국유론과 사유론을 양자택일적으로 한정해서 이해하여 온 우리에게 새로운 문제점을 제기하여 주는 것이다.

4) 王土思想의 실상

앞서 밝혔듯이 토지국유제설은 "넓은 하늘 아래에 왕토 아닌 것이 없다"는 왕토사상에서 유래한 면도 있었다. 하지만 그 같은 왕토사상에도 불구하고 광범한 민전의 존재에서 단적으로 드러나는 것처럼 역

---

32) 中村哲, 『奴隷制・農奴制의 理論』, 東京大學出版會, 1977 : 宮嶋博史, 「朝鮮史研究와 所有論－時代區分에 대한 一提言－」 『人文學報』 167, 1984, 26~31쪽. 이들에 관한 소개는 姜晋哲, 「社會經濟史學의 도입과 전개」 『國史館論叢』 2, 1989 ; 『韓國社會의 歷史像』, 一志社, 1992, 113~115쪽 참조.

사적 사실은 그와 같은 것이 아니었다. 그렇다면 과연 왕토사상의 실 상은 어떤 것이었으며, 또 그것은 어떤 의미를 지니고 있었을까.

왕토라는 말이 보이는 기록 가운데 현재 우리가 대할 수 있는 가장 오래된 자료는 신라 말기의 것들이다. 즉, 崔致遠이 撰한 「雙谿寺 眞鑑禪師碑」의 것이 그 하나인데, 거기에 "國王으로부터 傳命이 있어 멀리 法力을 祈祝하여 올 때마다 眞鑑禪師는 무릇 王土에 居하는 佛子로서[凡居王土而戴佛日者] 누가 護念하는 마음을 기울여 왕을 위해 貯福하지 않을 자가 있겠습니까"라고33) 했다는 구절이 보이는 것이다. 여기서 우리는 이 땅의 모든 것을 지배하는 王者의 권위를 느낄 수는 있다. 그러나 왕토에 살고 있는 불자이기 때문에 왕에게 護念하는 마음을 기울인다고 했을 때의 그 왕토는 단순히 왕의 영역을 뜻했다고 이해된다. 왕토라는 말은 이처럼 소유의 문제와는 직접적인 관련이 없이 단순하게 왕의 영역이라는 정도의 의미로 쓰이기도 했던 것을 알 수 있다.34)

다음의 기록도 유사한 예일 것 같다. 역시 최치원이 찬한 「鳳巖寺 智證大師碑」에는 그가 憲康王 5년(879)에 莊 12區의 田 500結을 사원에 희사한 사실이 전하지마는, 그 경위에 대해 "비록 나의 田地이기는 하나 또한 王土에 있는 것이므로(雖曰我田 且居王土) 여러 당로자를 거쳐 왕의 동의를 얻어 시행하였는데, 왕은 그곳의 僧統으로 하여금 희사한 땅을 標識하여 사원 소유의 경계를 확실하게 했다"는 것이다.35) 언뜻 보면 이 경우의 왕토는 실질적인 의의가 있었던 것 같기도 하다. 그러나 내용인즉 왕토에 있기 때문에 왕의 동의가 필요했던 게 아니

---

33) 「雙谿寺眞鑑禪師大空塔碑」, 『朝鮮金石總覽』 上, 1919, 66쪽.
34) 해석에 대해서는 李佑成, 앞의 글, 1965a, 219쪽 ; 앞의 책, 5쪽 참조.
35) 「鳳巖寺智證大師寂照塔碑」, 『朝鮮金石總覽』 上, 88쪽.

라 신라정부가 이전부터 백성들이 사원에 토지를 기진하는 행위를 금하고 있었으므로 그런 절차가 필요했던 것이었다. 그것은 智證의 말처럼 '나의 田地' 즉 그의 사유지였으므로 토지의 기진에 대한 금령이 없었던들 왕의 허가라는 절차상의 문제가 발생함이 없이 아마 소유주의 자유 의사에 의해 처분되었으리라 예상된다. 이런 점에서 볼 때 왕토라는 말은 역시 관념적인 표상에 지나지 않았던 게 아닐까 생각되는 면이 많은 것이다.36)

그 같은 측면은 다음의 자료에서 더욱 선명하게 드러난다. 역시 최치원이 찬한 경주 소재의「崇福寺碑」에, "九原(陵)을 이룩한 곳이 비록 왕토라고는 하나 실상 공전이 아니므로[雖云王土 且非公田] 이에 부근 일대를 일괄하여 후한 대가를 주고 구하였다. (그리하여) 사 보탠 것이 丘壟 200여 결이요 그 가격은 稻穀 2,000苫이었다"는 기록이37) 보이는 것이다. 이것은 신라 元聖王이 세상을 떠난 뒤 그의 陵域을 조성하는 일과 관련된 기사로, 그곳이 비록 왕토이기는 하였지만 공전이 아니기 때문에 많은 값을 치르고 구입하지 않으면 안되었다는 것이다. 여기서 공전은 국유지 혹은 왕실소유지라는 뜻으로 쓴 듯 이해되거니와, 그렇지 못한 개인의 사유지는 비록 왕토로 인식되고 있었음에도 불구하고 국가에서 자유로이 처분할 수 없었음을 분명하게 알 수가 있다. 동양의 전통적인 왕토사상은 관념적인 산물에 지나지 않았다는 사실을 확인할 수 있는 것이다. 그것은 어디까지나 토지국유제의 하나의 관념적인 擬制였을 뿐 현실적인 토지소유관계를 말한 것은 아니었다.

---

36) 李佑成, 앞의 글, 1965a, 222~224쪽 ; 앞의 책, 9~11쪽.
37)「崇福寺碑」,『朝鮮金石總覽』上, 120쪽. 그에 대한 해석은 李佑成, 앞의 글, 1965a, 219~222쪽 ; 앞의 책, 5~8쪽 참조.

왕토사상과 그로 말미암은 토지국유의 원칙은 거듭 말하지만 역사적 사실과는 맞지 않는 것이었다. 그럼에도 당시의 지배층들이 가끔 사료에 보이는 바와 같이 그것을 표방하고 또 강조한 이유는 무엇 때문이었을까. 이는 아마 토지를 매개로 하여 국가의 재정을 확보하려는 수취체계와 관련이 깊었던 듯하다. 즉 실제에 있어서는 농민의 사유에 속하는 토지를 국가의 것으로 관념하여 그것을 농민에게 給付해 주는 형식을 취하고, 이 급부에 대한 反對給付로서 조세·공부·역역 등 각종 수취를 수행하려 했던 것이다.[38] 왕토사상과 그에 입각한 토지국유제 원칙의 실상은 이와 같이 재정적 의제로서의 기능을 그 내용으로 하는 것이었다고 생각된다.

(『한국사』 14, 1993)

---

38) 강진철, 앞의 글, 1980, 351쪽 : 앞의 글, 1965b, 1304·1305쪽.

5.
고려시대 均田制의 시행여부에 관한 문제

1) 균전제설의 대두

　고려시대의 토지제도를 연구한 초기의 학자들은 토지국유제설과 함께 균전제론도 주장하여 이 역시 오랫동안 유력시되어 왔었다. 지금 재삼 검토하여 보면 그 같은 종래의 주장은 잘못된 것이었다는 생각이 많이 들지만, 그에 대해서는 『高麗史』 卷78 食貨志 1 田制 서문에서조차, "고려의 田制는 대략 唐 제도를 모방한 것이다"라고 해서 고려의 토지제도가 唐의 分地制인 균전제를 모범으로 한 듯이 설명하고 있다. 잘 알려져 있듯이 당의 균전제는 모든 농민에게 100畝(口分田 80畝, 永業田 20畝)의 땅을 균등하게 분급하고 이에 대한 반대급부로서 租·庸·調의 부담을 지우거나 府兵으로 군역에 복무시키는 제도였다.
　이와 비슷한 전제가 고려에서도 시행되었다고 언급하고 있는 셈이다. 사실 高麗期를 다룬 사서에는 『高麗史』 식화지 전제 서문 이외에도 균전제가 시행된 것처럼 명시 내지 암시한 구절이 꽤 여럿 눈에 띄고 있다. 그렇기 때문에 균전제설도 대두하게 된 것이지마는, 아래에 먼저 그 사료들을 열거하면 다음과 같다.

A-① 靖宗 7년(1041) 정월에 戶部가 아뢰기를, '尙州 관내의 中牟縣과 洪州 관내의 樌城郡, 長湍縣 관내의 臨津縣·臨江縣 등은 民田의 多寡와 膏塉이 균등하지 않으니 청컨대 사자를 보내어 量田하여 그 食役을 고르게 하소서[民田多寡膏塉不均 請遣使量之 均其食役]' 하니 그에 좇았다(『高麗史』 卷78, 志32, 食貨 1 田制 經理).

② 文宗 13년(1059) 2월에 尙書戶部가 아뢰기를, '楊州 界內의 見州는 邑을 설치한 지가 이미 105년이어서 州民의 田畝가 여러 번 水旱을 겪어 膏塉이 같지 않으니 청컨대 사자를 보내어 均定하소서[州民田畝 累經水旱 膏塉不同 請遣使均定]' 하니 制하여 可하다 하였다(『高麗史』 卷78, 志32, 食貨 1, 田制 經理).

③ 文宗 13년 3월에 西北面兵馬使가 아뢰기를, '安北都護 및 龜州·泰州·靈州·渭州 등과 通海縣은 민전을 量給한 지가 이미 오래되어서 肥塉이 같지 않으니 청컨대 사자를 보내어 均定하소서[民田量給已久 肥塉不同 請遣使均定]' 하니 그에 좇았다(『高麗史』 卷78, 志32, 食貨 1, 田制 經理).

B-① 忠烈王 24년(1298) 정월에 충선왕이 즉위하여 敎를 내리기를, '先王이 內外의 田丁을 제정하여 각각 職役에 따라 평균 분급해 민생에 資케 하고 또 國用을 지탱케 하였다[先王制定內外田丁 各隨職役 平均分給 以資民生 又支國用]'(『高麗史』 卷78, 志32, 食貨 1, 田制 經理).

② 恭愍王 원년(1352) 2월에 旨를 내리기를, '祿을 무겁게 하여 士를 勸勵하는 것은 국초에는 成法이 있었으나, 중세 이후로 井地가 고르지 못함으로써[中世以降 井地不均], 公府가 점차 소모되어 관리가 염치를 기르기에 부족하니 그 절개 닦기를 바라고자 하나 어렵다. 有司는 급하지 않은 관원을 없애고 겸병하는 家를 금하여 倉廩을 충실하게 해 봉록을 증가시키도록 하라' 하였다(『高麗史』 卷80, 志34, 食貨 3, 祿俸).

③ 辛禑 14년(昌王 즉위년, 1388) 9월에 右常侍 許應 등이 상소하여 말하기를, '臣 등이 근자에 司憲府·版圖·典法과 함께 글을 번갈아 申聞하여 先王의 均田制를 復舊할 것을 청하였사온대[請復先王均田之制], 전하께서도 윤허하시니 사방에서 들은 자가 기뻐하지 않음이 없었습니다. 오직 巨家世族의 겸병자들만이 홀로 불편하게 생각하고 여러 말로 불평하여 衆聽을 어지럽히고 있습니다마는 … 엎드려 생각건대 전하께서는 衆口의 번거롭고 시끄러움을

견디시고 均田의 舊制를 회복하여[復均田之舊制] 軍國의 需用이 모두 남음이 있게 하시고 士大夫로 하여금 전토를 받지 않음이 없게 하시면 국가가 심히 다행이겠습니다' 하였다(『高麗史』 卷78, 志32, 食貨 1, 田制 祿科田).

C-① 그 國俗이 감히 私田을 가질 수 없었고, 대략 丘井의 제도와 같은 것이었는데[略如丘井之制], 官・吏・民・兵은 등급의 高下에 따라 授田하였다[隨官吏民兵秩序高下而授之]. 國母・王妃・世子・王女 이하가 모두 湯沐田을 소유하였으며, 每 150보가 1결이었다. 民이 나이 8세에 投狀射田하는데 結의 수에 차이가 있었다. 國官 이하 兵・吏・驅使・進士・工技는 일이 없으면 田에서 服勞하고 변방에서 수자리하면 給米하였다(『高麗圖經』 卷23, 雜俗 種藝).
② 百官은 米로써 俸祿을 받고 (또) 모두 田을 지급받는데, 祿을 반납하면(致仕하면) 절반을 받고 죽으면 회수했다. 나라에는 사전이 없고 民은 口를 계산해 授業하는데[民計口授業] 16세 이상이면 군에 충당되었다. 6軍 3衛는 항상 관부에 머물렀는데 3년마다 선발하여 (바꾸었고), 서북계의 수자리하는 (군사는) 반년마다 更代하였는데 경고가 있으면 무기를 잡고, 일이 생기면 勞役에 복무하였으며, 일이 끝나면 農畝에 복귀하였다(『宋史』 卷487, 高麗傳).

A사료는 고려전기인 靖宗과 文宗 때의 기록으로, 민전의 多寡나 膏堉 또는 肥堉이 불균한 게 문제가 되자 조정에서 사자를 보내 量田하여 '均其食役'하거나 '均定'케 했다는 것인데, 균전제를 긍정하는 논자들은 이를 민전의 양적・질적인 균등화로 이해하여 자신들 주장의 한 중요 논거로 삼았다. 그리고 B사료는 麗末 또는 그보다 조금 이른 시기의 것들로, 이전에는 균전제가 시행되었다거나 또는 그러했던 것처럼 이해하기 쉽게 주장된 기록들이다. 즉, B-③은 아예 균전제를 시행한 듯이 언급되고 있으며, ②에서는 균전제와 비슷한 井田法이, 그리고 ①에서는 田丁을 職役에 따라 평균하게 분급하여 민생에 資케 하였다고 보인다. C사료는 宋側의 기록들인데, 官・吏・兵과 함께 民이 등급의 고하에 따라 授田하였다거나, 또는 "民은 口를 계산해 授業

하였다"고 서술되고 있다. 균전제론자들은 이것들도 균전 사료로 생각하여 자기들의 논리를 전개했던 것이다.

이러한 자료를 바탕으로 하여 고려에서 균전제가 시행되었다는 견해가 먼저 제기되었으며,[1] 이어서 전반적인 균전사료의 검토와 함께 역시 고려에서는 전국적인 규모에 걸쳐 균전제가 시행되었으나 지역에 따라 授田額이 달랐다는 이른바 '地域的 均田制'가 주장되기도 하였다.[2] 그런가 하면 아예 당나라와 흡사한 방식의 균전제를 말하기도 했지만,[3] 그러나 점차 연구가 깊어지면서 이들의 주장은 잘못이었다는 쪽으로 의견이 좁혀지게 되었다. 그러면 지금부터 그와 같은 균전제 부정의 논리는 어떠한 것이었는가에 대해 알아보기로 하자.

2) 균전제설에 대한 비판

종래의 균전제설에 대한 의문은 우선 고려에는 국가로부터 토지를 지급받지 못하는 백정농민층이 광범하게 존재하였다는 연구가 진행되면서 제기되었다. 경작자인 농민 전체를 상대로 토지를 균등하게 분급해 준다는 균전제 아래에서 그것을 지급받지 못하는 백정이라는 농민층이 존재할 수는 없는 일이기 때문이다. 이러한 지적에[4] 연이어서 과거의 균전제론자들이 근거로 들었던 자료(A사료)는 토지를 다시

---

[1] 今掘誠二, 「高麗賦役考略」 『社會經濟史學』 9-3·4·5, 1939, 235~238쪽.
[2] 有井智德, 「高麗朝初期에 있어서의 公田制—특히 均田制를 中心으로—」 『朝鮮學報』 13, 1958, 131~134·142~145쪽.
[3] 深谷敏鐵, 「高麗時代의 民田에 대한 考察」 『史學雜誌』 69-1, 1960, 77·88·89쪽.
[4] 旗田巍, 「高麗時代의 白丁—身分·職役·土地—」 『朝鮮學報』 14, 1959 ; 『朝鮮中世社會史의 硏究』, 法政大學出版局, 1972, 375쪽.

측량하여 면적의 多寡와 토질의 膏堉에 따라 課役을 새로이 책정함으로써 농민의 부담을 고르게 하자는 의미였다고 해석하고, 고려시대에 있어서 토지의 급여는 國役을 담당하는 계층에 한정되었다는 점을 들어[5] 역시 균전제론이 부인되었다. 그리고 비슷한 시기에 전형적인 균전제 국가인 당의 수취체계는 조·용·조가 농민 한 사람당 얼마씩이라는 일정한 양으로 균등·고정화되어 있었는데, 고려의 경우에 있어서는 이러한 수취량이 균등·고정화된 흔적은 보이지 않고 田租의 수취는 每結당 얼마씩이라는 일종의 누진세법의 형태를 취하고 있었다는 점과, 고려 군인의 원천이 당과 같은 균전농민이었다면 응당 당제와 같이 조·용·조의 면제를 조건으로 병액을 확보하는 것이었을 텐데 그렇지 않고 군인전을 따로 설정하고 있었다는 점 등 몇 가지 이유를 들어[6] 균전제론에 반대하는 입장이 표명되기도 하였다.

그리하여 균전제설은 점차로 부정되어 가게 되었지마는, 그러나 아직 종래의 균전제론자들이 그 논거로 들어 왔던 자료를 구체적이면서도 종합적으로 재검토하는 단계까지 이루어진 것은 아니었다. 하지만 균전제의 시행을 부정하는 이상 그것은 불가피한 작업이었다. 그러므로 균전제 부정론자들은 이어서 종래 균전사료라고 여겨져 왔던 기록들을 면밀하게 분석·검토하여 역시 재래의 해석은 잘못되었다는 결론에 도달하고 있다.

먼저 A사료부터 보도록 하자. 그 중 ① 사료는 상주 관내의 中牟縣과 홍주 관내의 槐城郡, 장단현 관내의 臨津縣·臨江縣 등 몇몇 군현

---

[5] 李佑成,「高麗의 永業田」『歷史學報』 28, 1965, 7쪽;『韓國中世社會研究』, 一潮閣, 1991, 19쪽.
[6] 姜晋哲,「高麗時代의 土地制度」『韓國文化史大系 Ⅱ-政治·經濟史-』, 高大民族文化研究所, 1965, 1305~1310쪽.

에 있는 민전의 多寡와 膏塉이 균등하지 않아 문제가 발생한 경우인데, 우선 『高麗史』 地理志에 의하면 당시 상주 관내에는 모두 24개의 속군현이 있었는데 중모현은 그 가운데 하나이며, 樻城郡은 홍주 관내의 14개 속군현 가운데 하나였고, 임진현·임강현은 장단현 관내의 7개 속현 가운데 일부였다는 사실에 유의할 필요가 있다. 그렇게 많은 속군현 가운데 유독 위에 열거한 몇몇 군현만이 문제가 된 것은 당해 군현이 어떤 사유로 인해 이상사태에 처하게 되었음을 나타내주는 것이라 생각되기 때문이다. 그 어떤 사유란 ②사료에 보이는 見州의 예처럼 설치한 지가 오래되어 그 간에 여러 차례 홍수와 가뭄 등을 겪은 경우 등을 들 수 있을 것 같다. 그리하여 田土의 多寡와 膏塉 등이 불균·부동하게 되어 백성들의 식생활이나 조세 부담 등에 곤란을 겪는 이상사태를 상정해 볼 수 있는 것이다. 이 때 조세 부담 등은 특히 문제가 되었을 것이다. 홍수나 가뭄 등으로 인해 소유 토지의 다과와 고척에 큰 변동이 발생했음에도 불구하고 이미 오래 전에 작성된 量案 또는 課稅臺帳에 의거하여 조세를 거둔다면 그것은 백성들의 커다란 불만의 대상이 되었을 것이기 때문이다. 앞서도 잠시 지적한 일이 있듯이 "사자를 보내어 量田하여 그 食役을 고르게 하라"거나 "均定하라"는 상소는 이러한 측면에서 해석하는 것이 역시 옳을 듯하다. 그렇다면 A-①·② 사료가 균전제를 뒷받침하는 근거가 되지 못한다는 것은 더 말할 필요가 없게 된다.

    생각하기에 따라서는 A-①·② 사료를 종래의 해석처럼 민전의 균등화를 도모한 기록이라고 볼 수 있는 여지가 아주 없는 것은 아니다. 하지만 설령 그와 같이 해석한다 하더라도 균전화정책이 시도된 지역은 일부 군현에 한정된 것이었다. ②사료의 見州는 楊州 界內의 많은 속읍 가운데 하나였거니와, ①사료의 중모현 등도 여러 속군현 가운데 하나였다 함은 위에서 설명한 바와 같다. 따라서 이 경우에도 저들을 근거로 전국에 걸쳐 토지를 균등하게 분급한다는 균전제를 말하기는 어렵다.

A-③ 사료는 서북면의 安北都護府와 그 관할 하의 몇몇 주진이 역시 '量給한 지가 오래되어서' 문제가 발생한 사실을 보여 주고 있는데, 다 아는 대로 이 지역은 고려가 건국된 이후의 영토확장정책에 따라 새로 개척·편입된 곳이다. 그리하여 이들 지역에는 徙民政策이 실시되었지만, 새로운 개척지역에 들어간 그들에게 토지의 분급이 있었으리라는 예상은 충분히 할 수 있다. 이는 "오래 전에 田土를 量給했다"고 한 기록과도 합치되는 사항인데, 따라서 이 곳에서는 토지의 均給이 이루어졌을 가능성이 높다. 그러나 이 경우도 북방개척이라는 특수한 상황을 배경으로 한 것인 데다가 또 일부 지역에 한해서 시행된 것이므로 그것을 논거로 균전제를 주장하는 데는 여전히 많은 무리가 따른다. 이처럼 A사료를 통해 볼 때 비록 고려의 극히 제한된 일부 지역에서 임시적 방편으로 균전제 비슷한 제도가 존재하였을 가능성이 있기는 하지만 그것이 항구적으로 전국에 걸쳐 실시된 일은 없었다고 판단되는 것이다.[7]

그런데 한편으로 B-③에는 先王 때의 제도인 균전제를 다시 실시하자고 한 주장도 보여 또 다른 주목의 대상이 되고 있다. 이것은 여말에 사전을 혁파할 것인가 아니할 것인가가 가장 큰 정치적 쟁점으로 부각되었을 때 그를 혁파하자는 쪽의 주장 속에서 나오는 것으로, 선왕 때 즉 고려전기에는 균전제가 실시되었으므로 지금 그 제도로

---

[7] 旗田巍,「高麗時代에 있어서 均田制의 有無」『朝鮮學報』49, 1968 ; 앞의 책, 158~160쪽 : 姜晋哲,「均田制 施行與否에 관한 問題」『高麗土地制度史研究』, 高麗大出版部, 1980, 355~358쪽.

돌아가자는 의견인데, 하지만 이는 단순히 전제 개혁을 역설하는 과정에서 언급된 것이어서 그 같은 제도의 실재 여부는 사실 애매모호하다. 그러므로 선왕 때의 균전제 云云은 사전의 개혁을 강행하려는 논자들이 자기네 주장을 관철시키기 위해 표방한 것일 뿐 그것이 실제로 고려전기에 균전제가 실현되었다는 명확한 증거가 되는 것은 아니라는 의견도 적지 않은 것이다.[8]

다음 B-②에는 고려의 '중세' 이후로 균전제와 비슷한 井田法이 실시된 듯한 언급이 보이는데, 이 역시도 의문의 여지가 많다. 다 아는 바와 같이 정전법은 周에서 일정한 면적의 正方形 토지를 井字形으로 등분하여 중앙의 공전은 8家가 공동으로 경작하여 그 수확은 전부 국가에 바치고 주변의 사전은 각자가 경작하여 수익을 얻는다는 일종의 전설적인 田法이다. 이는 중국에서조차 실재 여부가 의문시되어 있거니와, 공전·사전의 수조율이 확정되어 있던 고려시대에 그 같은 정전법이 전반적인 分地制로서 채택되어 있었다고는 도저히 생각할 수가 없는 것이다. 그러므로 연구자들은 恭愍王의 下旨에 나오는 B-②의 '井地 不均'은, "무릇 仁政은 반드시 經界로부터 시작되므로 經界가 不正하고 井地가 不均하면 穀祿도 不平하게 된다"[9]는 『孟子』의 어구를 그대로 借用하여 문장을 수식한 것에 지나지 않는다고 보고 있다. 공민왕 당시는 토지제도의 문란에 따라 겸병이 극심했던 때이므로 그에 대한 반작용으로 왕토사상이 강렬하게 대두되고 있었거니와, 정전법에 관한 언급도 그 한 표현으로 이해하고 있는 것이다. C-①에는 '丘井之制'가 시행된 듯한 언급도 보인다. 丘井制는 정전법을 기반으로 그 위에 성립하는 軍賦徵集의 조직을 말하지마는, 그러

---

8) 旗田巍, 위의 글, 152쪽 : 姜晋哲, 위의 글, 358·359쪽.
9) 『孟子』 권5, 藤文公章句 上(49).

나 이 자료가 작성된 仁宗 당시에는 이미 잘 밝혀져 있는 바와 같이 軍賦의 부담은 군인전의 설정 위에 형성되어 있었으므로 그 역시도 그대로 수긍하기는 어렵다. 아마 군부의 부담과 토지의 분급이 긴밀하게 연결되어 있던 상황을 그 같이 표현한 것이 아닐까 하는 정도로 이해하여 두는 게 좋을 듯싶다.10)

B-① 사료의 내용, 즉 "先王이 내외의 田丁을 제정하여 각각 職役에 따라 평균, 분급해 민생에 資케 했다"는 기사도 종래 균전제설을 뒷받침하는 유력한 논거로 들어왔던 것인데, 그러나 그것은 분명히 사료에 대한 오해에서 비롯된 것이었다. 직역은 좁게는 군인·서리·工匠 등이 국가에 대하여 부담하는 身役을 말하며, 넓게는 양반들이 담당하는 관직과 군인 등의 신역을 아울러 지칭하였거니와, 위 사료는 이렇게 職·役을 부담하는 인원들에게 그 대가로 전정, 즉 토지를 분급하여 주었다는 기사이다. 그리고 '평균 분급'했다는 것도 양적인 균등화를 의미한 게 아니라 직·역 담당자의 계급에 따라 공평하게 분급해 주었다는 뜻으로 해석된다. 이 기사는 국가에 대하여 지는 일정한 직역이 없고, 따라서 국가로부터 토지도 분급받지 못하는 백정 농민과는 아무런 관련이 없는 것이며, 동시에 균전제와도 연관시킬 수 있는 자료가 아니었다.11) 과거의 해석은 잘못된 것이었다고 보는 게 온당할 듯싶은 것이다.

宋側 기사인 C사료에서는 "官·吏·民·兵은 등급의 고하에 따라 授田하였다"고 한 것과, "民이 나이 8세에 投狀射田하는데 結의 수에 차이가 있었다"고 한 것, 그리고 "나라에 사전이 없고 민은 口를 계산

---

10) 旗田巍, 앞의 글, 1968, 152~154쪽 : 姜晋哲, 앞의 글, 1980, 359·360·362·363쪽.
11) 旗田巍, 위의 글, 156·157쪽 : 武田幸男,「高麗 田丁의 再檢討」『朝鮮史研究會論文集』 8, 1971, 11·12쪽 : 姜晋哲, 위의 글, 360쪽.

해 授業하였다"고 한 대목 등이 문제가 되는 부분인데, 이 중 "민이 나이 8세에 投狀射田하였다"는 대목은 '投狀射田'이 무슨 뜻인지 잘 이해가 가지 않아 앞으로의 과제로 남겨두어야 할 것 같다. 그 나머지 가운데 官・吏・兵과 함께 등급의 고하에 따라 수전한 민의 존재는 균전제와 관계가 깊은 듯 짐작되기도 하나, 그 아래에 이어지는 (國)官・兵・吏・驅使・進士・工技 등과 연결시켜 고찰해 볼 때 그 민은 進士・工技를 뜻했던 것 같다. 같은『高麗圖經』의 卷19에 民庶條가 있지만 거기에 보면 進士・工技는 農商・民長・舟人과 더불어 民庶로 파악되고 있기 때문이다. C-① 사료의 受田 대상에 속한 민은 일반백성을 말한 게 아니었다고 생각되는 것이다. 고려 때의 진사와 工技가 그들의 지위나 服勞에 따라 전토를 지급받은 사실은 이미 잘 알려져 있는 이야기이다. 아울러 "計口授業하였다"는 C-② 사료의 민도 그 아래의 기사와 연관시켜 볼 때 역시 일반민이 아니라 군인들을 뜻한 것으로 이해된다.12) C사료도 고려에서 균전제가 시행되었음을 입증하여 주는 자료는 아니었다고 판단되는 것이다.

　요컨대 종래 균전제의 시행을 말해 주는 자료라고 들어져 온 사료들을 재검토한 결과 실내용은 그렇지 않았다는 것을 확인할 수 있었다. 거듭 말하거니와 고려 때는 극히 제한된 일부 지역에서 임시적 방편으로 균전제 비슷한 제도가 존재했을 가능성이 인정되기는 하지만 그것이 전국에 걸쳐 항구적으로 실시된 일은 없었던 것 같다. 토지국유제론과 표리관계를 이루면서 대두되었던 균전제설은 잘못된 이해였다고 생각되는 것이다.

(『한국사』 14, 1993)

---

12) 旗田巍, 위의 글, 154・155쪽 : 姜晉哲, 위의 글, 361・362쪽.

찾 아 보 기

(ㄱ)

家內手工業　41 258
가족 구성　47
가족제도　46
権鹽制　275
権場　40 259
諫官　16 201 202
諫諍　202
監務　24 266
監試　120 121
甲坊　41 258
姜邯贊　27 229
江東6州　26
江陵金氏　184
開墾　271
開京　107
────市廛　38 60 258 275
開城府　20
開州　20 107
契丹族　146
檢校官祿　244
檢校職　19 210
結負制　251
結婚 정책　93
兼職制　199
京　107 109

敬順王　92
────歸附　93 94
京市署　259
慶源李氏　101 183
更定田柴科　60
慶州　89 97 104 105 106 111
────金氏　95 184
────防禦使　108
────설치　101
────李氏　103 111
────崔氏　102 111 184
────출신　95
────행정조직　108
界首官　22 109
考課　132 136
────制　143
高句麗繼承意識　96
『高麗圖經』　81
고려 使節 파견목적　148 163
高麗・宋 交聘　168
──────交聘目的　193
──────國交再開　164
──────使節派遣　150
고려전기　14
高麗側 使節　169 194 195
告身署經　202
高令臣　230
곡물 소비량　222
骨品貴族　98
공물대납업자　274

工部　200
貢賦　240 254 255 273
功臣策定　23
孔維　191
功蔭田　33 224 239 246 248
工匠　41 257 258 274
公田　31 33 34 239 245 283
――제도　32 280 283
――租　31 253
――租率　253
公廨田　239 245 246
公廨田柴科　35
科擧制　142
郭尙　230
官階 수여　23
官屯田　246
官廳手工業　41 61 257 274
光陽金氏　184
廣評省　15
敎觀並修　51 63
敎宗　50 62
口分田　246 248
9城　27
舊新羅貴族系　98
九曜堂　55
9齋學堂　52
丘井制　304
局　15
국내상업　38
국왕과 귀족관료　201
국왕과 신료　15
國用　30
國子監試　121
國子試　121
軍屯田　246
軍人田　239 246 248

軍人戶丁　246
郡縣制　20 21 23 59
군현 主屬關係　23
宮院田　246 248
權務政　131
權門　269
'權門'과 '世族'　268
權門世族　267
權職　129
几杖　140 141
귀족　44 61
귀족적 성격　19
귀족정치　209
均如　51
均田制　240 250 251 300
――― 긍정론　299
――― 부정론　251 301
균전제설　297
――――― 비판　300
近親婚　48 62
錦綺坊　41 258
금속화폐　40 61 260
今有　19 256
給田都監　273
及第者　142
祈恩都監　56
祈恩色　56
其人制度　24
其人戶丁　246
寄進　271
寄進田券　286
吉地說　57
金慶孫　100
金景庸　101 233
金覲　101
金敎時　102

金敦中　102
金鳳毛　100
金傅　91　92
金富軾　93　94　101　102　182
金富儀　102　229
金富佾　102　182
金錫亨　291
金若先　100
金禮謙　99
金元鼎　100
金元冲　94　100
金元晃　100　101　233
金魏英　105
金裕廉　99
金義珍　99
金仁揆　101
金因渭　94　100　233
金仁允　100
金正純　231
金周鼎　99
金台瑞　100
金漢公　99
金漢忠　99
金琿　100

(ㄴ)

南平文氏　184
納公土地　243
納粟補官制　266
郎舍　16　212
內奉省　15
內史門下省　19　67　69　70　71
內莊田　239　245　246
內莊宅　246
內宰樞制　265
노비　45　61
老人星祭　55
祿科田　37　273
────制　60
祿俸　30　34　36　60　220　223　224　243　244
────制　239
祿邑　241
農舍　271
농업생산력　252
農場　37　271
農莊　37　60　271
농장주　37

(ㄷ)

多妻　48
대가족　47　62
臺諫　201
────과 상서6부　207
────과 승선　206
────과 왕권　205
────과 宰樞　204　205
────面啓法　206
────制度　19　203　210
臺官　202
────과 諫官　207
大都督府　106
大都護府　106
大晟樂　166
大食國　40　60
대외무역　39　60　259　275

對外的 성격 59
大政 131
大淸觀 56
大醮色 56
道敎 55 56 63
都堂 264 265
都目政 131
都兵馬使 15 210 264
道士 56
道詵 56
都巡問使 267
도시상업 38 60 258 275
都鹽院 275
都元帥 267
道制 22
圖讖 57
────사상 56 64
都統使 267
都評議使司 264 265
頓悟漸修 53
東京 107 109 111
────官員 109
────復置 109
────留守 107 108
『東國李相國集』 114 115
東南海都部署 106
東萊鄭氏 184
同姓同本婚 49 62
同姓婚 48 62
同進士 121
屯田 245 246

(ㅁ)

買得 271

買田券 285
免租權 35 243
牧使 20
무산계 242
────田柴 242
────田柴科 35
武臣亂 14
武臣政權時代 14
文公仁 183
文武交差制 266
文武班祿 36 60 223 244
文散階 137
門下省 69 72 81 83
────廳事 82 83 85
門下侍中 72 198
文憲公徒 52
물품화폐 40 61 259
民間手工業 41 61 258 274
民田 29 30 32 33 59 219 239 245
    246 284 285 286
────수취율 253
密貿易 276

(ㅂ)

朴寅亮 181
反元改革政治 14
白南雲 249 287
白蓮社 63
────結社 53
白頤正 54 63
白丁 29
法相宗 51 63
法眼宗 51

법정이자율 232
碧瀾渡 259
別貢 254
別武班 27
別賜科 242
兵部 200
寶 260
普愚 53 63
寶鈔 276
福源觀 55 63
福源宮 55 63
本貫制 24
封駁 202
赴擧權 44
부곡민 45
部曲制 21
────지역 21
不在地主 37
北斗醮 55
불교 50
不易田 252
비칙치 265

(ㅅ)

私奴婢 218
事大關係 148
司馬試 116 120 121
私貿易 259 276
1/4조 253
4司 265
事審 105
事審官制度 24 104
寺院經濟 39

寺院手工業 258 275
寺院田 246 248
私田 30 31 33 34 239 245
────改革 270
────·농장 혁파 272
────租 31 253
'私田'革罷 문제 38
使節 172 173 183 188
────家門 183
────人品 182
────의 지위 184
────청렴도 183
──── 파견 목적 161
──── 파견 횟수 161
────學識 182
4祖戶口式 49
賜牌 271
私學 52
使行貿易 40
仕宦權 44
散階 137 138 139
散官 137 138 139 143
山稅 256
山田 252
散職 137
3京 64
3과공전 245
三軍萬戶 267
三別抄 267
3司 15 210
3省6部 210
3省制 68 84
'3省制說' 74 79 86
三蘇宮 57 64
3宰 17
『三韓會土記』 108

常貢 254
尙書 200
――6部 16 17 200
――都省 16 198
――省 15 68 84 198
――禮部 173
商稅 256
상업 38 258
常徭·雜貢 274
相避制 49 130
상·하 이중 구조 212
色典 257
署經 202
西京 107
――遷都運動 57 64
胥吏 44
壻留婦婚 62
徐熙 26 96 182
船商 39 275
船稅 256
禪宗 50 53 62
先進文物 수입 166
省郞 16
性理學 54 63
星變祈禳醮 55
省宰 16 198
世族 268
――士大夫 270
――層 270
所 41 45
소가족 47 62
所手工業 41 61 258 274
소유지형 농장 37
小銀甁 276
小華集 181
屬郡 23

屬縣 23
率壻家族 47
宋 使節 파견 목적 148 162
宋球 191
宋商 259
宋側 使節 185 191 192
碎銀 276
輸京價 256
수공업 41
隨等異尺制 251 273
首相 17 200
修禪社 53 63
收租權 242
收租地集積型 농장 37 271 272
承宣 16 206
――房 16 212
時務 28조 13
시전 38 258 275
試職 129 130 136 143
式目都監 15 210
食邑 105 241
神格殿 56 63
新羅 歸附 92
新羅繼承意識 95 96 111
신분 42
――이동 46 61
神成王后 93
信仰結社運動 53 54
新進官僚 269
新進士大夫 269 270
新進士類 269
―――――勢力 14
新興士族 269
新興儒臣 269
10道 20
1/10조 253

12軍 節度使制 20
12조창제 256
12州 牧使制 20
雙城摠管府 28

(ㅇ)

아라비아 상인 259
亞相 17
安燾 192
安瀾倉 257
안찰사 22
安珦 54 63
良民 42 43
兩班 29 30 42 43 44 46 48 61 284
――科田 35 220 221 239 243 247
――口分田 248
――・귀족 42 43
――永業田 33 283
――田 246
兩府 16 198
良身分 43
量案 30 285
梁元俊 229
良賤制理論 43 61
兩側的 親屬 50
魚梁稅 256
言官 202
呂端 191
呂文仲 191
여성 지위 47 49 62
麗宋關係史 150
呂祐之 191
女眞族 146

役 42
役分田 241
力役 240
『櫟翁稗說』 80
延基觀念 57 64
聯麗制遼策 165
廉瓊愛 226
鹽稅 256 275
鹽倉 275
鹽戶 275
領郡 21
永業田 33 243
領縣 21
禮部 200
――試 116
5道 22
5道按察使制 20 22
5복친제 49
沃溝林氏 184
王建 90
왕권 197 199 203
王字之 183
왕토 294
王土思想 32 33 249 279 293 295 296
外官 20
外官 중심 행정체계 23 58
倭寇 29
了世 53 63
徭役 240 255 256 274
遼 침공 26
容節德妃 94 101
元順淑妃 94 100
魏繼廷 183
威化島回軍 270
儒敎 52 63
――儀禮 52

──政治理念 98
留守 107 109
留守使 107
柳洪 101
6部 15
──尙書 17
──中心 행정체계 18
──直奏制 18 200
──판사제 17 201
陸商 39
60浦制度 256
6宰 17 200
6曹直啓制 201
尹瓘 27
銀甁 40 61 260 276
銀錢 276
邑司 24
邑號 陞降 23
義天 51 63
依牒署經 202
議合 19 199 209
2과공전 245
李奎報 113 115
李金書 103
吏部 200
1/2조 253
李成桂 270
'2省制說 69 79 85 86
2省體制 68 69 86
李璹 101
李頲 229
李瑋 231
李資謙 101 234
──의 반란 236
李資諒 182 233
李子淵 100 233

李資元 101
李資義 183
異積同稅 273
李靖恭 231
李齊賢 80 81 104
李周佐 103
李瑱 103
利川徐氏 184
李顗 233
翼軍 267
仁穆德妃 94 101
人丁 255
1결당 생산고 221
1과공전 245 271
日本 원정 28
一夫一妻制 48 62
一易田 252
一然 53 63
一賤則賤 45
任懿 182 183

(ㅈ)

雜稅 240 256
雜織房 41 258
莊頭 271
長利 271
長吏 59
莊舍 271
張誐 191
場市 39 60 259 275
庄主 271
莊·處田 247
宰府 16 198

재산 상속 49
宰相 16 198
──권 199
──之宗 268
宰臣 16 198
再易田 252
宰樞 200 205
──尙書 17
──중심 정치체제 58
──회의 200
楮貨 276
籍田 245 246
田結制 240
田稅 253 254
田柴科 34 220 239 241
───토지 243
轉運使 20 256
田莊 271
田丁連立 243
錢纒 192
佃戶制經營 37
丁 255
鄭克永 182
政堂 78
政堂文學 72 198
鄭文 183 229
政房 266
政事堂 73 74 75 76 77 78 79 82 87
淨事色 56
政案 132
定安任氏 184
井田法 304
政曹 78
貞州柳氏 184
정치기구 계통 15
정치체제상의 귀족적 성격 209

鄭沆 182 230
定慧雙修 53
제3기 고려측 사절 173
── 麗·宋 外交 167
諸署·局 15
製述科 44
諸寺·監 15
제2기 고려측 사절 173
── 麗·宋 外交 167
제1기 고려측 사절 172
── 麗·宋 外交 164
諸平章事 198
曹溪宗 53 63
朝貢貿易 40 259
漕船 257
『朝鮮土地·地稅制度調査報告書』 280
租稅 240 252 254 273
──와 지대 289 290 291
趙永仁 123
漕運 240 256
租藏 19 256
조직의 미분화성 212
조직의 미숙성 212
漕倉 240 256 257
宗室祿 244
左·右僕射 198
左倉 244
州 105
主郡 21
州鎭將相·將校祿 244
走筆 133
主縣 21
州縣 歲貢額 20
중가족 47 62
中流層 42
中書 70 71 72 73 74 76 79

中書令　72
中書門下　74　79
中書門下省　15　67　68　69　70　71　72　73
　　79　86　198
――――廳事　82　83　85
中書省　69　70　71　73　81　83
――廳事　82　83　85
中世社會　14
中村哲　292
中樞院　15　198　210
知慶州事　108
知訥　53　63
地代　31　253　290
――수취　289
지리도참설　57
知門下省事　198
지방상업　38　60　259
地稅　31　253
地域的　均田制　300
地域村　25
指尺　251　273
直營制經營　37
眞職　130　136　143
集權的　公田制　249　282

(ㅊ)

借貸法　260
差率收租　31
參官　133　143
參知政事　72　198
參職　133
處干　37　272
薦擧制　124

賤民　42　45
天人合一思想　52
賤者隨母法　45
천태종　51　53　63
天台學　51
鐵原崔氏　184
鐵錢　40　61　260
添設職　266
僉議府　67　70　265
淸要職　19
淸州韓氏　184
哨馬船　257
村落　25
崔居業　103
崔光範　103
崔光遠　228
崔婁伯　226　227
崔詵　128
崔湿　103
崔融　103
崔承老　13　99　102　201　208
―――　시무책 28조　209
崔亮　103
崔彦撝　102　228
崔永孚　102
崔有孚　102
崔惟恕　101
崔齊顔　103
崔冲　52　63
崔沆　102　228　229　230
崔弘嗣　182　228
樞密　16　198
樞府　16　198
致仕　140　141　143
致仕官祿　244
親宋政策　26

親新羅政策　98
親族組織　49 62
親嫌　130 136 143

(ㅌ)

奪占　271
太一醮　55
土姓 分定　23
土地國有制論　33 249
土地國有制說　240 250 279
―――――― 비판　282 287
土地國有制 이론　32
토지 이중구조론　293
토지 중층적 소유론　293
投托　271

(ㅍ)

坡平尹氏　184
『破閑集』　114
判工部事　17 200
判兵部事　17 78 125 200
判吏部事　17 78 125 200
判戶部事　17 200
8祖戶口式　49
平山朴氏　184
平底船　257
平田　252
布貨　40 260
풍수지리설　56 64
必闍赤　265

(ㅎ)

하층 양민　46 61
學田　245 246
韓國華　161 191
韓彦恭　182
閑人田　246 248
海東通寶　40 61 260
海稅　256
海州崔氏　184
行商　39 259 275
'行政村說　25
향　45
鄕吏　44 59
――田　246 248
――職制　20
――層　24
鄕·所·部曲　266
獻肅王后　94
顯宗　93 94
刑部　200
慧勤　53 63
慧諶　53
戶部　200
豪族　19
혼인　62
――습속　47
――연령　48
紅巾賊　29
華嚴宗　50 63
和田一郞　32 249 280
勳職制度　210
恤養口分田　248